中韩海洋博物馆
服务设计评价研究

郑宪恒　著

上海交通大学出版社
SHANGHAI JIAO TONG UNIVERSITY PRESS

内容提要

　　海洋博物馆服务设计评价的研究前景广阔。海洋博物馆服务设计评价模型不仅能够有效衡量中韩海洋博物馆各项服务举措的成效，为中韩海洋博物馆服务的发展提供极具针对性的决策依据，而且助力锚设计流程模型的科学应用，优化多样化的海洋博物馆参观体验，引领中韩海洋博物馆服务设计的发展方向。随着科技不断进步以及人们对文化旅游体验需求的日益提高，海洋博物馆能够借助更多先进的理念与技术手段，持续优化海洋博物馆服务设计评价。本书的研究能够进一步提升中国、韩国以及世界其他国家海洋博物馆参观者体验，推动服务设计发展，让参观者收获游览的乐趣，使海洋博物馆在文化传承和旅游发展中绽放光彩。

图书在版编目(CIP)数据

　　中韩海洋博物馆服务设计评价研究 / 郑宪恒著.
上海：上海交通大学出版社，2025.7. -- ISBN 978-7
-313-32941-7

　　Ⅰ. G269.23；G269.312.63

　　中国国家版本馆 CIP 数据核字第 2025R8A479 号

中韩海洋博物馆服务设计评价研究

ZHONGHAN HAIYANG BOWUGUAN FUWU SHEJI PINGJIA YANJIU

著　　者：郑宪恒

出版发行：上海交通大学出版社　　　　　地　　址：上海市番禺路 951 号

邮政编码：200030　　　　　　　　　　　电　　话：021-64071208

印　　制：上海万卷印刷股份有限公司　　经　　销：全国新华书店

开　　本：710 mm×1000 mm　1/16　　　印　　张：17.25

字　　数：299 千字

版　　次：2025 年 7 月第 1 版　　　　　　印　　次：2025 年 7 月第 1 次印刷

书　　号：ISBN 978-7-313-32941-7

定　　价：78.00 元

前　言

　　海洋博物馆的发展历程源远流长,最早可追溯至 19 世纪中期。当时,一些私人收藏家、学者和海洋探险者热衷于收集各类海洋标本,尤其是海洋动物、贝壳、珊瑚等,这些收藏品逐步形成了海洋博物馆的雏形。进入 20 世纪,世界各地逐渐建立起许多专门的海洋博物馆,成为海洋文化传播、科学研究和环境保护的重要平台。20 世纪中期,随着科技的飞速发展和人类对海洋认知的不断深化,海洋博物馆进入了蓬勃发展的黄金时期。在全球范围内,越来越多的国家开始重视海洋博物馆的建设,其功能不再局限于简单展示,而是扩展成为集科研、生态保护、观赏游览与教育普及等功能于一体的综合性场所。近年来,各地的海洋博物馆借助虚拟现实(VR)、增强现实(AR)等前沿科技手段,为参观者提供了沉浸式的体验,更好地传承了海洋文化,肩负起了海洋保护宣传重任。如今,海洋博物馆正持续散发着独特魅力,吸引着公众深入探索神秘的海洋世界。

　　当前,随着服务经济时代的来临,旅游业迎来了前所未有的发展机遇,这为海洋博物馆的快速发展提供了新的动力。如今的博物馆参观者已不再满足于单纯的观赏游览,他们对体验感和服务质量提出了更高的要求。因此,精心设计服务就显得尤为重要。当海洋博物馆用心打造出贴合参观者需求的服务时,参观者的体验会得到极大提升,他们能够在参观过程中更加深入且愉悦地了解海洋知识,感受海洋生态环境的独特魅力。优质的服务设计可以吸引更多参观者,增加博物馆的知名度和影响力,同时促进地方经济发展,实现经济效益和社会效益的双赢。

　　中国拥有漫长的海岸线与丰富的海洋文化资源,各海滨城市相继建立了各类海洋博物馆,不仅在传播海洋文化、科普海洋知识方面发挥了重要作用,还在服务设计实践上不断创新探索,形成了成熟且极具特色的海洋博物馆服务设计体系,为全球海洋博物馆服务设计的发展提供了宝贵的中国经验与创新样本。与此同时,韩国同样重视海洋文化事业的发展,其海洋博物馆在服务理念和展示方式上有独特之处,在亚洲乃至全球海洋博物馆领域也逐渐展现出一定的影响力。基于此,本书将中国和韩国的海洋博物馆服务设计评价作为研究对象,旨在通过系统化的理论探索、数据分析和案例研究,为构建科学、全面的海洋博物馆服务设计理论体系奠定坚实基础。

本书将服务设计理论与海洋博物馆运营紧密结合,丰富了海洋博物馆理论研究体系。鉴于海洋博物馆作为展示和传播海洋知识与文化的重要载体,对优质服务的需求日益迫切,本书探索并建立了一套完整的海洋博物馆服务设计流程模型。本书重点构建了海洋博物馆服务设计评价指标模型,旨在全面评估和优化服务设计。最后,通过对中国和韩国代表性海洋博物馆的实地调研,验证了评价指标模型的有效性和适用性,揭示了代表性海洋博物馆服务设计中存在的问题,并提出了针对性改善提案,以进一步完善海洋博物馆的服务体系。本书的研究内容分为以下六个部分:

第1章是中韩海洋博物馆服务设计评价研究概论,是本书研究的开端。首先,分析了本书的研究背景和目的,并介绍了研究范围和方法。其次,对服务设计和海洋博物馆等两个方面的中国、韩国及其他国家的研究现状进行了先行研究,把握了相关领域的研究动向。再次,基于先行研究现状,对本书研究区别于以往研究的差异性进行了介绍,凸显了本书研究的创新价值与意义。最后,本章对本书研究的整体结构做出的流程安排,提供了清晰的研究路线图,这有助于本书研究的顺利进行,确保各个研究环节紧密衔接、环环相扣,达成预期的研究目的。

第2章分别对服务设计、海洋博物馆服务设计、海洋博物馆服务设计评价等三个相关理论进行了细致梳理与深入探究。在服务设计理论部分,对服务设计的概念、核心点、基本特征进行了研究。在海洋博物馆服务设计理论部分,阐述了海洋博物馆的特征,同时围绕海洋博物馆服务设计的概念与基本特征进行了深入探讨。本章最后对海洋博物馆服务设计评价进行了定义,从评价目标与维度的确定、评价主体的明确、评价指标的科学选定、评价方法的合理应用等角度分析了其内涵。该章对上述基础理论的研究,为后续的各项研究提供了坚实可靠的理论支撑,保障研究能够沿着科学、合理的路径有序推进。

第3章在对典型的设计思维流程进行分析的基础上,构建了海洋博物馆服务设计流程模型——锚设计流程模型(anchor design process Model,ADPM)。这一流程模型被划分为调查研究、定义、规划、实现、综合评价等五个阶段。该流程模型与服务设计评价相互关联,以实现海洋博物馆服务设计的持续优化与完善。

第4章以构建海洋博物馆服务设计评价指标模型为目标,在指标提取阶段使用 SERVQUAL 模型,在对国内外与海洋博物馆相关的文献分析基础上,总结出评价预备指标,并对预备指标加以详细说明。在指标筛选阶段,使用模糊德尔斐法(Fuzzy Delphi Method)邀请专家评分,对各个预备指标项进行筛选,选定评价指标,最终确立了由5个一级指标、15个二级指标、43个三级指标构成的海洋博物馆服务设计评价指标模型。为了准确确定各指标之间的相对重要性,使用 AHP(Analytic Hierarchy Process)法对评价指标进行了权重计算,接着在数据结果基础上对评价指标的权重值进行了排序。

第5章为了验证第四章确定的海洋博物馆服务设计评价指标模型的有效性和适用性,选取了韩国国立海洋博物馆、中国国家海洋博物馆、中国航海博物馆等三所海洋博物馆进行问卷调研,了解参观者对海洋博物馆服务设计的评价情况。根据对调查数据的统计分析,该章对三所海洋博物馆服务设计进行了综合评估,分析了其中存在的问题点,继而针对这些问题点提出了改善提案。

结论部分对本书的研究成果进行了总结,提出了研究的局限性以及未来研究的展望。

目　录

第 1 章 中韩海洋博物馆服务设计评价研究概论

在全球服务经济转型与文化产业深度融合的背景下,博物馆作为公共文化服务的重要载体,其服务质量与用户体验日益受到社会关注。随着体验经济的发展,传统博物馆单向的展示功能已难以满足公众对多样化、沉浸式文化体验的需求。海洋博物馆作为连接自然、文化与科技的重要平台,在传播海洋知识、弘扬海洋文明中发挥着不可替代的作用。中韩两国均拥有丰富的海洋资源和海洋文化,海洋博物馆的发展路径既有共性,也存在机制上的差异。如何以服务设计理念优化博物馆服务系统、提升公众满意度,成为亟待探讨的重要课题。

1.1 研究背景和目的

1.1.1 研究背景

1) 服务经济时代的来临

21 世纪初以来,中国开始追求以科技创新为核心的集约型经济增长模式,并且取得了显著的成效。服务业在中国经济中的地位逐渐提升,占国内生产总值(GDP)的比重快速增长。近年来,中国克服了新冠疫情的冲击,服务业逐步复苏并快速反弹。截至 2023 年,中国服务业占 GDP 的比重达到了 54.6%,超过了疫情前 2019 年的 54.3%(图 1-1),服务业增加值不断增长(图 1-2)。这些数据表明,服务业已经稳固地占据了中国经济的"半壁江山",成为推动经济增长的重要动力。

在韩国产业结构中,制造业的比重在 20 世纪 90 年代初到达顶点后持续下降,而服务业持续增长,目前已成为韩国经济的主轴[①]。服务业所发挥的作用不容小觑,一方面积极推动着传统产业打破固有模式实现革新,另一方面有力促进

---

① http://nationalatlas.ngii.go.kr/pages/page_1243.php.

1

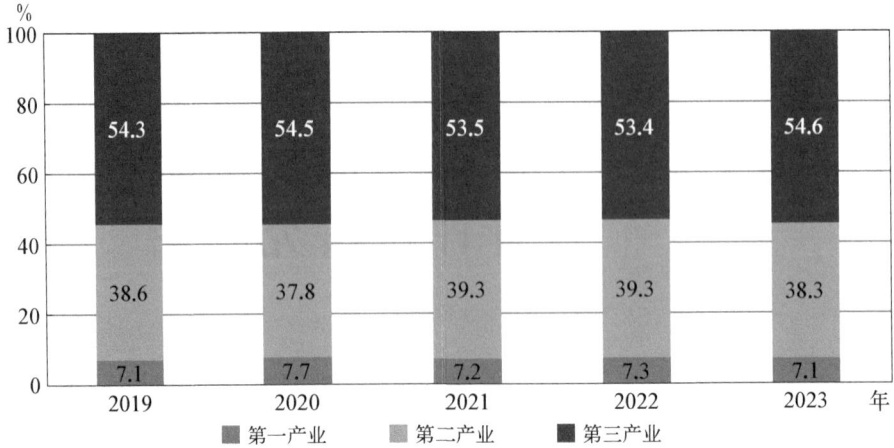

图 1-1　中国三次产业增加值占国内生产总值比重(2019—2023)

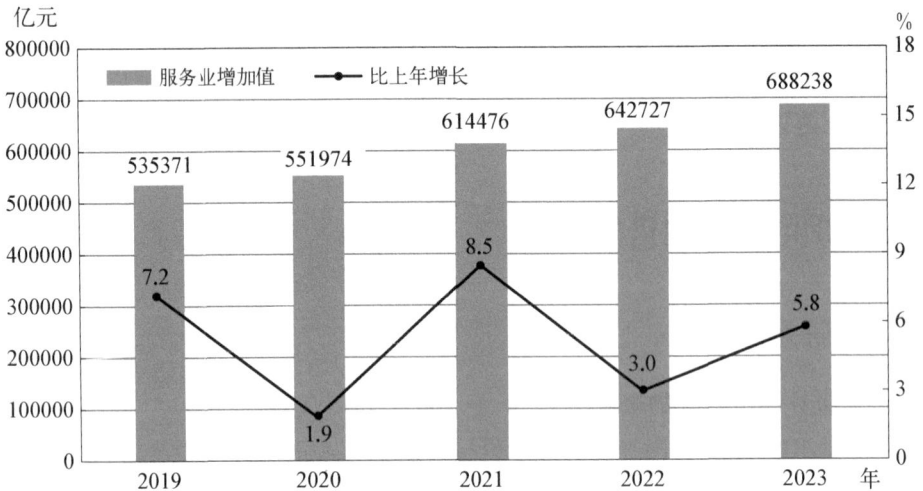

图 1-2　中国服务业增加值及其增长速度(2019—2023)

了整个产业体系升级,带动整体经济保持稳健且持续的增长态势。从图 1-3 可以看出,在推动就业方面,服务业一直以来都展现出极为突出的地位,其占比始终在韩国各经济门类中保持着最高水平。截至 2021 年,服务业在就业人数占比更是达到了 70.05%,彰显出对就业强大的带动作用。从图 1-4 所呈现的韩国服务业生产指数来看,在 2020 年疫情这一特殊背景下,受诸多不利因素影响,该指数出现了显著下滑,对服务业的整体发展形成了冲击。然而,自 2021 年初至 2023 年底,其展现出良好的复苏态势,且保持持续增长,展现出较强的韧性。截至

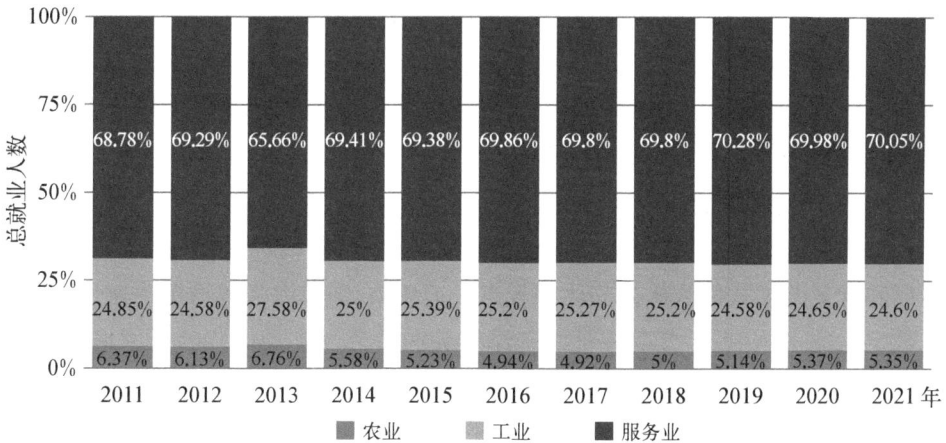

图1-3　韩国按经济部门划分的就业分布(2011—2021)

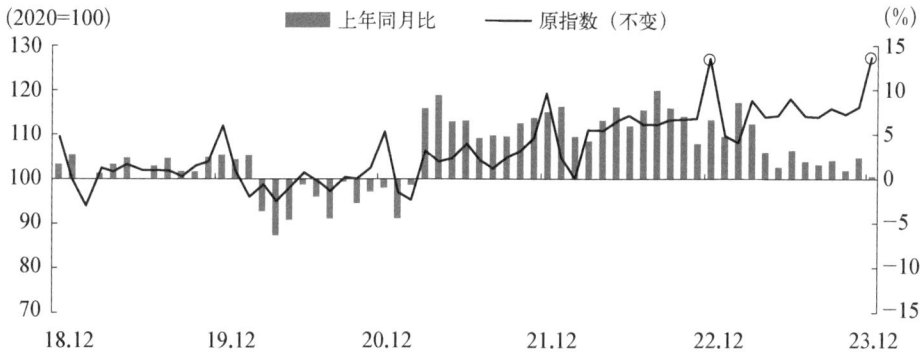

图1-4　韩国服务业生产指数(去年同月比)趋势

2019年,韩国国内各规模服务业企业在解决人员就业方面发挥了极为关键的作用,其雇佣人员数量十分庞大。无论是大型服务业企业,还是中小型的服务业企业,都吸纳了众多劳动力,在就业市场中占据着举足轻重的地位。

从中韩两国服务业发展情况来看,服务业能够在诸多方面发挥积极作用。不仅可以有效提高劳动生产率,大幅扩大就业规模,推动传统产业顺利实现转型升级,还有助于产业结构朝着更合理的方向优化,全方位提升经济效益。

2) 旅游业的全面发展

旅游业的全面发展不仅涵盖基础设施的改善,还涵盖服务的提升、文化遗产的保护、可持续发展、使当地居民受益等。新冠疫情结束后,居民的旅游需求大幅上升,其对旅游体验的要求也日益提高,呈现个性化、多样化、交互化的趋势。旅游者希望参与文化互动体验、生态体验或环境保护活动等。特别是年轻一代的旅游者,他们崇尚自然和科技,追求个性,强调自我体验,要求个性化和定制化服务。在此背景下,旅游从业者不断创新,深度挖掘各类特色文化与小众景点,结合前沿科技打造沉浸式体验项目,对接不同旅游者群体的需求,同时注重生态环保理念的融入,在竞争激烈的市场中脱颖而出,更好地推动了旅游业蓬勃发展。

3) 海洋博物馆的快速发展

海洋博物馆如今不仅是收藏、保护、展示、教育、科研的机构,也是受到各年龄层和背景游客欢迎的旅游与休闲景点。近年来,随着海洋博物馆快速发展,由于数字化技术的引入,参观者对与海洋有关的教育和互动体验的需求增加。数字化技术在海洋博物馆的应用,为参观者提供了全新的沉浸式体验之旅,参观者可以通过这种独特而有趣的方式了解海洋历史、生态及科学知识,身临其境地学习和接触海洋生物,感受海底地貌等场景。为了更好地满足参观者日益增长的期待,不少海洋博物馆还在持续升级优化,比如进一步拓展虚拟现实场景的丰富度,增加更多互动环节,邀请专家开展趣味科普讲座等,力求让每一位参观者都能收获满满的知识,获得愉悦的参观体验,使海洋博物馆在文化传播方面发挥更大作用。

1.1.2　研究目的

在当今文化蓬勃发展的时代背景下,海洋文化的传承与传播愈发受到重视。海洋博物馆因其承载着传播海洋知识与文化的重要使命,其服务质量影响着公众对海洋的认知与关注程度,所以显得格外重要。然而,当下正面临服务经济时代来临和旅游业全面发展的新形势,这就要求海洋博物馆应正确解决如何服务大众、优化自身发展、适应社会多元需求等亟待解决的问题。因此,本书确立了清晰且明确的研究目的,以助力海洋博物馆服务更好地应对挑战、实现良好发展。

1) 服务设计理论与海洋博物馆运营相结合,丰富海洋博物馆理论研究体系

海洋博物馆是展示和传播海洋知识和文化的载体,也是重要的海洋文化教育基地。当下,随着社会经济的发展、城市建设与城市更新的逐步推进和市民旅游需求的日益增长,海洋博物馆所处的外部环境发生了显著变化,其发展也面临着许多机遇和挑战。在海洋博物馆理论研究中,将服务设计理论与海洋博物馆运营相结合,可充分发挥服务设计的作用,把握参观者需求,优化海洋博物馆的服务设计。引入服务设计理论并将其有机融入海洋博物馆运营体系之中,深入探索以参观者为核心的海洋博物馆服务设计路径,实现海洋博物馆服务的多样化、人性化、特色化建设,这对于实现海洋博物馆收藏保护、展示、教育、科研、旅游、休闲等多维度功能方面,具有不可忽视的理论与实践价值。

2) 构建出一套海洋博物馆服务设计流程模型

本书结合海洋博物馆的特点,以参观者为中心,构建出一套海洋博物馆服务设计流程模型。借助这一流程模型,海洋博物馆能够提前洞察运营过程中存在的各类问题,理解参观者的多元化需求和期望,进而以严谨且系统化的方式,有针对性地设计各类陈列展示、互动体验、研学项目等,提升参观者的参与度和体验感。与此同时,该模型也有助于海洋博物馆建立改进服务的长效机制,使其能够依据实际情况不断优化和升级服务,以满足参观者对海洋博物馆多样化服务的需求,促进公众对海洋文化传承、海洋环境保护的关注和参与。

3) 构建海洋博物馆服务设计评价指标模型。

本书根据海洋博物馆服务设计评价指标模型的构建流程,凭借严谨且系统的模型构建步骤,辅以细致的数据收集与分析等工作,构建出科学合理的评价指标模型。该评价指标模型旨在了解和分析参观者对服务设计的满意度、分析和评估服务设计的合理性、评估和改进服务设计的反馈(Feedback)机制。通过使用这一评价指标模型,海洋博物馆能够以更科学、全面的视角去评价服务设计实际成效,可以针对参观者所提出的各类意见或建议,不断对自身的服务设计加以完善,从而更好地顺应参观者的需求和期望,提升整体服务质量。

4) 调研代表性海洋博物馆,验证评价指标模型的有效性和适用性,寻找问题点,提出改善提案。

为了全方位验证海洋博物馆评价指标模型的有效性和适用性,本书选取代表性海洋博物馆的参观者作为调查对象开展问卷调研工作,深入了解参观者对海洋博物馆服务设计实际情况所给出的具体评价;了解参观者对海洋博物馆服务所反馈的意见和建议。这些数据和建议对于验证评价指标模型的有效性和适用性至关重要。通过对问卷调查数据进行严谨的统计和分析,仔细寻找海洋博物馆服务设计在不同的层次上存在的问题点,进而提出切实可行的改善提案,促进海洋博物馆服务质量提升。

1.2　研究范围和方法

1.2.1　研究范围

本书以中韩海洋博物馆服务设计评价为研究范围,具体内容如下:

第一章是绪论。包括研究背景和目的、研究范围和方法、先行研究考察、研究的差异性、研究路线图等。

第二章是相关理论研究。海洋博物馆服务设计基础理论,包括服务设计、海洋博物馆服务设计、海洋博物馆服务设计评价等三个部分。

第三章是海洋博物馆服务设计流程模型的构建研究。该研究将流程分为五个阶段:调查研究阶段—定义阶段—规划阶段—实现阶段—综合评价阶段等。

第四章是海洋博物馆服务设计评价指标模型构建研究。在指标提取阶段使用 SERVQUAL 模型,在对国内外相关文献分析基础之上,总结出评价预备指标;在指标筛选阶段使用模糊德尔斐法(Fuzzy Delphi Method)进行筛选,最终选定评价指标,确立各层级指标构成的海洋博物馆服务设计评价指标模型。在此基础上,使用层次分析法(Analytic Hierarchy Process,AHP)法对评价指标进行权重验证。

第五章是模型实证研究。为验证海洋博物馆服务设计评价指标模型的有效性和适用性,运用评价指标模型对中国和韩国的三所代表性海洋博物馆的服务设计进行实证研究。通过对问卷调查结果进行分析,总结出服务设计中存在的问题点,进而结合海洋博物馆服务设计流程模型提出合理的改进建议。

第六章对研究结果进行总结,指出研究的局限性,为后续研究指明方向。

1.2.2　研究方法

本书主要采用文献调查法、现场考察法、模糊德尔斐法、AHP 法、问卷调查法等方法。

第一,文献调查法。深入广泛地开展文献查阅工作,全面搜集中国、韩国、中韩之外国家的海洋博物馆服务设计相关理论以及前沿研究成果,从而为本书提供丰富且扎实的理论依据。

第二,现场考察法。通过海洋博物馆现场观察、拍照留存、详细记录,以便深入且直观地了解海洋博物馆服务设计的现状和问题点。

第三,模糊德尔斐法。邀请相关领域专家作为调查对象,进行数次问卷调查,严谨汇总专家意见,细致分析调查数据,确保指标的综合性、科学性、可操作性、动态性、指导性,科学选定评价指标,最终构建出海洋博物馆服务设计评价指标模型。

第四,AHP 法。合理运用 AHP 法,严格按照其科学严谨的步骤,准确地确定各指标之间的相对重要性,增强评价指标模型的可信度,使评价指标模型更具实践价值。

第五,问卷调查法。精心设计问卷,通过向海洋博物馆不同参与群体广泛发放问卷来收集大量详实数据,问卷数据的统计结果将为整个研究提供极具参考价值的材料,使研究更具说服力。

1.3　先行研究考察

1.3.1　关于服务设计的先行研究

根据文献检索,国内外对服务设计的研究较为广泛,这些研究可以为海洋博物馆服务设计的研究提供有价值的见解和框架,有助于将海洋博物馆服务设计发展成为一个独特的研究领域。

服务设计研究始于西欧及北欧国家,发展过程可以大致划分为四个阶段:1998 年之前的实验(experimentation)阶段、1998—2005 年间的构架(framing)阶段、2005—2015 年间的扩张(expanding)阶段、2015 年以后的新常态(the new normal)阶段。这些国家一直处于服务设计研究的前沿,在各个领域进行了广泛的研究和实际应用。他们独特的视角拓宽了服务设计领域的边界,为服务设计提供了新的见解和方法,极大地促进了服务设计原则和方法的发展。

意大利服务设计的摇篮是米兰理工大学,在埃佐·曼奇尼(Ezio Manzini)的带领下,该校学者对服务设计进行了长期研究。意大利服务设计研究集中于主要三个研究领域:第一,探讨服务的本质及服务设计作为设计领域之一的可能性;第二,从交互设计的角度来探讨服务设计;第三,探讨及尝试建立产品服务系统的理论及工具;第四,探讨及尝试建立产品服务系统的理论及工具。

英国的服务设计研究侧重实践,英国政府主动介入服务设计,把服务设计的方法纳入国策制定中,持续地推动了服务设计的发展。目前英国政府数字服务部门(Government Digital Service)领导设计工作的路易丝·唐恩(Louise Downe)指出"政府是英国最古老以及最大的服务提供者"。英国政府成立了专注于政策创新研究的政策实验室(Policy Lab),并出了一部专著《国策制定中的服务设计》。英国政府的多项重要决策对服务设计的发展起了关键性作用,代表性决策有:政府招聘更多的设计师,在政府内建立服务设计团队;全面实行设计标准;搭建面向市民的网络和平台;设计未来可迭代产品等。

1994 年,英国标准协会(British Standards Institution)颁布了世界上第一份服务设计指南(BS 7000‐3‐1994)《Design management systems. Guide to managing service design》,现在已经发展到最新的版本 BS7000‐3‐2008。2014 年,英国艺术与人文研究理事会(AHRC)资助的 Service Design Research UK

(SDR UK)发布年度报告《Mapping and Developing Service Design Research in the UK》,从该报告中能够清晰地发现英国的服务设计研究主要集中于医疗健康,以及私营企业的住、行、能源及辅助技术等。

北欧国家的服务设计是以芬兰为首并辐射到周边国家的,2013 年,芬兰政府颁布计划,指出将大众作为制定公共服务政策的共创者、用户创新活动的驱动者、社会发展的重要力量。

在亚洲,主要是中日韩三国引领亚洲服务设计的发展潮流,呈现出各自独特的发展轨迹与鲜明特色。

中国服务设计的发展历程始于 21 世纪初,从那时起,国外服务设计理念开始传入国内。2010 年,清华大学美术学院举办了"走向服务设计"论坛,在学术层面推动了服务设计理念在国内的传播。2012 年,清华大学美术学院正式加入 SDN(国际服务设计联盟),该院王国胜教授成立了"SDNbeijing",即"Service Design Network-Beijing Chapter",以此为契机,服务设计理念在国内得到了进一步的传播和发展。各高校也开始开展相关课程与研究,探索出了服务设计教育新模式,为服务设计关联行业输送了兼具专业素养与创新思维的人才。当前,以用户体验为核心的发展思路促使其在各行业广泛应用,学术研究深入、行业交流频繁,服务设计生态逐步完善。

日本的服务设计是作为产品设计的辅助进行探讨的,服务产品包括产品本身设计和产品提供过程设计两个方面,所以服务仍旧作为产品的陪伴物和附属物而进行设计的。在这种模式下,设计服务时强调与产品特性高度契合,以确保产品在市场流通及使用过程中,能凭借配套服务的优化,提升整体用户感知与价值体验,塑造出了具有日本风格的产品与服务融合的设计范式,这对日本各产业的精细化发展起到了重要推动作用。

韩国的服务设计起步也较晚,大多数研究成果是基于国外已有的关于用户体验、服务流程优化等经典成熟理论之上进行延伸拓展。2008 年,韩国设计振兴院全力推动服务设计在公共领域的发展,并协助韩国政府制定和实施了一系列政策,对韩国公共环境进行了改造,并取得了显著的效果。此外,韩国的学者和从业者结合本国的市场环境、文化特色以及不同行业的实际需求,对借鉴而来的相关内容展开进一步细化和拓展。在不断探索过程中,逐步形成了具有韩国自身特色的成果,而这些成果又能更好地被应用于韩国的商业、文化、公共服务等诸多领域,推动了韩国服务设计不断发展。

1)中国国内相关文献

笔者在中国知网文献查询数据平台上以"服务设计"为关键词进行检索,从

2013年至2023年12月31日期间发表的CSSCI文献数量,结果如图1-5所示。笔者使用知网计量可视化分析,对这些文献进行互引网络计量分析。将关系强度设置为4的节点进行筛选,结果如图1-6所示。文献总体引用较为分散,互引网络计量图中心附近位置的文献为所有计量文献中引用量最多的文献。可以认定有两篇论文是包含关键字"服务设计"的关键理论(图中已用椭圆形圈

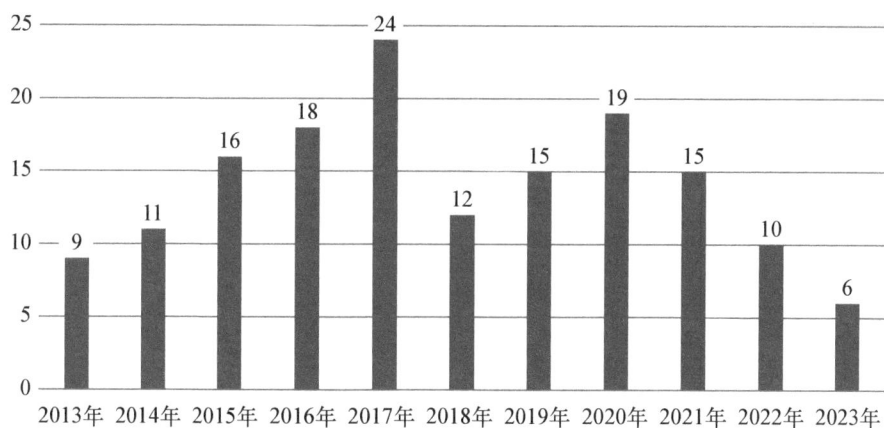

图1-5 与"服务设计"相关的CSSCI文献数(2013—2023)

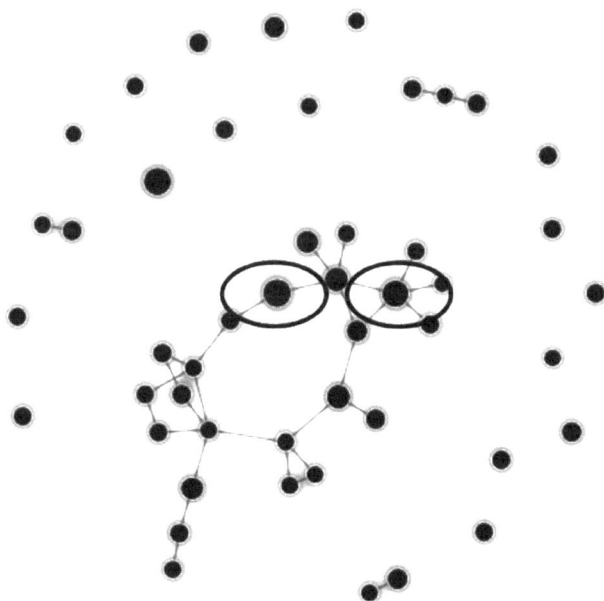

图1-6 知网以"服务设计"为关键词搜索的
文献互引网络计量可视化分析

进行标记）。第一是高颖、许晓峰的《服务设计：当代设计的新理念》；第二是辛向阳、王晰的《服务设计中的共同创造和服务体验的不确定性》。

本书对这些文献进行了关键词共现网络分析，结果如图 1-6 所示。从图中可以看出，与"服务设计"直接关联的是"用户体验"，与"用户体验"联系最为密切的研究方向前三位依次是"服务系统""用户需求""产品设计"（图中已用椭圆形圈进行标记）。

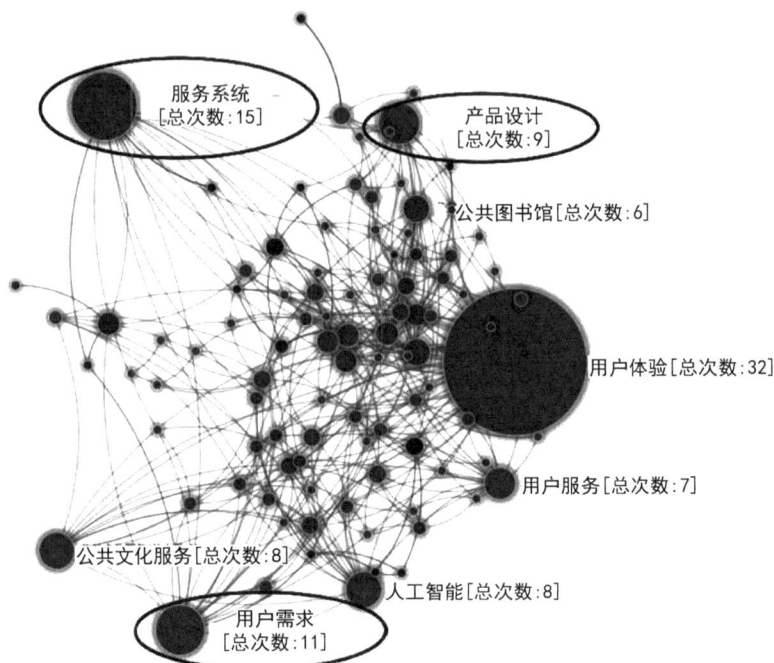

图 1-7　以"服务设计"为关键词共现网络分析图

本小节对其中的代表性文献进行了整理，这些代表性研究能够呈现十年来中国国内对服务设计研究的发展历程，见表 1-1。

表 1-1　中国国内服务设计代表性文献

研究者	题　　目	主　要　内　容
周芬，等（2013）	大规模定制服务设计的研究述评与展望	考虑到无形服务与有形产品性质之间存在很大差异，该文将基于制造业的产品族设计理论与实践移植到服务业需要理论创新与实践验证。通过梳理大规模定制服务设计的相关文献，从驱动因素、实施条件、设计理论与方法及其应用行业进行述评，并就进一步的研究提出一些建议

研究者	题　　目	主　要　内　容
周爱林,等 (2014)	基于用户满意度的移动服务优化设计研究	该文提出了移动服务设计中如何确定服务要素的优化组合方案的问题。为解决该问题,首先,针对用户需求以及移动服务设计要素评价过程中涉及的模糊语言信息,建立了引入模糊集理论的质量功能展开模型,据此得到考虑用户需求的设计要素的权重值;并在此基础上,通过使用 Kano 模型并依据前景理论的思想来获取服务设计要素满意度;其次,依据获得的满意度值并考虑成本预算等因素,建立以满意度最大化为目标的优化模型,通过求解该模型可获得移动服务设计的优化方案。最后,通过移动服务优化设计的实际算例,说明本文所提出方法的可行性和实用性
徐越人 (2014)	美国北卡罗来纳州立大学图书馆空间和服务设计应用研究	该文介绍了美国北卡罗来纳州立大学 Hunt 图书馆空间与服务设计实践,举例阐述 Hunt 馆如何使用人物角色、服务路径旅程图和原型模式检测进行其空间和服务设计,揭示其对国内图书馆空间和服务设计的启示,并构思了为优化图书馆服务质量、提升服务价值的应用方案
高颖, 许晓峰 (2014)	服务设计:当代设计的新理念	该文认为服务设计与传统设计在观念上具体的区别在于,它不仅仅是对物的设计,还是对物的使用方式的设计,甚至是对物的使用愿望的设计。服务设计通过对生活方式的改变,创造出理性、积极、审美、适度的生活形态,而所有这些也将有助于文化的继承与社会的可持续发展
金青,等 (2016)	智能产品的工业服务设计研究	该文在分析顾客使用产品"前—中—后"的服务体验行程的基础上,建立了新型的工业服务需求模型;提出了以智能产品为前台,与后台服务支持系统相配合的新服务提供方式;进一步提出了智能产品服务行为设计的主要思路;最后以一个典型案例验证主要观点
何思情 (2016)	服务设计思维在设计概论教学中的应用	该文基于服务设计思维方法,分析、反思了设计导论课程中存在的问题,主张在课程设计中运用服务设计方法,将教学过程视为一个学习服务系统,以教师和学生为中心,对学习全过程进行服务系统设计;同时结合北京工商大学设计概论课程的实践经验进行探讨
甘为, 胡飞 (2017)	城市现有公共交通适老化服务设计研究	该文基于城市移动活动分析法,通过对老龄用户的体验洞察和行为分析,构建出移动触点—出行情境的适老交通服务设计框架,提出了适老共享、助老专享的服务设计策略,延展出系列适老产品—信息—环境—服务设计提案,为以服务设计驱动老龄化研究创新提供设计学维度的思考和参考

续　表

研究者	题　　目	主　要　内　容
江加贝 (2017)	活动障碍老年人相关设施的问题研究——基于服务设计理念的社区养老康复模式研究	该文结合了南京艺术学院工业设计学院本科服务设计课程。学生们结合实际社会问题从初期设计调研到最终系统模型建立完成了一整套服务设计流程。学生们通过考察现有的医院、社区和居家三种养老康复模式,以提高伴有活动障碍的老年人的日常生活质量为目的,基于服务设计的思维方法,有针对性地提出可持续发展的康复养老模式,从而顺应医疗服务业的社区化和家庭化的转型趋势,为社区化养老康复的发展提供借鉴
辛向阳, 王晰 (2018)	服务设计中的共同创造和服务体验的不确定性	该文从介绍服务设计研究的缘起开始,通过对服务本体特征和服务接触中的共同创造的解析,阐述服务体验的不确定性,从而阐明服务设计和其他非物质设计对象之间的细微但根本性的差异
张超,等 (2019)	社会化阅读背景下移动数字图书馆社交互动服务设计研究	该文基于社会化阅读背景,对移动数字图书馆的社交互动服务设计进行研究,梳理了数字阅读与社交互动的关系机制,分析人书互动、社区互动和交际互动三个移动数字图书馆社交互动服务层特征,提出内容、沟通、参与和关系四个社交互动服务关键要素;以服务层次及关键要素为基础和线索,从社交互动服务的功能形式设计和界面设计角度对移动数字图书馆的社交互动服务设计策略进行了探讨和系统归纳
李亚军,等 (2020)	基于互联网+的社区居家养老健康管理服务设计研究	为有效控制社区居家老人病理进化,该文以"互联网+"为技术依托,结合服务设计为理念和方法,以健康管理服务需求为切入点,构建社区居家老人健康管理系统,提出基于互联网+的社区居家养老健康管理服务设计策略,从而指导社区居家养老健康管理服务设计实践,以期提升老年养老生活品质
李美霞,等 (2020)	范式突围:服务设计视域下移动阅读APP体验设计	该文以服务设计思维为指导,结合人工智能技术应用,从构思差异化服务蓝图、优化服务体验情境、连接多样化情感服务、驱动智慧服务创新四个方面,分析了移动阅读APP服务体验设计方法,旨在契合智媒时代移动阅读APP用户体验愿景,通过服务设计突破移动阅读APP体验设计范式,结合人工智能技术驱动移动阅读APP用户体验效果的提升
徐延章 (2021)	智媒体时代公共文化服务蓝图设计	该文从用户体验出发,结合人工智能等新技术构建智媒体时代公共文化服务蓝图,结合新技术进行用户画像、资源建设、服务交互、信息设计和感知体验等公共文化服务蓝图智慧支持设计,结合智媒体时代发展分析公共文化服务设计的发展方向,旨在通过智慧化、智能化、智库化的用户体验促进现代公共文化服务理论创新与实践发展

研究者	题　目	主　要　内　容
徐延章 (2021)	乡村振兴背景下用户参与式公共文化服务设计研究	该文从乡村振兴背景下人民日益增长的美好生活需求出发,结合服务设计思维进行公共文化智慧服务设计研究,从理念、维度、要素、层次、价值五个方面展开用户参与式公共文化服务设计分析,提出了创新服务设计理念、拓展服务设计维度、优化服务设计要素、细分服务设计层次、发挥服务设计价值的用户参与式公共文化服务设计方法
王也,等 (2023)	服务设计探究:系统的自发与象征性问题	该文认为复杂系统的设计与人交往关系中,行动正在扮演具有象征性的符号,在思想与情感上影响着系统完整意义的塑造与感知;以功能为目标的传统设计实践与各要素间产生了协作与整体上的裂缝。研究聚焦人的系统、产品系统与服务之间的争点与问题,提出服务设计的反思与实践形式
杨焕 (2023)	社会结构视角下的城市社区便民服务设计研究——以香港"绿在区区"社区回收服务为例	该文引入服务设计的重要材料"社会结构",以其三个制度支柱:规制支柱、规范支柱与文化认知支柱,来对服务内在逻辑与创新机制进行探讨,并以香港"绿在区区"社区回收服务为例,对五个社会结构视角下的服务特色进行分析。并从三个制度支柱出发,进一步总结出相应的策略与建议,为后续中国城市社区便民服务创新实践提供可参考的思路

通过对代表性文献进行分析,中国学者对于服务设计的研究有以下特点:第一,基于服务设计的多领域应用研究。这些研究都围绕服务设计这一核心概念展开,涉及制造业、教育、医疗、养老、文化传播等多个领域,展现了服务设计跨学科、跨领域广泛应用的多元应用价值。这体现了服务设计作为一种综合性学术工具的强大生命力,能在不同情境下为解决实际问题提供新视角。第二,方法学导向的问题解决。研究者针对特定领域的问题,运用多种理论和模型进行系统分析和解决,以实现服务设计目标。例如运用复杂的数学模型(如模糊集理论、Kano 模型等)和专业的分析方法(如城市移动活动分析法、用户画像等),构建起从问题识别、理论建模到方案求解的完整学术框架,体现了学术研究严谨的逻辑性和科学性。第三,实证主义的研究范式。研究者通过丰富的案例和实践经验对提出的理论和方法进行验证。无论是具体的项目案例(如 Hunt 图书馆设计实践),还是课程实践(如南京艺术学院课程实践),都通过实践探索对理论进行验证,保证了学术研究的可靠性和现实意义。第四,对体验和需求的深度关注。有的研究者深入关注服务对象的体验和需求,将用户体验作为设计的出发

点和落脚点,研究在不同领域中如何通过服务设计优化体验、满足用户需求。有的研究者着眼于服务设计对物的使用方式及使用愿望的设计创新,通过重塑生活方式构建理性、积极、审美且适度的生活形态,以推动文化传承与社会可持续发展进程。还有研究者从服务本体特征及服务接触中的共同创造切入,剖析服务设计与其他非物质设计的细微却关键的差异,从而为服务设计在多领域应用奠定理论基础。

与此同时,这些研究存在着如下不足之处:第一,情境依赖与国际比较的局限性。由于过度依赖特定情境,研究成果在跨情境应用时可能受限。提出的方法和模型往往针对特定问题和场景,未充分探讨其在不同文化背景和国际环境下的适用性与通用性,特别是在国际比较方面的研究较为薄弱,这影响了学术成果的广泛适用性和国际影响力。第二,动态性研究的不足。多数研究关注静态设计和短期实践验证,对服务设计方案实施后的长期效果评估不足。缺乏对社会、技术等外部环境变化下服务设计动态调整机制的深入分析,不利于理论对实践的持续指导。

2) 韩国国内相关文献

韩国国内服务设计研究起步要晚,2008 年表贤明、李元植、崔美京(표현명,이원식,최미경)等学者出版了《서비스 디자인 시대》(《服务设计时代》)一书,第一次以韩国人视角介绍服务设计的概念。2009 年 11 月,韩国信息通信产业振兴院主办的服务 R&D 国际会议,世界级设计企业 IDEO 公司的共同创始人比尔·莫格里奇(Bill Moggridge)和主张"服务支配逻辑"的夏威夷大学教授史蒂夫·巴戈(Steve Vargo)应邀出席,通过案例阐述今后服务将是企业生产和价值创造的主体,以及如何设计服务。2009 年 12 月,在韩国产业技术振兴院主办的"Tech Plus 论坛"上,英国学者比尔·霍林斯(Bill Hollins)、英国服务设计企业 LIVE|WORK 的创始人克里斯·邓斯(Chris Downs)等海外服务设计专家介绍了服务设计的概念和必要性。2011 年,韩国服务设计理事会成立,标志着韩国专门研究服务设计的社会组织成立,该理事会出版发行了《서비스디자인융합연구》(《服务设计融合研究》),成为韩国国内第一本专门的服务设计学术期刊。2011 年前后,随着服务设计的相关议题日益受到重视,无论是在理论知识上还是实践应用上的学术研究成果都呈现大幅增长状态。根据在韩国 KCI 核心期刊文献检索平台上进行以"서비스디자인"为关键词进行相关文献检索(截至 2023 年 12 月 31 日)从 2013 年以来发表的 KCI 文献数量,见图 1-8。

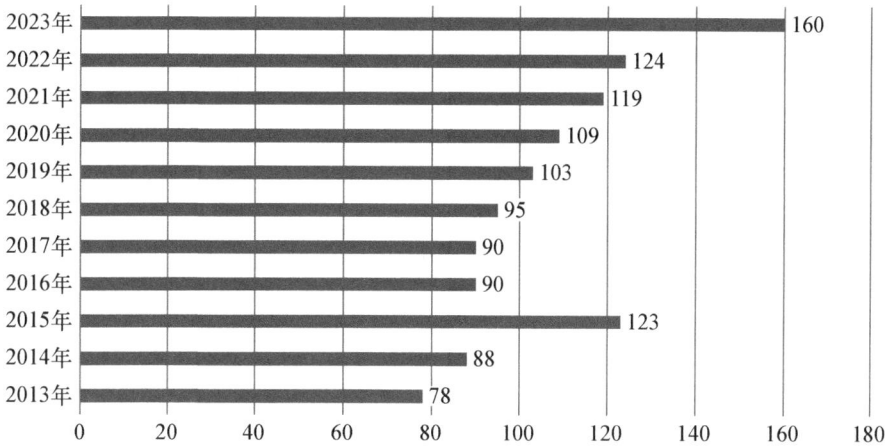

图1-8　韩国国内服务设计有关的KCI核心期刊文献数(2013—2023)

本小节对其中的代表性文献进行了整理,这些文献能够呈现韩国国内对服务设计研究的发展历程,见表1-2。

表1-2　韩国国内服务设计代表性文献

研 究 者	题 目	主 要 内 容
문재호,박경옥 (文在浩,朴京玉,2014)	서비스디자인을 적용한 에너지절감시스템 디자인연구(应用服务设计的节能系统设计研究)	该文旨在从设计观点出发,将节能潜力最大化,应用服务设计,开发并验证符合用户要求的节能系统服务设计,开发能够有效适用的节能系统服务设计方法论
천하봉(钱夏峰,2015)	서비스산업의 융합에 따른 융합서비스디자인의 단계별 가치 모형 제안(根据服务产业融合的融合服务设计的阶段性价值模型提案)	该文首先从第一、第二、第三产业的融合角度出发,对可以新创造的融合革新价值进行分类,并研究了融合服务产业和融合服务开发的结构体系。其次,以该研究为基础,根据定义的融合服务产业特性分析,将融合服务设计的阶段结构化,定义了开发对象的领域和价值。结合这些,旨在系统化融合服务产业的融合服务设计的结构和阶段,提出价值模型

续　表

研 究 者	题　目	主 要 内 容
윤재진, 이길형（尹在镇, 李吉亨, 2016）	서비스디자인 환경에 나타나는 바이오필리아 효과 연구（服务设计环境中出现的 Biophilia 效果研究）	该文对服务设计环境中出现的 Biophilia 效果进行了研究。通过整理 Stephen R. Kellert(2005)、Heerwagen(2001)的 EBD(Elements of Biophilic Design)生物膜设计类型和服务设计环境中可以测定生物膜效果的项目的分析框架进行了案例分析
송인호, 임지현, 문은배（宋仁浩, 任智贤, 文恩培, 2016）	디자인경영과 서비스디자인 도입을 통한 전통시장의 활성화 방안 연구（通过设计经营和服务设计的引进激活传统市场的方案研究）	该文认为通过在传统市场引入设计经营, 塑造市场的品牌故事, 赋予传统市场独有的特色, 通过多种服务设计和 ICT 融合设计, 能够打造所有年龄层消费者都能产生共鸣和享受的社区平台
안혜신（安惠信, 2017）	인터랙티브 서비스 디자인 평가 프레임워크에 관한 연구——인포메이션 키오스크를 중심으로（关于交互式服务设计评价框架的研究——以信息自助服务机为中心）	该文提出了一个交互服务设计的评估框架, 旨在通过服务设计与用户交互方法论的融合, 研究交互服务设计, 这是工业设计领域的一个重大课题。该文通过文献研究, 探讨了交互服务设计的概念和评价要素
안진호, 이정선, 김인준（安镇浩, 李正善, 金仁俊, 2019）	디자인서비스의 대가기준 사례조사 연구（设计服务的代价标准案例调查研究）	该文对设计服务代价标准, 对公私营企业（大型公司、中型企业）的设计服务外包案例进行了广泛研究, 掌握了设计产业的实际规模和水平的指标。对于这些代价标准的变化和影响等, 通过专家采访和文献研究, 最终对全球设计产业的价值和方向提出建议
정유미, 김명자（郑有美, 金明子, 2022）	서비스 디자인을 이용한 간호대학생의 간호관리학실습 여정 분석（使用服务设计的护理大学生的护理管理学实习旅程分析）	该文基于服务设计理念, 确定护理专业学生的护理管理实践经验, 为理想的学科设计提供依据
송하경, 김나현, 허송이, 정재희（宋河景, 金娜贤, 许颂伊, 郑在熙, 2022）	2030 세대 1 인 가구의 알코올 사용 장애 개선을 위한 공공 서비스디자인 제안（旨在改善 20—30 岁单身者酒精使用障碍的公共服务设计提案）	该文利用服务设计方法论, 提出公共服务, 有效改善 20—30 岁人群的酒精使用障碍, 形成健康饮酒文化

续　表

研 究 者	题 目	主 要 内 容
박지상,홍창기(朴志尚,2022)	주민참여를 통한 도시재생 서비스디자인 모형개발-대구 달성군을 중심으로(通过居民参与开发城市再生服务设计模型——以大邱达城郡为中心)	该文选定大邱市达城郡的6个邑和3个面,为帮助文化、旅游产业不发达的达城郡偏远地区进入咨询、创意地区,提出了城市再生服务设计模型
박향미,최유정,정재희(朴香美,崔有贞,郑在熙,2022)	1인 가구 청년 고독사 극복을 위한 사회 정서 능력 발달 기반 서비스디자인(为克服单身青年孤独症的社会情绪能力发展基础服务设计)	该文利用服务设计方法论,提出解决青年独居者孤独症问题的方案
정지연(郑智妍,2023)	서비스 디자인을 통한 혁신 사례 연구——영국의 디지털 서비스 분야를 중심으로(通过服务设计的革新事例研究——以英国数码服务领域为中心)	该文以英国数字领域服务设计项目事例研究为基础,了解通过服务设计革新的变化意义和作用
문주영,최서령,현은령(文珠英,崔淑玲,玄恩玲,2023)	서비스디자인 도구를 활용한 어린이 탄소중립 교육용 보드게임 개발과 활용 사례 연구(利用服务设计工具开发儿童碳中和教育用桌游和利用事例研究)	该文利用服务设计工具开发儿童碳中和教育用桌游,并探索其应用事例
강송이,나건(姜松伊,罗健,2023)	서비스디자인 프로세스를 적용한 재가노인을 위한 통합형 방문재가 서비스디자인 전략 연구(应用服务设计流程的居家养老服务整合设计策略)	该文调查了因韩国人口老龄化而日益增长的上门居家服务现状,以及居家老人和利益相关者的需求,从而制定以用户为中心的综合性上门居家服务设计策略。分析结果表明,专家协作、用户沟通以及社区合作是重要因素,同时也认识到医疗与护理服务间协作、家庭支持、紧急情况应对、护工工作改进以及信息共享与沟通的必要性。在此基础上,提出了一系列以用户为中心的综合性上门居家服务设计策略

　　通过对代表性文献进行分析,发现韩国学者对于服务设计的研究主要集中在以下两个方面:第一,服务设计与其他领域的融合。韩国的服务设计研

究大多基于国外已有的研究,结合经济学、社会学、心理学等学科,以满足不同群体的需求,提升服务效率和质量,并推动社会公平与个性化服务的发展。通过跨学科的融合,韩国的服务设计不仅关注实际问题的解决,还在创新与社会福祉提升等方面发挥了重要作用。第二,对韩国公共服务领域服务设计的调查与改善。韩国学者在公共服务领域的研究取得了显著进展,特别是对弱势群体的服务设计进行了深入探讨。研究表明,优质的服务设计能够有效改善老年人、儿童和残障人士的生活质量,提升他们的社会参与感和满意度。学者们还提出,通过服务设计,有助于解决社会问题,例如针对独居家庭中青年群体的孤独死问题,基于社会情感能力开发了设计方案,以促进这类青年群体与社会的互动。

尽管韩国学者在服务设计领域取得了许多进展,但仍存在以下两点不足之处:第一,实践与理论的衔接不足。许多服务设计项目成功地推动了服务创新,但实践案例和学术研究的结合较为薄弱,缺少足够的理论性总结,这在一定程度上限制了服务设计的进一步发展。第二,应用地域的局限性。韩国的服务设计研究中所涉及的很多设计方案局限于韩国国内,未能考虑到跨国文化差异,导致服务设计的国际适用性和可迁移性研究相对较少。

3) 中韩之外其他国家相关文献

服务设计理论与实践起源自发达国家,在服务设计发展的同时,一些代表性文献随之产生。从文献角度看,服务设计最早的系统性研究是以 2005 年德国科隆应用科学大学(KISD)的斯蒂芬·莫里茨(Stephen Moritz)出版关于服务设计的书籍《Service Design — Practical access to an evolving field》为开端展开的。这本书中涵盖了服务设计的定义、产生的背景、发展历程、方法、工具和案例。

后来,2009 年埃佐·曼奇尼(Ezio Manzini)在《Service Design In The Age Of Networks And Sustainability》中指出,服务设计是一种作为服务创新的多学科方法。同年,伦敦艺术大学的露西·金贝儿(Lucy Kimbell)在《The Turn to Service Design》中介绍了服务设计的特点,对建立新的服务主张进行讨论,并对可能需要的新的商业模式进行探讨。美国 IBM T. J.沃森研究中心的克劳迪欧·平哈内斯(Claudio Pinhanez)提出了服务最主要的设计核心理念是以人为本。

2011 年,露西·金贝儿(Lucy Kimbell)在《Designing for Service as One Way of Designing Services》中回顾了设计和管理领域的文献,阐明了形成对服

务设计的理解的关键紧张关系,然后通过对三个案例的分析,得出四个发现。

（1）这些设计师非常注重与公司服务、人员及其角色、知识和技能以及这些服务发生的地点相关的材料和数字接触点的设计。

（2）这项研究中的设计者将服务理解为具有关系性和时间性的特征,因为不同类型的用户和利益相关者通过在时间和空间上与工件和人的实际接触与服务公司进行互动。

（3）设计师将他们的工作视为一种探究,他们和其他人将了解服务是什么以及他们如何进行设计或重新设计。

（4）设计师为他们合作的公司的经理创造了参与这一调查的机会,并投入资源来创造物质制品和情境,以实现这一目标。

本小节基于谷歌学术平台,以"Service Design"为关键词进行相关文献检索,2013 年以后发表的服务设计代表性文献,见表 1-3。这些文献有助于从理论和实践角度来理解服务设计。

表 1-3　中韩之外其他国家服务设计代表性文献

研 究 者	题　　目	主 要 内 容
Rui Alves, et al.（路易·阿尔维斯,等,2013）	Towards a Taxonomy of Service Design Methods and Tools（面向服务设计的方法和工具）	该文综述了服务设计中使用的工具和方法的情况,提出了分类方法,既可以为初学者提供指导,又能提高团队的一致性
Simon Clatworthy（西蒙克·拉特沃西,2013）	Design support at the front end of the New Service Development (NSD) process（新服务开发 NSD 流程前端的设计支持）	该文回应了组织内部协调客户体验和品牌需求。提出了一个三阶段的模型,在将品牌战略转化为客户体验时,它支持跨功能的项目团队,并明确了如何在设计过程的早期阶段实现这一点
Andy Polaine, Lavrans Lovlie, Ben Reason（安迪·波莱恩,拉布兰斯·罗布利,本·莱森,2013）	Service Design：From Insight to Implementation（服务设计：从洞察力到实施）	该书提供了服务设计的见解、方法和案例研究,帮助设计、实施和衡量多渠道服务体验,为客户、企业和社会带来更大的影响

续　表

研　究　者	题　　　目	主　要　内　容
Anna Meroni, et al.(安娜·梅罗妮,等,2016)	Design for Services（为服务而设计）	该书介绍了服务设计的背景和历史、社会、商业背景和趋势及该领域的意义。对服务设计事例进行了研究分析。另外,该书还提供了设计师指南及对可用工具、技术和资源的建议
Björklund T, et al.（比约克伦德·T等,2018）	Measuring the impact of design, service design and design thinking in organizations on different maturity levels（衡量设计,服务设计和设计思维在不同成熟度水平上的影响）	该文认为作为战略设计的最终方面,显然缺乏合适的衡量标准。该文确定了现有指标,并对市场和客户反应等外部因素进行了评价。同时对结果和运行等内部因素进行了评价
Cat Drew（凯特·德鲁,2018）	Design for data ethics: using service design approaches to operationalize ethical principles on four projects（数据伦理设计: 使用服务设计方法在四个项目上实施道德原则）	该文认为,服务设计方法为数据项目提供了有用的参考,借鉴了服务设计工具用于四个项目的经验和更广泛的案例
Fabiola Bertolotti, et al.（法比奥拉·贝托洛蒂, 等,2018）	Service design principles for organizational well-being: Improving the employee experience through design thinking（组织福祉的服务设计原则: 通过设计思维改善员工体验）	该文旨在将服务设计和组织福利联系起来,提出一系列设计原则,供负责组织服务设计的设计师和管理者采用,从而改善员工的福利
Marzia Aricò（马尔齐亚·阿里科,2018）	Service Design as a Transformative Force: Introduction and Adoption in an Organizational Context（服务设计作为一种变革力量: 组织背景下的介绍和采用）	该文认为服务设计的原则是: 以人为本、共同创造、整体、实验性和变革性。服务设计通过新兴的客户逻辑进入组织,它被概念化为一种竞争力的组织逻辑,反映了一个指导特定竞争选择的系统
Edward J. Luca, et al.(爱德华J·卢卡,等,2020)	Towards a User-Centred Systematic Review Service: The Transformative Power of Service Design Thinking（建立一个以用户为中心的系统审查服务: 服务设计思维的变革力量）	该文记述了利用服务设计思考,开发以用户为中心的系统评价服务的过程。利用设计思考方式进行用户研究,形成共鸣,从用户的角度理解系统评价过程

研 究 者	题　目	主 要 内 容
Helena Polati Trippe（海伦娜·波洛蒂·特里佩，2021）	Policy Instrumentation: The Object of Service Design in Policy Making（政策工具：决策中的服务设计对象）	该文探讨了服务设计在政策制定中的应用，以使服务设计位于公共服务、设计和政策设计研究的交叉点。另外，讨论将政策工具视为设计产物的方法，旨在提出政策制定和思考政府行动对象的方式
Lefei Li（李乐飞，2024）	Principles of Service Design and Innovation（服务设计和创新的原则）	该文探讨了设计在服务创新中的作用，设计与艺术的不同之处在于设计侧重于广泛的人类需求和实际应用。它强调了设计思维在形成未来服务中的重要性，并从迪士尼乐园或亚马逊（Amazon Echo）等事例中获得灵感

　　通过整理以上文献，中韩之外其他国家服务设计研究的代表性文献具体涉及以下几个方面。第一，服务设计基本概念的界定。研究者普遍认为，服务设计是一种通过系统思考，实现服务价值创造与落地的有效途径。具体来说，服务设计将"以用户为中心"的设计思维引入服务领域，通过整合技术、流程和组织等多方面元素，协调各方关系，以达到优化服务的目标。它强调从全局视角审视服务的各个环节，注重服务价值的传递与增值，使服务能够在每个环节都能更好地满足用户需求。第二，服务设计范围的界定。研究者普遍认为服务设计是跨学科的领域，融合了管理学、心理学、设计学等多学科知识，以用户为中心，洞察用户行为、心理与期望，优化服务流程，提升用户满意度。除了关注服务功能实现外，服务设计还特别注重情感体验的创造，确保用户在整个服务过程中感受到舒适与愉悦。第三，服务设计案例的展示与分析。服务设计领域已经取得了许多成果。研究者通过详细分析案例中服务设计的策略、实施过程及最终效果，为其他从业者提供借鉴和启发。通过案例对比，总结出不同情境下服务设计的最佳实践模式，有助于推动整个服务设计领域不断发展。

　　然而，这些文献仍存在以下不足之处：第一，缺乏跨文化比较研究。尽管服务设计领域积累了大量的实践成果，但关于不同文化背景下服务设计的跨国比较研究仍然较为匮乏。第二，服务设计的落地性仍显不足。尽管已有众多理论研究,但在实际应用中,如何将这些理论转化为切实可行的设计策略和操作方法仍然存在挑战。第三,案例研究的局限性。大多数研究案例集中在发达国家,且多为商业化项目。相比之下,发展中国家或公共服务领域的服务设计案例较少,这未能充分反映服务设计在不同社会环境和领域中的多样化应用。

通过对中国、韩国以及中韩之外其他国家的服务设计领域代表性文献的分析,可以发现服务设计在多个领域都展示了广泛的应用价值,尤其在用户体验与需求关注方面取得了显著成果。然而,现有研究存在情境依赖性强、缺乏跨文化比较研究的问题,导致其国际适用性和跨国应用受到局限。此外,当前研究多集中于短期效果与静态设计,缺少对服务设计长期效果与动态调整机制的深入探讨。同时,服务设计评价方法的欠缺也限制了其实际应用的有效性,现有研究未能提供充分的评价框架以衡量设计方案的实施效果与用户反馈。总而言之,服务设计研究亟须加强服务设计落地性、跨文化比较、动态性分析以及评价体系构建,以推动其在全球范围内的广泛应用和发展。

1.3.2　关于海洋博物馆的先行研究

海洋博物馆在博物馆学上还无明确的定义。海洋博物馆是展示海洋自然史和人文历史的博物馆。在众多不同类型的博物馆中,海洋博物馆因其馆藏品的独特性而显得与众不同。海洋博物馆是保护、收藏、展示和宣传海洋遗产的重要场所,可进行海洋主题的深度研究和科普教育,供市民休闲和参观,并销售海洋文创产品的一体化空间。

海洋博物馆对海洋文明的历史进行记录与展示,向市民普及海洋科学知识,并已经成为沿海城市文化设施中的一个重要组成部分,也是一个国家文明进步的一个重要标志。2001 年,联合国教科文组织发布《保护水下文化遗产公约》。公约规定,对于日益遭受严重威胁的水下文化遗产,签约方应当为了人类的利益而不是出于商业探寻的目的而加以保护。由此,那些历史上因为各种缘故沉没于海底的历史遗存,也成为海洋博物馆保护与展示的重要内容。这一公约进一步明确了海洋博物馆作为保护海洋遗产的重要场所的地位。

1) 中国国内相关文献

根据在中国知网和万方数据平台上以"海洋博物馆"为关键词进行相关文献检索,2013 年至 2023 年 12 月 31 日期间发表的相关文献数量极少。

本小节对其中的代表性文献进行了整理,以呈现十年来中国国内关于海洋博物馆研究的发展历程,见表 1－4。

表 1 - 4　中国国内海洋博物馆研究代表性文献

研究者	题　目	主　要　内　容
朱高铮（2014）	国家海洋博物馆项目建设必要性分析	该文认为建设国家海洋博物馆对我国未来海洋事业的全面发展具有重要的意义,并从顺应海洋时代发展要求、增强海洋综合实力、保护海洋文化、培育海洋意识、完善博物馆体系等角度论证了国家海洋博物馆项目建设的必要性
李晔,等（2015）	谈国家海洋博物馆馆外展场景观设计研究	随着城市的建设发展和人民生活水平的提高,人们对文化的追求也有着越来越高的要求。该文在国家海洋博物馆项目的馆外展场景观设计中,以文化与博物馆的融合为出发点,在景观人文关怀体验以及绿色建筑景观措施上进行了一些全新的探索
乔淑英,等（2016）	海南旅游发展中海洋博物馆建设问题的思考	该文从分析海洋博物馆在海南海洋旅游发展中的意义入手,梳理海南海洋博物馆建设现状,并从突出海洋博物馆与和海洋旅游的结合、高瞻远瞩统筹全国各省错位布局、展陈与表现手法多样化、充分怡情怡性几方面探析建设思路
丁一哲（2017）	韩国国立海洋博物馆 BTL 运营分析	近年来,中国内地公立和民办博物馆都呈现出迅速增长的趋势,在资金与运营上应该也将面临同样的问题。该文以韩国国立海洋博物馆为例,就其租赁型民资事业方式进行讨论,进而探讨这一方式对未来中国博物馆建设及运营的启示
袁胜文,等（2017）	国家海洋博物馆理事会制度刍议	该文认为建立科学完善的国家海洋博物馆理事会管理模式,促进国家海洋博物馆朝着一流博物馆的方向前进,使之成为国内外有重大影响力的博物馆,对于加强国家海洋科普能力建设、传承国家海洋历史文明、保护国家海洋活动和海洋自然环境见证物资源、整合国家海洋文明资源信息都将发挥重要作用,是顺应国际发展趋势,迎接海洋时代到来的需要
于波,等（2017）	天津滨海新区海洋博物馆建筑选址的思考	社会经济的快速发展,加快了城市化进程,使居民的生活水平明显提高,随之而来的就是居民对精神生活提出更高要求。该文认为博物馆选址的好坏与否对博物馆各项工作影响极大,不仅影响博物馆的建设,还关系到城市的形象与品位,因而,应高度重视博物馆建筑选址问题
白辰,等（2019）	海上建筑设计——以海洋博物馆为例	该文以海洋博物馆为例,对海上建筑设计进行了研究,介绍了海洋博物馆的发展现状,阐述了海洋博物馆的设计理念与设计构思,从建筑、总体布局、功能分区、交通流线、灯光设计、环保系统等方面系统讨论了海洋博物馆的具体设计,通过对建筑体块进行分析,力求解决建筑与周边环境用地的关系

研究者	题 目	主 要 内 容
May L-Y Wong（黄丽燕，2019）	Recontextualizing Cultural Heritage and Identity through Three-dimensional Spaces: The Case of the Hong Kong Maritime Museum（通过三维空间重新定义文化遗产和身份：香港海事博物馆案例）	该文以香港海事博物馆为例，分析三维符号空间问题，以及博物馆空间设计与文化遗产保护的联系
宋厚鹏（2021）	海洋文化记忆的建构与传承国家海洋博物馆文化展示的视觉逻辑	该文认为国家海洋博物馆的文化展示以展品陈列、情境塑造和参与式设计实现了公众对海洋知识与文化记忆的保存与再生产，在视觉建构上推动了个人与群体、真实与想象、文化与历史的多重对话。这种展示通过保存真实的历史来塑造知识型表征，并发挥技术优势，以适应特定知识视觉性的体验型表征，从而使文化记忆得以在当代博物馆成功建构和传承
李阳（2022）	关于推进科研向科普转化工作的策略探讨——以天津国家海洋博物馆为例	该文在分析高校博物馆和科研机构科普现状的基础上，结合天津国家海洋博物馆工作实际，提出了科研向科普转化的新思路
王利兵（2022）	从记忆到行动：海洋博物馆的多重价值	海洋博物馆自身的可持续发展应该成为未来海洋博物馆研究的一个重要内容。该文认为有两个问题十分重要：首先是海洋遗产性质的再认识；其次是海洋博物馆陈列模式的再思考
张岩鑫，等（2022）	海洋文化展示空间设计研究——以国家海洋博物馆为例	该文深入分析了国家海洋博物馆展示空间设计案例，以海洋文化的视角理解展示空间设计。试图整理出海洋文化及其展示空间的设计特征，并针对海洋文化展示空间设计总结出具体策略与发展方向
思佳（2023）	海洋上的故宫——国家海洋博物馆	该文介绍了位于天津市滨海新区的国家海洋博物馆。作为我国首座国家级综合性海洋博物馆，总建筑面积8万平方米。国家海洋博物馆向世人展示了一幅源远流长、波澜壮阔的中国海洋文明画卷

通过查阅中国国内海洋博物馆的代表性文献，发现有以下值得肯定之处：第一，研究者们运用文化学、历史学、建筑学、管理学等多学科理论，深入探讨海

洋博物馆相关议题,为海洋博物馆研究构建了综合性的学术框架。第二,研究者们将海洋博物馆视为展现海洋文化的重要平台,关注海洋文化传承与发展,强调海洋博物馆在文化展示、遗产保护和科普教育的重要作用,推动海洋文化的持续发展。第三,研究者们运用系统性分析思维,确保了研究质量。对海洋博物馆的研究不是孤立的,从建设必要性、设计(包括建筑设计、展陈设计等)、运营管理(如理事会模式、民间资本利用)到可持续发展等环节进行系统性分析,体现了学术研究的整体性。第四,研究者们采用案例分析法,对具体的海洋博物馆案例进行多角度探讨,增强了研究的科学性和可信度。

同时,也存在一些不足:第一,理论深度挖掘有限。虽然涉及多学科理论,但在每个学科理论与海洋博物馆实践的融合深度上有所欠缺,未能充分发挥理论对实践的指导作用。第二,跨学科整合不足。多学科交叉研究过程中,各学科之间整合不够流畅,存在"拼接感",影响了研究结论的整体性和深度。第三,前瞻性理论体系缺失。多数研究集中于当前问题的分析和解决,缺乏对海洋博物馆未来发展趋势的前瞻性理论构建,如在应对前沿科技、社会文化变革等情况下的理论建构不足。第四,国际比较研究欠缺。研究者们对国际上不同海洋文化背景下海洋博物馆发展模式所展开的比较研究数量不多,这不利于海洋博物馆之间取长补短、共同发展。

2) 韩国国内相关文献

为了解韩国国内对海洋博物馆研究现状的情况,本小节在韩国 KCI 核心期刊文献检索平台上进行以"해양박물관"为关键词进行检索,2013—2023 年期间共发表学术论文 114 篇,总体量较少,如图 1-9。

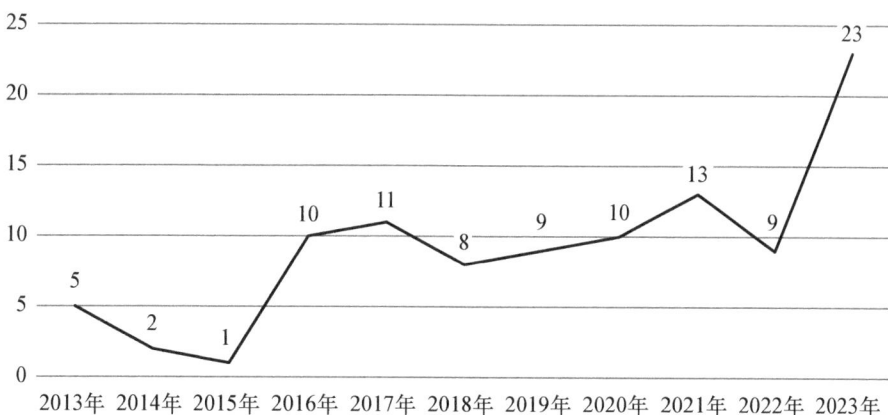

图 1-9　韩国国内海洋博物馆有关的 KCI 核心期刊文献数(2013—2023)

其中崔有美,郑义泰,连明钦(최유미,정의태,연명흠)等学者的研究从服务设计的角度提取韩国国立海洋博物馆的参观路线,并通过行动分析开发移动应用程序的菜单结构。李凡锡,权锡载,金泰钧(이범석,권석재,김태균)等学者的研究旨在激活海洋环境教育,明确海洋环境教育和海洋教育的概念,从海洋环境教育的观点出发,通过文献研究及现场考察,阐明海洋博物馆的意义和价值。王宏,郑宪恒,曹祯焖(왕홍,정호남,조정형)等学者以韩国国立海洋博物馆为中心,探索博物馆旅游体验、场所热爱及旅游满意度之间的关系。

　　本小节对代表性文献进行了整理,这些文献能够呈现韩国国内对服务设计研究的发展历程,见表1-5。

表1-5　韩国国内海洋博物馆研究代表性文献

研　究　者	题　　目	主　要　内　容
최유미,정의태,연명흠 (崔有美,郑义泰,延命钦,2013)	국립해양박물관 관람동선 분석을 통한 가상 어플리케이션 메뉴구성 개발에 관한 연구 (通过分析国立海洋博物馆的参观路线,开发虚拟应用菜单构成的相关研究)	该文从服务设计的角度提取韩国国立海洋博物馆的参观路线,并通过行为分析开发移动应用程序的菜单结构
최유정,이정교 (崔有贞,李正校,2014)	해양박물관에서 체험전시 연출기법에 관한 연구 (海洋博物馆体验展示演出技法的研究)	该文研究了能够最大化海洋博物馆展品理解和教育效果的体验展示技术
김진태 (金镇泰,2017)	국립해양박물관 소장《水軍操鍊圖屛》을 통해 본 조선 후기 수군의 대규모 해상 기동 훈련 (通过国立海洋博物馆收藏的《水军操练图屛》观察朝鲜后期水军的大规模海上机动训练)	该文通过朝鲜水军海上机动训练的时代背景和韩国国立海洋博物馆收藏的《水军操练图屛》了解了朝鲜后期训练时水军的部署和各战线的特征。另外,各条战线上没有将细节的人物表现和指挥线的将帅作为人物来表现,而是通过使用"八四品"表现三道水军统制使权威的方法等,展现了画作的表现特征
권순관,송재혁 (权顺官,宋在赫,2017)	감성연출을 위한 국내외 전시관 사례 연구-해양안보박물관 건립기본계획을 기반으로 (为演绎感性的国内外展馆事例研究——以海洋安保博物馆建设基本计划为基础)	该文以"海洋安全博物馆(暂称)"基本规划为基础,提出安全展览新呈现方式

续　表

研 究 者	题　目	主 要 内 容
송기중 (宋基中,2018)	18 세기 전반 충청 수군의 위 상과 운영 실태-국립해양박 물관 소장 가칭「충청수사근 무수첩」을 중심으로 (18 世纪上半叶忠清水军的 地位和运营实态——以国立 海洋博物馆收藏的暂称《忠清 搜查勤务手册》为中心)	该文考察了 18 世纪上半叶朝鲜忠清海 军的运作状况。对韩国国立海洋博物 馆收藏的《忠清搜查勤务手册》(暂定 名)进行了分析。该手册收录了与朝 鲜忠清水军有关的各种事项,包括指 挥官的任期、军种、开支、积田、公文格 式等
이범석, 권석재, 김태균 (李凡锡,权锡载, 金泰钧,2019)	해양동물 보전을 위한 서식지 외 보전기관에 대한 대중의 인식조사에 관한 연구-국립해 양박물관사례를 중심으로 (为保护海洋动物,对栖息地 外保护机关进行大众认识调 查的研究——以国立海洋博 物馆事例为中心)	该文推测普通市民对栖息地外保护机 构运营政策的定量支持度,这是韩国 海洋动物保护和增殖的管理方案
백승옥 (白胜玉,2020)	국립해양박물관 소장 廣開土 太王陵碑 탁본의 특징과 제 작시기 (国立海洋博物馆收藏的广开 土太王陵碑拓本的特点与制 作时期)	该文研究了韩国国立海洋博物馆收藏 的"广开土太王陵碑"拓本的特点和制 作时期
김지은, 이두곤 (金智恩,李斗 坤,2022)	해양환경교육적 관점에서 해 양박물관의 가치와 발전 방 향 연구(基于海洋环境教育 观点的海洋博物馆的价值和 发展方向研究)	该文明确了海洋环境教育和海洋环境 教育的概念,以促进海洋环境教育,并 从海洋环境教育的角度,通过文献研 究和现场考察,阐明海洋博物馆的意 义和价值
왕홍,정호남,조 정형 (王宏,郑宪恒, 曹祯烔,2023)	박물관 관광체험이 장소애착 및 관광 만족도에 미치는 영 향에 관한 연구-국립해양박 물관을 중심으로 (博物馆观光体验对场所热爱 及观光满意度的影响研究—— 以国立海洋博物馆为中心)	该研究以韩国国立海洋博物馆为中 心,探索博物馆旅游体验、场所依恋及 旅游满意度之间的关系

　　通过查阅以上代表性文献,研究主题主要有以下几类:第一,以海洋博物馆为对象,对其建设计划、展示呈现、信息化应用等方面进行研究。在建设计划方

面,涉及选址、建筑风格与海洋文化融合等多方面的考量,要确保博物馆能成为展现海洋文化的标志性建筑。展示呈现的研究聚焦于如何通过多种手段,增强展品的吸引力,提升参观者的理解度。信息化应用包括开发智能导览系统、线上虚拟展览等,以满足参观者对当下便捷参观体验的需求。第二,对韩国国立海洋博物馆藏品的介绍。韩国国立海洋博物馆馆藏品丰富多样,包括历史文物、航海器具、海洋生物标本等。这些馆藏品承载着韩国海洋文化的记忆和发展脉络。例如一些古老的航海图和船舶模型,它们不仅展示了韩国古代航海技术,还能让参观者了解到当时海上贸易的情况。详细地介绍这些馆藏品,有助于提升参观者对韩国海洋文化的认知和兴趣。第三,对韩国国立海洋博物馆旅游体验的满意度进行的研究。参观者满意度是衡量博物馆运营成功与否的关键指标之一。通过调查参观者对参观环境、展品内容、服务质量等方面的满意度,可以发现博物馆存在的问题,进而针对性地改进服务,提升参观者的重游率,促进海洋博物馆游览的可持续发展。

但这些代表性文献也存在以下三点不足之处:第一,跨学科融合不足。现有文献主要聚焦于海洋博物馆的建设、展示、信息化应用等具体应用层面,未能深入探讨博物馆的文化价值、教育功能及社会影响等议题,缺乏跨学科的深度融合。第二,高质量文献数量有限,研究深度和广度有待加强。尽管从 KCI 核心期刊文献平台上检索到 114 篇相关文献,但总体而言,海洋博物馆的高质量研究论文数量仍显不足。尤其是在探讨海洋博物馆多元社会功能、全球化背景下教育与文化传递等方面的研究较为薄弱。第三,缺乏国际比较研究。目前的研究大多集中在韩国国内,缺乏与其他国家海洋博物馆的对比分析。国际比较研究有助于揭示不同国家和地区在运营、展示及游客体验等方面的差异,为海洋博物馆优化提供更广阔视野。

3) 中韩之外其他国家的相关文献

本小节在谷歌学术平台(scholar.google.com)上以"Museum""Maritime Museum"为关键词检索相关文献,发现研究者对"Museum"进行研究的论文较多,但专门研究"Maritime Museum"的文献相对要少。本小节先查阅了博物馆功能转变有关的代表性文献,以更好地理解海洋博物馆。1996 年莎朗·麦克唐纳(Sharon Macdonald)和戈登·费夫(Gordon Fyfe)指出博物馆要关注参观和理解博物馆的新方法。1999 年斯蒂芬·E. 韦尔(Stephen E. Weil)指出博物馆越来越重视及关心人的作用。2000 年,马尔科姆·弗利(Malcolm Foley)和盖尔·麦克弗森(Gayle McPherson)指出博物馆正在发生持续的变化,从传统的教育展示转向了休闲娱乐。2023 年,安娜·伊莎贝尔·冈萨雷斯·埃雷(Ana Isabel González-Herrera)等学者指出博物馆和其他文化空间不再是致力于非常具体的领域和目的的精英中心,而是成为不仅满足需求而且满足日益增长的社会关注的开放参与和交流中心。博物馆从聚焦馆藏品展示到关注参观者体验,从以教育为主到融入休闲娱乐,再到如今的开放多元交流,这一系列转变深刻反映了社会需求与文化理念的变迁。海洋博物馆作为博物馆体系的一部分,也必将在这样的发展趋势下,探寻自身独特的定位与价值,以更好地推动海洋文化传承与创新。

对"Maritime Museum"进行的研究中,比较有代表性的文献,见表 1-6。

表 1-6　中韩之外其他国家的海洋博物馆代表性文献

研 究 者	题　目	主 要 内 容
Andy Polaine, Ben Reason, Lavrans Løvlie(安迪·波拉因,本·里森,拉夫兰斯·勒夫利,2013)	Service design: From insight to implementation(服务设计:从洞察到实施)	该书认为服务设计是为人们设计服务的非常实用的指南。它提供了强大的见解、方法和案例研究,帮助人们设计、实施和衡量多渠道服务体验,为客户、企业和社会带来更大的影响
Kuay-Keng Yang 等(杨贵庚等,2015)	Exploring the Role of Visitors' SelfIdentity in Marine Museum Learning(探索游客自我认同在海洋博物馆学习中的作用)	该文探讨了游客的自我认同在海洋博物馆学习中的作用
Leonie Rowan, G Townend, Catherine Beavis, L Kelly, J Fletcher(伊奥妮·罗文,G·汤恩德,凯瑟琳·比维斯,L·凯利,J·弗莱彻,2016)	Museums, games, and historical imagination: student responses to a games-based experience at the Australian National Maritime Museum(博物馆,游戏,和历史想象力:学生对澳大利亚国家海事博物馆以游戏为基础的体验的反应)	该文为最终用户提供了至关重要的意见,以考虑博物馆如何最大限度地发挥数字游戏的潜力,提高历史意识和理解,建立与正式课程的联系,并加强学校和博物馆之间的伙伴关系
Natalia S. Podzharaya and Anastasiia S. Sochenkova(纳塔利娅·S·波扎拉亚;阿纳斯塔西娅·S·索琴科娃,2018)	The virtual museum development with the use of intelligent and 3d technologies on the basis of the Maritime museum in Kotor(基于科托尔海事博物馆的利用智能和 3D 技术进行虚拟博物馆的开发)	该文给出了虚拟旅游的定义,确定了社会文化活动转型的问题,并描述了博物馆旅游活动框架内新的交流形式的发展,反映了当前社会演变的趋势。还分析了全球化和社会信息化对博物馆活动发展的影响问题

续　表

研　究　者	题　目	主　要　内　容
Richard Dunn, Megan Barford（理查德·邓恩,梅根·巴福德,2019）	Scientific instrument collections in the creation of the National Maritime Museum, Greenwich（科学仪器收藏在创建国家海事博物馆,格林威治）	该文探讨了私人收藏在格林威治国家海事博物馆科学仪器收藏形成中的作用
Alya Maysarah Daulay, Vinky Rahman（艾莉娅·梅萨拉·多蕾,宾基·拉曼,2023）	Belawan Maritime Museum：Metaphor Architecture（贝拉万海洋博物馆：隐喻建筑）	选择在贝拉万海洋博物馆的规划设计中运用组合隐喻建筑手法,是为了呈现出一座在视觉上颇具吸引力的建筑,既能吸引当地民众和外国游客前来参观,其外形又富有内涵
Sheva Aulia, Rizki Nurul Nugraha（舍瓦·奥莉亚,里兹基·努鲁尔,2022）	DEVELOPMENT OF DIGITAL SMART TOURISM AT THE MARINE MUSEUM JAKARTA（雅加达海洋博物馆数字智慧旅游的发展）	该文介绍了雅加达海洋博物馆数字智能旅游的发展,旨在探讨雅加达海事博物馆 4.0 时代数字化智能旅游的发展
Annika Bünz（安妮卡·邦兹,2022）	MUSEUM, PLACE, ARCHITECTURE AND NARRATIVE：Nordic Maritime Museums' Portrayals of Shipping, Seafarers and Maritime Communities（博物馆、场所、建筑与叙事：北欧海洋博物馆对航运、海员及海洋社群的呈现）	该书揭示了北欧海事博物馆舞台上的各种世界和现实,它们描绘了哪些身份和民族神话,以及它们如何利用周围的海洋环境和博物馆建筑的建筑特性
Min-Ho Yang, Joon-Hwan Kim（杨敏浩,金俊焕,2022）	Perceptions and Experiences of Marine Education Culture in the Marine Museum：A Comparative Study of Korea and Japan（海洋博物馆中海洋教育文化的认知与体验：韩国与日本的比较研究）	该研究比较了韩国和日本的事例。以经验要素为基础,考察了海洋博物馆的海上教育文化对参与意向的影响
Claudia Garradas, Alice Semedo（克劳迪娅·加尔达斯,艾丽斯·塞梅多,2023）	The Potential of Maritime Museums for Heritage Education（海洋博物馆在遗产教育方面的潜力）	该研究评估了地中海地区三个博物馆作为遗产教育的代理人的潜力,同时为参观者提供有机会了解海洋历史,文化和科学的几个方面

通过阅读中韩以外其他国家的有关海洋博物馆研究的代表性文献,可以发现以下几个特点:第一,注重海洋博物馆的展览、教育、宣传和研究等功能的研究。研究者探讨了从展品选择与陈列逻辑,到不同参观者群体的教育课程设计,再到宣传渠道多样化等方面,旨在帮助海洋博物馆更好地履行其使命,让参观者能够深入理解海洋文化,从中获取有价值的知识。第二,注重对海洋生物和海洋生态环境的研究。这不仅包括对馆内海洋生物标本的妥善保存与展示,向参观者传达保护海洋生物多样性的重要性,还涉及与海洋生态保护相关的主题研究,如海洋污染对生物的影响、海洋生态系统平衡等问题,使海洋博物馆成为海洋生态环境保护宣传的重要阵地。第三,注重通过沉浸式展览体验与多元数字化手段强化展览效果的研究。利用科技前沿技术,打造身临其境的参观感受,让参观者仿佛置身于真实的海洋世界。同时,结合多媒体展示和互动游戏打破传统展览的局限,激发参观者的兴趣,提升展览信息的传递效率。第四,注重优秀海洋博物馆案例的研究与分享。对世界各地成功的海洋博物馆案例从建筑设计、运营模式、特色展览等方面进行深入分析,从中汲取经验,为其他海洋博物馆的建设和发展提供参考和借鉴,促进全球海洋博物馆行业的共同进步。

这些代表性文献存在的不足主要体现在以下四个方面:第一,国际比较研究不足。虽然有些文献提到不同国家的海洋博物馆案例,但很少深入探讨不同文化背景下海洋博物馆在教育和展示方面的差异。国际比较研究有助于揭示海洋博物馆在不同社会和文化背景下的独特功能,为全球海洋博物馆的创新提供更多视角。第二,海洋博物馆与环境可持续性之间的联系尚需进一步探讨。这些研究多关注海洋生态保护和生物多样性展示,但在引导公众参与海洋保护行动方面的研究仍需加强。第三,互动性与沉浸式体验的长效性研究不足。虽然许多文献探讨了通过沉浸式展览和数字化手段的应用,但缺乏对这些互动设计是否能长期吸引参观者并增强学习效果的深入分析。第四,对海洋博物馆教育和展示之外的其他社会功能的研究较少。目前研究大多集中于海洋博物馆作为教育和展示的功能,但对发挥其他社会功能的探讨较少。

从对中国、韩国及其他国家海洋博物馆相关文献的分析中可以看出,当前的研究在海洋博物馆的建设、展示、信息化应用等方面取得了一定进展,尤其是在多学科整合与系统性分析方面。然而,研究仍存在一些不足,如理论深度不够、跨学科融合不流畅、前瞻性理论缺失等。与此同时,尽管已有一定数量的案例研究,但对于不同国家和地区海洋博物馆的比较研究仍较为薄弱,且海洋博物馆在环境可持续性、互动性与沉浸式体验等方面的长效性研究不足。总的来说,未来的研究应更加注重跨学科整合与理论深度的提升,拓展国际比较视野,并探索海洋博物馆的多元社会功能,推动其在全球化背景下的发展。

1.4 研究的差异性

上文已对服务设计、海洋博物馆研究现状进行了分析。整体来看,结合本书研究的主题,当前研究存在以下问题:第一,专门的海洋博物馆服务设计研究尚处于空白状态。第二,针对海洋博物馆服务设计流程模型的研究也尚未展开。第三,针对海洋博物馆服务设计评价指标模型的研究同样处于空白状态。第四,海洋博物馆服务设计评价缺乏理论实践指导和可持续研究规划。

因此,本书研究区别于以往相关研究的主要差异点有以下四点:

第一,对服务设计、海洋博物馆服务设计、海洋博物馆服务设计评价等相关理论进行研究,填补了专门的海洋博物馆服务设计相关理论研究的空白,丰富了服务设计理论体系。

第二,构建的海洋博物馆服务设计流程模型,填补了海洋博物馆服务设计流程模型研究的空白,进一步丰富了服务设计理论体系。

第三,为了解和分析参观者对海洋博物馆服务设计的满意度,分析和评估服务设计的合理性,评估和改进服务设计的反馈(Feedback)机制,构建了海洋博物馆服务设计评价指标模型,进一步细化了服务设计理论研究。

第四,为验证评价指标模型的有效性和适用性,将构建的海洋博物馆服务设计评价指标模型应用于中国和韩国三所海洋博物馆服务设计评价,分析出了问题点,提出了改善提案,这有助于提高海洋博物馆服务水平和参观者满意度。

1.5 研究路线图

开展本书的研究路线图如图1-10,该路线图以清晰的逻辑架构串联起各个研究环节。

中韩海洋博物馆服务设计评价研究

	绪论
第一章	研究背景·目的　研究范围·方法　先行研究　研究的差异性

	理论考察
第二章	服务设计　海洋博物馆服务设计　海洋博物馆服务设计评价

	设计流程
第三章	调查研究阶段 → 定义阶段 → 规划阶段 → 实施阶段 → 综合评价阶段

	评价指标模型构建
第四章	评价指标模型构建目标　评价指标模型构建的意义　评价指标选定　通过AHP法验证评价指标

第四章内容:

评价指标模型构建目标	评价指标模型构建的意义	评价指标选定	通过AHP法验证评价指标
• 了解和分析参观者对服务设计的满意度 • 分析和评估服务设计的合理性 • 评估和改进服务设计的反馈（Feedback）机制	• 为衡量海洋博物馆服务质量提供科学标准 • 有助于海洋博物馆明晰自身优势与不足，助力服务设计优化 • 推动不同海洋博物馆相互借鉴、协同发展	• 指标选定的重要性 • 指标选定的原则 • SERVQUAL模型 • 模糊德尔菲法 • 评价指标选定的流程	• AHP法 • 评价指标权重 • 指标权重总排序

	评价指标模型的实证研究
第五章	案例现状　调查研究　问题分析　改善服务设计的提案

	结论及展望
第六章	研究结果总结　研究的局限性　研究的展望

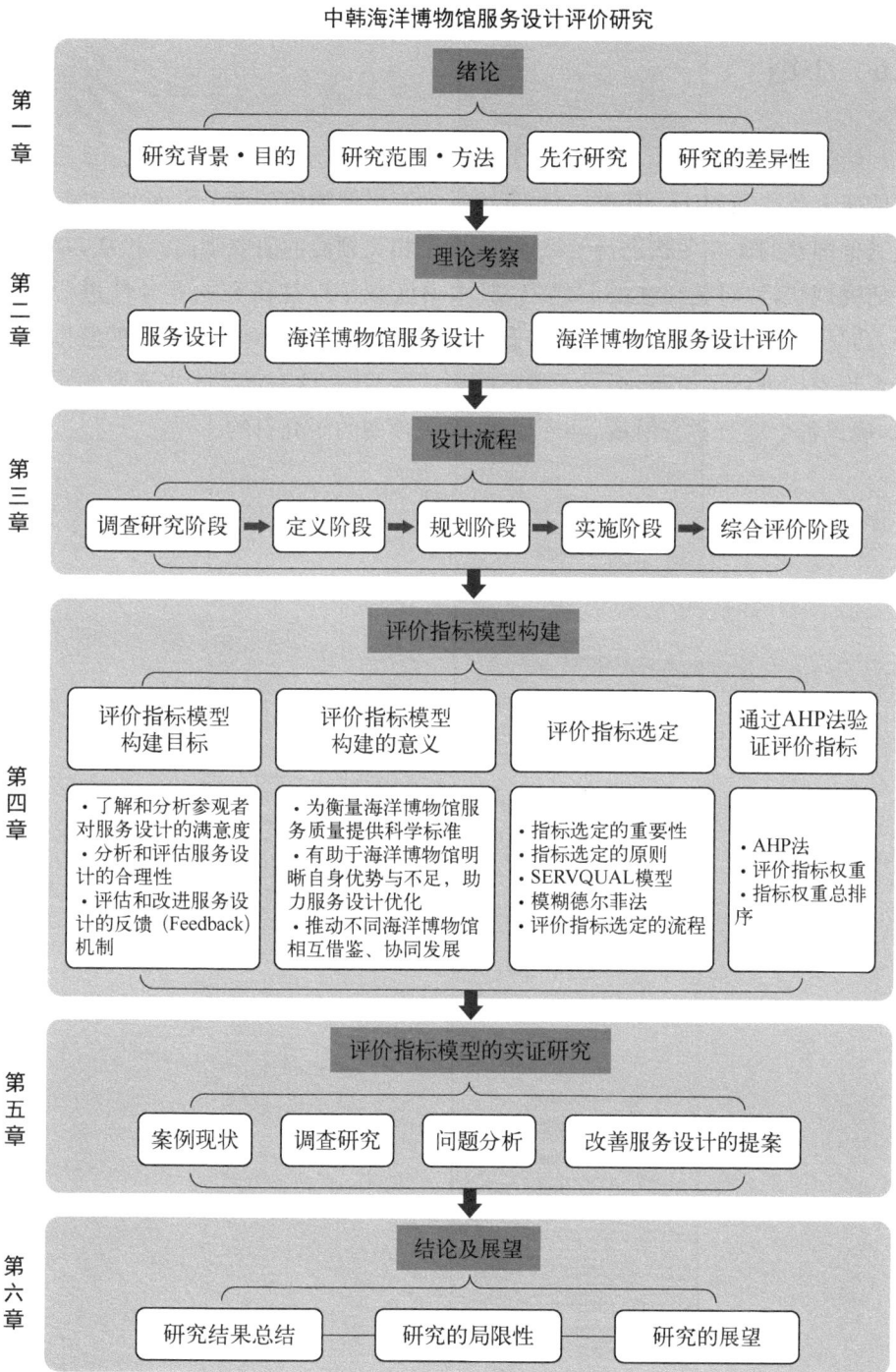

图 1-10　研究路线图

1.6　小结

　　绪论,是本书研究的开端。首先,分析了本书的研究背景和目的,介绍了本书的研究范围和方法。其次,对服务设计和海洋博物馆等两个方面的中国、韩国及其他国家的研究现状进行了综述,把握了相关领域的研究动向。再次,基于先行研究现状,针对其存在的问题点,对本书区别于以往研究的差异性进行了介绍,凸显了本书研究的创新价值与意义所在。最后,绪论对本书研究的整体结构和流程安排进行了说明,提供了清晰的研究路线图,这有助于本书研究的顺利进行,确保各个环节紧密衔接、环环相扣,达成预期的研究目的。

第 2 章　相关理论考察

为更深入、全面且系统地为本书夯实理论基础,本章着重针对三个极为关键的理论进行了细致梳理与深入探究。这三个理论分别是服务设计、海洋博物馆服务设计以及海洋博物馆服务设计评价。服务设计关乎着如何优化服务流程、提升用户体验等诸多方面;海洋博物馆服务设计则聚焦于参观者的全流程体验,通过优化各环节来提升海洋博物馆服务质量与参观者满意度;而海洋博物馆服务设计评价是对海洋博物馆服务质量进行衡量,反馈服务设计中的优缺点,为后续服务的持续优化与创新提供方向指引。它们相互关联,相互影响,共同构成有机整体,为海洋博物馆服务设计水平的提升以及行业的长远发展提供有力支撑。

2.1　服务设计

2.1.1　服务设计的概念

服务设计起源于市场营销和管理领域,1982 年,时任花旗银行投资集团营销总监的林恩·肖斯塔克(Lynn Shostack)在《欧洲营销杂志》(《European Journal of Marketing》)第 16 卷第 1 期上发表了《How to Design a Service》,文中提出用"设计"对"服务"进行重点规划。1984 年,他在《Designing Services That Deliver》一文中,首次将"设计"和"服务"两词结合,并强调了服务蓝图的重要性。

1991 年,英国学者吉尔·霍林斯(Gillian Hollins)和比尔·霍林斯(Bill Hollins)在《Total Design:Managing the Design Process in the Service Sector》一书中提出了设计学范畴的"服务设计"概念。同一年,德国科隆国际设计学院(KISD)首次开设服务设计的教学内容,标志着服务设计作为一门独立的学科开始发展,也奠定了 KISD 在服务设计学科研究上的领先地位和重要学术影响力。服务设计研究涉及的学科及领域较多,社会学、心理学、管理学、设计学、人类学等为服务设计提供实践方法,是典型的交叉领域。进入 21 世纪以来,信息化手段则为服务设计提供了实现服务的技术支持。2001 年,世界第一家服务设计公司 Line/Work 在英国伦敦诞生。2002 年,美国著名国际设计咨询公司 IDEO 开始接收服务设计的项目。2004 年,德国科隆国际设计学院(KISD)教授巴吉特·马格(Birgit Mager)女士发起成立了"服务设计网络"(Service Design Network:SDN),最初主要在欧洲地区运营。2008 年,"服务设计网络"(SDN)正式成为服务设计从业者与学术研究者的重要国际组织和交流平台(*https://www.service-design-network.org*)。2009 年,SDN 创办了全球第一个服务设计期刊《Touchpoint》,该刊已成为服务设计研究的国际权威学术刊物。截至 2019 年,"服务设计网络"在世界 42 个国家设有分部,成为拥有 1 400 多名专家和 3 万名会员的社区。自从"服务设计"一词诞生之后,由于服务设计涉及多种学科,学者们从不同的角度探讨服务设计,其概念也就不同。笔者总结了近 10 年来服务设计概念的代表性学术成果,见表 2-1。

表 2-1　服务设计的概念代表性学术成果

研 究 者	主 要 内 容
辛向阳,曹建中 (2014)	服务设计是传统设计领域在后工业时代的新拓展,是设计概念的全方位实现。服务设计的本体属性是人、物、行为、环境、社会之间的关系的系统设计
INTERACTION DESIGN FOUNDATION (交互设计基金会,2016)	服务设计是设计师为独特环境中的客户和所涉及的任何服务提供商创建可持续解决方案和最佳体验的过程
Fayard, Stigliani, and Bechky (法亚尔,斯蒂利亚尼,贝克基,2016)	服务设计是一种新兴的职业,从业者的目标是了解客户、组织和市场;开发新的或改进的服务和客户体验;将它们转化为可行的解决方案;然后帮助组织实施它们
Sangiorgi, Prendiville (桑吉奥吉,普伦迪维尔,2017)	服务设计是"以人为本、创造性、迭代的服务创新方法"
臧小影,刘鑫宇,马建伟 (2018)	服务设计就是将设计的理念融入服务的规划与流程本身,从而提高服务质量,改善消费者的使用体验
福利埃尼,维拉里,马菲 (Foglieni, Villari, Maffei, 2018)	服务设计涉及将客户的需求与组织的需求联系起来,提高体验质量,并支持组织创造价值,缩小交付差距,与竞争对手区分开来

续　表

研　究　者	主　要　内　容
Stickdorn, Marc, et al. (施蒂克多恩,马克,等, 2018)	服务设计可以帮助组织从客户的角度来看待他们的服务。它是一种平衡客户需求和业务需求的服务设计方法,旨在创造无缝和高质量的服务体验。服务设计植根于设计思维,为服务改进和设计新的服务带来了一个创造性的、以人为本的过程
胡飞 (2018)	服务设计是"以用户为中心、协同多方利益相关者(原则),通过进行服务提供、流程、触点的全局优化和系统创新(内涵),引导人员、环境、设施、信息等要素创新及其综合集成(外延),从而提升服务体验、效率和价值(作用)"
中国商务部、财政部、 海关总署 (2018)	服务设计是以用户为中心、协同多方利益相关者,通过人员、环境、设施、信息等要素创新的综合集成,实现服务提供、流程、触点的系统创新,从而提升服务体验、效率和价值的设计活动
SDN (2019)	服务设计是设计服务的实践。它使用一种整体的、高度协作的方法,在服务的整个生命周期中,为服务用户和服务提供商创造价值。在实践中,服务设计有助于从以人为中心的角度,编排驱动服务交付的流程、技术和交互。今天的服务设计适用于多个部门,有助于为私营和公共部门实现战略和战术目标
韩国设计振兴院 (2019)	公共服务设计是以需求者为中心发现问题,寻找解决方案的旅程。在此过程中,我们经历了一系列反复扩散和收集思想的活动。通过发散性思考,以与基本观念不同的多种视角看待问题。通过收敛性思考找出问题的核心,开发最佳解决方案
Howard Chen (霍华德·陈,2021)	服务设计是一种使用各种广泛的研究方法来查明系统或服务中的问题,并开发解决方案的实践。服务设计师的工作不仅仅是解决问题,还需要找出问题或需要解决的障碍
전윤호 (全允浩)	服务设计是指设计无形服务,设计中间媒介无形服务的类型服务媒体,为此调查和分析顾客和公司、服务提供者实际环境和经验的设计活动
전윤호 (全允浩)	服务设计在设计无形(Intangible)服务的同时,还将设计顾客体验服务的整体顾客旅程(Customer Journey)中在各脉络(Context)中遇到的服务切入点(Touch point)、物理证据(Physical Evidence)、服务场景(Servicescape)
World Design Organization (世界设计组织)	设计师在独特的环境中为客户和服务提供商创建可持续解决方案和最佳体验的过程

研　究　者	主　要　内　容
LIVE|WORK 服务设计公司	服务设计方法可以帮助组织更有效地执行新想法。它有助于满足客户期望、打破孤岛并创造业务价值。服务设计将新的想法和客户旅程可视化，并从第一天起就与客户和员工进行测试
Royal College of Art（英国皇家艺术学院）	服务设计将以人为本的设计方法应用于复杂的系统，创造实用、富有远见的服务，以改善人类体验
Engine service design 服务设计公司	服务设计是一种创造性和协作性的实践，它准确地确定如何改进现有服务或如何将新技术或产品作为服务进行商业化和规模化交付
维基百科	服务设计是规划和安排服务的人员、基础设施、通信和材料组件的活动，以提高其质量以及服务提供商与其用户之间的交互

　　除表中整理的代表性成果之外，部分学者对设计的定义也能够直接应用于服务设计，比如英国学者约翰·赫斯基特（John Heskett）在《Toothpicks & Logos：Design in Everyday Life》一书中对设计进行定义，他提出"设计就是去设计一个设计，以产出一个设计"，强调了从构思到最终呈现出设计成果这一行为本身也是一种"设计"的意味。这一定义在服务设计领域同样有着深刻的启示。在服务设计中，从最初对用户需求的洞察与分析，到对服务流程、架构以及各个接触点的体验进行规划，这整个过程就是在"设计一个设计"。

　　约翰·赫斯基特还认为"设计可以被定义为人类的一种能力，这种能力是为了满足人类的需求并赋予生活意义，这种能力比以往任何时候都更能塑造和创造我们的环境"，强调了设计作为人类独特的能力，深刻改变着人类生活的各个层面，引领人类走向更具品质与意义的生活。在服务设计的语境下，这一观点更是得到了充分的体现。服务设计的核心就是围绕着用户需求展开的，通过深入了解用户的期望和行为习惯，设计师或团队运用专业能力去设计出各种服务方案。这些服务不仅满足了人们在日常生活、工作、社交等方面的实际需求，还为人们的生活增添了独特的意义。

　　图2-1是韩国学者全允浩（전윤호）根据约翰·赫斯基特的设计定义整理的服务设计相关领域的内容。设计的类型划分与用户界面（UI）设计、产品设

计、视觉传达设计、空间和环境设计等相关，这些设计通过用户体验（UX）设计、交互设计等方法论进行系统规划和设计的，这与无形的设计活动相关联。这些都是与服务设计相关的领域内容，是服务设计不可或缺的组成部分。

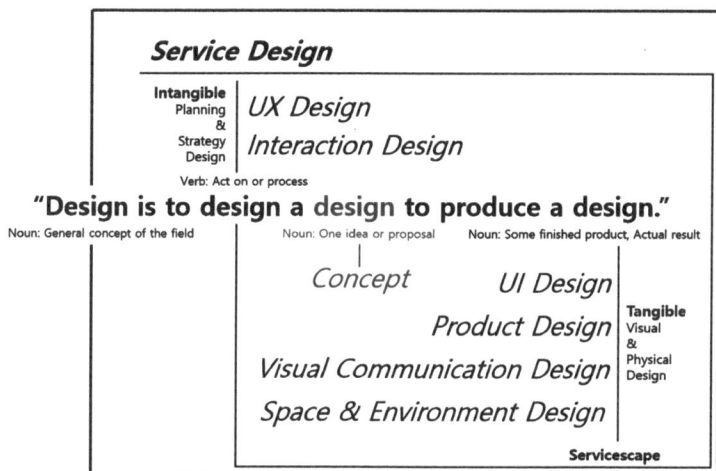

图 2-1　约翰·赫斯格的设计定义和服务设计

对以往学者代表性成果进行分析，可以看出服务设计是一种系统的思维方式。它为了提高服务质量，从用户体验出发，应用设计原则和方法来创建高质量和有效的服务体验。本小节进一步总结出服务设计的定义，即服务设计是一种以人为中心的方法，通过系统性地设计人与人、物品、环境和社会之间的互动，来提升服务质量和用户体验。它旨在为服务提供者创建可持续的解决方案，优化服务流程，为用户创造最佳的服务体验，满足用户需求，实现业务目标。

可见，服务设计与第三产业服务业是有明显区别的。服务业是指提供无形服务的特定经济行业，如医疗保健、旅游、教育、休闲娱乐、金融等。服务业可以使用服务设计来增强行业竞争力，但服务设计也可以应用于服务业以外的其他行业，以提升用户体验，提高各行业用户满意度，并推动行业创新。

2.1.2　服务设计的核心点

服务设计被认为是服务发展的关键阶段，它是保证服务质量的先决条件。为了获得更好的服务设计效果，需要考虑到多种因素的作用。如图 2-2，这些因素可以被称作服务设计的核心点，它们相互协同，共同影响着服务设计的实践路径与最终呈现效果，推动服务设计达成预期目标。

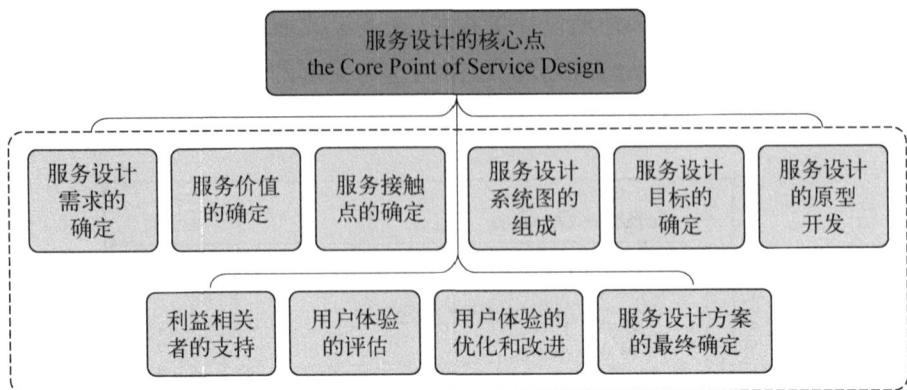

图 2-2 服务设计的核心点

1) 服务设计需求的确定

当前,体验经济蓬勃发展、用户需求日益多元化,服务设计在转变观念与确定需求层面的研究亟待展开。只有先实现服务观念的转变,打破传统服务思维的束缚,以全新的视角去理解和洞察用户,才能更好地确定用户真实需求。服务设计在转变观念方面扮演着重要的角色,它摧毁了事先形成的创造性观念,主动阐明了重要和广泛的社会化设计应用,让更多的人参与到设计过程中来,它通过这些方式来转变观念。鼓励用户参与并创造出具有创造性、互动和灵活性的体验。富有意义的体验并不仅仅由信息提供,更由"参与"本身的方式和过程建立。服务设计需求的确定,第一要明确目标用户,确定服务的对象,可以将目标用户分为三类:一类是针对某一特定人群,如对老人、儿童、学生等特殊人群提供服务,需充分考量其生理、心理及认知特点;一类是针对残障人士,由于他们在身体机能或感官功能等方面存在不同程度的障碍,所以在服务设计上要关注无障碍设施的配备、特殊沟通方式的建立,以满足他们的特殊需求并保障其平等使用服务的权利;还有一类是针对所有人群提供服务,则要兼顾普适性与通用性,确保服务能被广大不同社会背景与个体特征的人群所接受和使用。第二要获取目标用户需求,借助问卷调查、访谈和观察等方式,获取目标用户具体需求,随后将这些需求信息全面贯穿于服务设计各个环节,有助于有效提升服务的适配性,推动服务向精细化、高质量方向发展。

2) 服务价值的确定

辛向阳在研究中指出人是服务设计的第一要素,只有人参与其中,服务的存在才有价值。服务价值的确定主要涵盖了对多个关键因素的评估,如用户满意度、服务质量、服务目标达成效果等。用户满意度,它反映了用户对服务的主观感受与认可程度;服务质量则涉及服务的专业性、可靠性等多维度上的综合表现;服务价值对服务目标达成效果进行评估,涉及服务是否符合既定方向,是否达成预期效果。通过评估这些因素,可以有效地量化服务为用户创造的价值。在服务价值的确定过程中,借助数据分析、对比研究等方法,定位服务设计中的优势与薄弱之处,继而做出针对性调整与优化,切实增强整体服务质量,最终推动整体服务价值不断攀升,促进服务向着更高水平持续发展。

3) 服务接触点的确定

接触点(Touch Point)是指用户为了达到某个目的,经由某些途径与企业产生互动的点。接触点作为服务流程关键点,以有形或无形的对象构成服务的整体互动或体验。用户对接触点产生的感受与体验,都是提升服务价值必须考虑的重要因素。接触点以各种不同的方式与服务对象互动,每一个接触点都能对用户端体验产生不同的影响,通过适当的接触点满足用户的需求与期望,能提高用户的支持率,赢得用户的忠诚度,接触点是驾驭与了解用户行为的关键点。通过接触点,利益相关者之间、用户与设施设备之间、设施设备与环境之间会产生各种互动。利益相关者在服务过程中相互关联、彼此影响,各方信息共享、优势互补或责任共担,其互动顺畅与否决定着服务能否高效开展,对整个服务的进程推进、资源调配以及最终成效都有着极为关键的塑造作用。用户与设施设备之间存在着紧密的互动关联,用户操作公共设备完成自助服务,或借助公共设施满足自身需求,在此过程中,用户能够依据自身与设施设备的互动,体验服务的流畅性、便捷性、舒适性等多方面感受。设施与环境之间存在着相互交织且彼此塑造的有机联系,良好的环境能为设施设备提供适宜的运行条件,设施设备的布局与设计也需与环境相融合。通过对接触点的分析,能够识别利益相关者之间、用户与设施设备之间、设施设备与环境之间的交互方式和影响,为服务的优化提供有力依据。

4) 服务设计系统图的组成

服务设计系统图作为一种情境分析工具,通过可视化形式,能够清晰展现系统中利益相关者服务、信息、资金等各要素交流和转换关系,辅助设计师在从概念构想到服务构建过程中形成具体的设计定位。它侧重展现"设计导向的场景"(即利益相关者之间具有可行性的潜在服务场景)。服务设计系统图是由一系列相互关联的服务要素所组成的整体,通过对这些要素的有机整合来为用户提供有效体验。这些要素包括:服务接触点;服务流程;利益相关者;管理系统等。

服务接触点是各种交互的节点,利益相关者在此互动,推动服务流程有序运转,管理系统则统筹协调,确保整个服务生态得以稳健运行且持续优化。一个完整的服务设计系统图应包括这些要素,并根据用户体验的变化进行动态调整。在设计服务时,这些要素将被整合到一个连贯的、可预测的服务场景中,进而通过服务设计系统图来清晰展现。

5) 服务设计目标的确定

服务设计目标有助于指导设计团队做出决策,创建满足用户需求和期望的服务。服务设计的目标是设计出具有有用性、可用性、满意性、高效性和有效性的服务。一些常见的服务设计目标包括提高用户体验、提高服务效率、降低服务成本等,这些目标并非孤立存在,而是相互关联和协同的。提高用户体验这一目标,涉及对用户心理、行为等多方面的深度洞察,需要从服务流程、交互环节等方面着手优化,是服务设计的核心目标之一;提高服务效率则要求运用科学的流程管理、先进的技术手段等,对服务各个环节进行合理配置与优化,以确保服务过程顺畅高效;而降低服务成本,需综合考量人力、物力、财力等多方面资源投入,通过创新设计、资源整合等方式实现成本控制,实现服务的可持续发展。

服务设计目标能够为设计师或团队开展服务设计工作提供明确指向,使设计过程有的放矢。设计师或团队通过严谨的量化分析、定性评估等方法,评估目标达成情况来,判定服务设计成果优劣,推动服务设计领域的理论深化与实践发展。

6) 服务设计的原型开发

服务原型是在最终设计的服务正式发布之前的模拟和测试。简言之,服务原型就是对服务过程的模仿。服务设计的原型开发是指设计师根据用户研究结果,收集用户和利益相关者的反馈,并进行必要的调整,创建潜在解决方案,以确保最终的服务设计满足用户的需求。让客户和员工参与到服务原型的开发中,并对服务有一个整体的把控,从而使其更好地了解新概念所带来的变化。而且,为了创建优质的服务,设计师或团队可以充分利用服务原型,在实施服务之前,通过多轮测试来发现潜在问题,不断完善服务设计的原型,确保最终的服务原型能达到有效实施的标准。

7) 利益相关者的支持

1984 年,著名管理学者爱德华·弗里曼(Edward Freeman)在他的《战略管理:利益相关者方法》一书中,认为利益相关者包括企业的股东、债权人、消费者、供应商等交易伙伴,也包括政府部门、本地居民、本地社区、媒体、环保主义者等集团,甚至包括自然环境、人类后代等受到企业经营活动直接或间接影响的客体。在服务设计中,利益相关者是影响服务体验的设计团队、用户、企业,以及其他可以影响整个服务过程的个人和组织。服务设计对利益相关者进行分析的目的与管理学有相似性,但更关注如何通过设计来创建更合理的、各利益相关者能够受益的系统。设计师或团队若想打造优质的服务设计,需要与利益相关者进行深入且充分的交流沟通,建立良好的合作关系,获得他们切实的支持,以收集详尽且必要的调研信息和数据,从而保障服务设计能符合多方需求,在各环节顺利推进,最终达成预期目标。

8)用户体验的评估

在当今服务设计领域,用户体验至关重要,其评估方式直接影响服务优化效果。科学合理的评估方式能够洞察用户需求,为优化服务提供有力依据。在本能层次上,服务设计讲求遵循用户本能的行为逻辑,以一种偏固定且可预见的形式去迎合人们的文化背景和经验,以便产生更好的情感交流。在服务设计过程中,需要对服务的用户体验进行评估,收集反馈信息以进行必要的改进。主要包括两类人群的体验评估:一是在现场对接受服务的用户进行体验评估。现场评估能为研究提供更真实可靠的情境数据。二是对用户进行远程评估。移动互联网技术的发展和普及,使远程评估能以更经济、便捷的方式收集和分析用户的体验数据。远程评估的另一个关键优点是可以针对大量多样的用户进行研究。无论是对现场评估的真实情境还原,还是对远程评估的广泛数据收集,二者相辅相成,能够更全面地了解用户需求与感受,准确定位改进方向,从而不断提升服务质量。

9)用户体验的优化和改进

服务设计通过有效地计划和组织服务系统中的人、环境、产品以及各种物料和流程的关系,实现优质服务的目的,更加强调服务流程中用户的良好体验感。具体而言,服务设计要构建服务动态优化机制,通过定期收集和分析用户数据,对用户需求和偏好进行深入研究,识别服务痛点,进而针对性地优化和改善用户体验,创建有价值的设计方案,持续确保用户体验得以优化和改进,提升服务设计的整体质量与成效。

10)服务设计方案的最终确定

方案的最终确定要求设计师或团队不仅要对所有细节进行确认,全面且深入地完成各设计方案在可行性与有效性方面的精细评估,还需高度重视利益相关者给出的最终反馈,依据反馈完成必要调整来优化服务。随着市场技术和其他因素的改变,在不断变化着的执行过程中,确保客户的体验质量,帮助客户通过体验工具和体验指标应对。体验工具如用户旅程地图、服务蓝图等,两者都是服务设计中的可视化工具,能够直观地呈现用户与服务的接触路径和交互场景。用户旅程地图(User-Journey Map)是一种可视化工具,它详细地记录了用户从最初接触产品或服务到完成使用的整个过程中各个阶段的体验,包括用户的行为、想法、情绪等多个维度。服务蓝图描述了客户通过新服务的旅程,以及组织如何通过各种渠道与他们互动。通过服务设计评价指标对各个环节进行量化评估,定位服务的优势与不足。这些指标为设计方案的优化提供明确的方向指引,确保服务契合用户需求。此外,结合过往经验和行业案例,全面梳理服务流程的各个环节,提前针对可能出现的潜在服务问题谋划具体且有效的应对策略。

2.1.3　服务设计的基本特征

　　服务设计是一种关注用户体验的设计方法,它将人的需求和问题转化为各种服务的形式。ISO9241－210标准对"用户体验"进行了定义:一个人对一个产品、系统或者服务的使用和(或)期望所产生的认知和反应。在服务设计领域,坚持以用户为中心的理念,是推动服务设计持续优化的关键动力。这一理念贯穿于服务设计各个环节,深刻影响着服务设计的基本特征。不同的学者对服务设计的特征进行了不同角度的解读,本小节基于理论整理,深入总结和提炼出六个至关重要的服务设计基本特征,见图2－3。

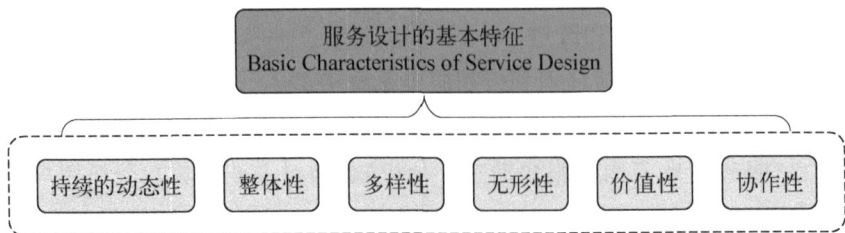

图2－3　服务设计的基本特征

1) 持续的动态性
服务设计所具备的持续的动态性,推动着服务不断发展与完善。这一特性促使服务设计不仅需要在微观层面关注用户需求的变化,还需从宏观层面积极顺应社会文化与科技的发展潮流,敏锐捕捉行业变革的趋势走向。通过不断地观察和了解用户对服务的反应,设计师或团队对这些反应进行分析、评估,确定需要改进的领域并实施改进,从而更好地理解用户在整个服务过程中的需求和期望。服务设计的特点决定了必须紧跟服务对象的动态,及时对服务内容进行调整,不断优化服务过程。在宏观层面,持续的动态性促使服务设计要适应社会文化与科技的演进,关注行业变革的趋势走向。用户体验是一个持续和动态的过程,服务设计的持续动态性确保服务设计在不断变化的业务场景中保持竞争力,持续为用户打造出紧密贴合其需求且能与时俱进的高品质服务。

2) 整体性

服务设计的整体性是指进行服务设计时,为了给用户创造优质的服务体验,不能仅仅考虑某个单独的中间环节,而是要将“用户体验”放置在整个完整的服务流程中来进行考虑。复杂系统的设计常被视作一件大型产品,而对产品体验整体意义的感知是普遍的研究主题。在用户看来,服务设计的整体性,有助于用户通过认知体验、情感体验,与服务进行交互,建立对服务的整体印象。这种整体性也方便服务提供者统筹资源,优化各环节间的衔接。以海洋博物馆服务设计为例,从票务预订、入馆引导,到展览参观、互动体验,再到离馆反馈,全流程协同配合,为参观者打造出全方位、多层次且充满海洋文化氛围的优质服务体验。

3) 多样性

随着数字经济的发展,服务业已经跨入 4.0 时代,从过去的固定化、标准化、被动式的服务,到如今整合化、定制化、主动化的服务,触点变得多样,服务设计应对的场景也更复杂。服务设计是以用户为中心的设计,不同的用户有着不同的需求,而同一个用户可能会在不同的场景中表现出不同的需求。服务设计的多样性要求用户参与不同场景的互动体验设计和评估,而设计师或团队研究不同用户在不同场景下的服务需求和偏好,将部分服务环节或接触点的设计应用于不同的用户体验项目或场景中,这样可以带来更多的创新想法,有助于针对不同的服务需求创造和设计更多的服务,最终完成具有交互性和创造性实践的设计。

4) 无形性

服务设计的无形性是指服务设计不能像有形的产品一样被物理地触摸或看到。它侧重于创建和改进服务的体验、交互,让用户切实感受到优质服务带来的良好效果。在达成积极服务感知的诸多关键要素中,涵盖了服务的易感性、用户需求获取、服务蓝图和设计接触点以提高客户满意度等方面。其中,服务蓝图在其中有着独特且关键的地位。服务蓝图可以描述服务提供过程、服务遭遇(Service Encounter)、员工和顾客角色以及物理实物(Physical Evidence)等来直观地展示整个客户体验的过程。服务蓝图往往是一幅包含了用户、服务提供者以及其他相关当事人视角的示意图,囊括了从客户联系到幕后制作的所有内容。服务蓝图可看作描绘用户经历的服务流程图,仅侧重展现服务体验的时间线和可视线(即顾客所看到的全部实物)。服务设计的无形性及其涵盖要素,尤其是服务蓝图的作用,共同构建起了优化服务体验、提升用户满意度的有效机制,对于服务行业高质量发展意义重大。

5) 价值性

服务设计区别于过去的设计类别,不难发现其对于意义与价值的强调,暗示着过程本身同样重要且意义非凡。服务设计的价值性包括了解用户需求,规划服务,以及设计接触点,以使用户在接受服务的每个阶段都能获得服务价值。服务设计作为一个用设计的方法来研发服务的领域,能够把构成服务的实体与非实体元素进行综合企划和开发,提升用户体验,创造服务价值。服务设计通过融入以用户为中心的设计理念,关注创建和改进服务的过程,增强用户体验,以服务创新来推动服务生产与消费,提高服务价值。

服务设计的价值性还体现在对社会关系的重塑与优化,它打破了传统服务中提供者与使用者的简单二元对立,构建起更具互动性与协同性的服务生态体系。例如,在海洋博物馆领域,通过精心设计的展品展示与讲解服务,不同年龄、不同知识背景的参观者都能深入领略海洋文化的魅力,充分汲取知识养分,减少因信息传递不畅导致的参观障碍。馆内的互动环节使工作人员与参观者、专家与参观者、参观者之间进行交流探讨,增强参观者参与感与文化认同感,营造活跃且富有启发性的文化交流氛围,让海洋博物馆成为连接参观者与海洋之间的重要桥梁。

6) 协作性

服务设计的协作性,是指不同利益相关者之间创建一种协同效应,在整个服务设计过程中更加高效地设计高质量的服务,以成功创建以用户为中心的服务设计方案。通过对完整服务体系与利益相关者协作模式的把控与设计,服务设计强调基于人本视角来筹划落实服务交付相关的流程、技术和交互。它要求在服务设计流程的每个阶段,包括用户在内的每个利益相关者共同参与设计。服务提供者、服务使用者等利益相关者一同运用源于不同学科的经验、工具和方法,使用协作的方式设计服务。通过获取这些利益相关者的需求和观点,确保最终的服务设计能够尽可能满足所有相关者的需求和期望。利益相关者之间的协作与合作,会带来创新的解决方案,能够确保服务设计的多样性、价值性、整体性和动态的可持续性。协作性可以培养设计团队成员的主人翁意识和责任感,从而使服务的创建和实现更加高效和富有可行性。

2.2　海洋博物馆服务设计

2.2.1　海洋博物馆的特征

1) 海洋环保意识

海洋博物馆注重引导参观者探索和保护海洋生物、生态系统,以唤起参观者的海洋环保意识。

海洋博物馆是展示人类与海洋关系的载体,在促进人与自然和谐相处、维护生态平衡方面发挥着关键且有效的作用。参观者踏入其中,能够近距离了解栖息在海洋里的各类物种,知晓它们独特的习性,还能深入地了解它们在维持地球生态系统平衡中的重要性,更能深刻洞悉海洋在维持地球生态系统平衡中不可或缺的重要性,进而唤起人们保护海洋环境的强烈意识。

2) 海洋文化内涵认知

海洋博物馆帮助参观者探索海洋历史,深化对海洋文化内涵的认知。

海洋博物馆收藏和展示了大量来自世界各地的珍贵海洋文物,这些文物不仅具有独特的历史和文化价值,还是海洋文明发展历程的实物见证。它们承载着不同时期和不同地域人们与海洋互动的印记。参观者通过观摩和解读这些文物,能够深入了解各地的海洋历史文化,获得深刻而广泛的多元化体验,加深对海洋文化内涵的认知。

3) 先进的科研设备与环境

海洋博物馆有先进的海洋科研设备,拥有充满活力的研究环境。

为了推动基础研究、应用研究和科普教育,一些海洋博物馆根据海洋科研需求,精心采购和配备了专门的仪器和设备。这些设备涵盖从微观层面用于研究海洋生物细胞结构的高精度显微镜,到宏观层面用于监测海洋生态系统动态变化的各种监测装置。研究人员可以使用这些设备获取最新的科研数据,深入研究海洋生物的行为习性、物种演化过程,以及生态系统的能量流动和物质循环等多个方面。

4）专业资源与学术影响力

海洋博物馆凭借其专业资源与学术影响力,积极与各地高校和研究机构建立深度合作关系。

通过整合多方优势,海洋博物馆定期举办各种面向不同年龄段的教育和研讨活动。这些活动形式丰富,既有海洋基础知识的科普讲座,又有专注于前沿海洋科研成果的学术研讨。作为公众了解海洋奥秘、提升科学素养的优质平台,海洋博物馆不仅为参观者提供了学习海洋地质演化进程、海洋生物分类等基础理论的机会,更为思想的交流碰撞提供了拓宽视野、启迪思维的空间,丰富了参观者的学习体验。

5）多形式展示表达

海洋博物馆在展示形式方面不断探索创新,注重多形式展示的表达。

海洋博物馆在展示形式上不断探索创新,注重多样化展示的表达。通过引入现代多媒体和互动展示技术,海洋博物馆为参观者营造一个充满活力的体验环境,特别是通过互动展览和沉浸式体验来增强参与感。海洋博物馆秉承包容性和人文关怀理念,充分考虑到有听觉、视觉障碍特殊人群的需求。通过使用特殊材质让他们通过触摸感知展品形态,并借助语音导览等辅助工具,使他们能够通过声音与展品进行互动。这样的设计不仅让这些有特殊需求的群体感受展品的独特魅力,还能够通过与展品互动,体验海洋文化的深厚底蕴。

2.2.2　海洋博物馆服务设计的概念

海洋博物馆的价值不仅仅在于收藏、陈列、保护与研究海洋遗产,更在于通过服务设计不断揭示和体现人类与海洋的关系。海洋博物馆服务设计是指为了发挥海洋博物馆的功能,设计和改进海洋博物馆的收藏展示、宣传、观光、教育、休闲等各种服务,以增强参观者对服务项目的体验度和参与度的系统性过程。海洋博物馆服务设计的目标是通过海洋博物馆服务,将海洋文化与现代科技深度融合,促进参观者对海洋生态、经济、文化、历史、科技等主题的学习和理解,使参观者在探索海洋知识的过程中获得愉悦与成就感,从而激发海洋保护意识,全面提升参观体验。海洋博物馆通过服务设计,能够在有限的空间内为参观者打造出集视觉、情感、文化与教育价值于一体的综合体验。因此,深入了解服务设计与海洋博物馆的关系。海洋博物馆服务设计的开发,将有助于更好地理解海洋博物馆服务设计的概念。

1) 服务设计与海洋博物馆的关系

服务设计与海洋博物馆之间是一种共生关系。海洋博物馆为服务设计的开发与实践提供了平台,是服务设计效果展现的最佳载体。服务设计凭借多学科融合优势,基于以用户为中心的理念,优化各服务环节,以满足参观者对海洋博物馆的不同需求,为参观者打造贴合需求的优质服务体验。二者携手为参观者开启精彩海洋文化探索之门,为参观者打造愉快的环境,促使参观者能够深度探寻海洋所蕴含的多元价值。

在海洋博物馆运营过程中,运用服务设计思维方法来进行服务设计,突破了传统服务的局限,为参观者带来更具沉浸感、互动性与个性化的体验。通过精心优化互动项目,参观者不仅能更为顺畅且深入地理解与认识海洋所承载的丰富价值,还能够以更积极、有效的方式参与海洋博物馆的各项活动,全方位提升对海洋世界的认知体验。

2) 海洋博物馆服务设计的开发

海洋博物馆通过与高科技企业合作,应用数字化技术,为参观者提供更加沉浸式和互动性的海洋体验。海洋博物馆还可以编纂海洋科普书籍,组织各种海洋主题的研讨会,让参观者在这里学习海洋知识、拓宽视野。在公众服务上,充分发挥海洋馆特色和工作人员专业优势,扩大志愿者队伍,并合理利用数字化手段,针对不同类型的参观者提供教育和服务,增强大众的海洋知识、文化、权益意识。例如,为了更好地服务儿童群体,海洋博物馆可以建立一个小型海洋体验中心,设置适合儿童参与、互动和游戏的区域,开展如“小小海洋探险家”“海洋手工坊”和“海底大冒险”等富有趣味性的体验教育活动。针对学生群体,可以在博物馆的图书室增加各种海洋科普书籍,并提供在线查阅文献的服务。对于残疾人群体,海洋博物馆应提供无障碍设施,如轮椅坡道、电梯和无障碍洗手间,确保行动障碍的参观者能够顺利在馆内通行,还为听觉障碍者提供手语讲解服务,为视觉障碍者提供音频描述和触觉图像服务。这些服务设计举措旨在吸引更多群体的参观者,提高参与度。随着科技进步和服务设计理念的推广,未来海洋博物馆还会推出更多创新的服务形式。

2.2.3　海洋博物馆服务设计的基本特征

在当下这个高度重视文化传播与传承的时代背景下,海洋博物馆作为一种新型文化载体,正发挥着愈发重要的作用。海洋博物馆与其他博物馆在服务设计特征上有同有异。相同点在于都追求场景丰富、体验独特、设施智能、信息数据化及互动性;不同点是海洋博物馆基于海洋主题,与其他博物馆相比,在以上这些特征的表现形式和程度上更胜一筹,见图 2-4。这些基本特征相互配合、相辅相成,从不同角度彰显着海洋博物馆服务设计的独特之处,共同推动海洋博物馆更好地履行文化传播与传承的使命。

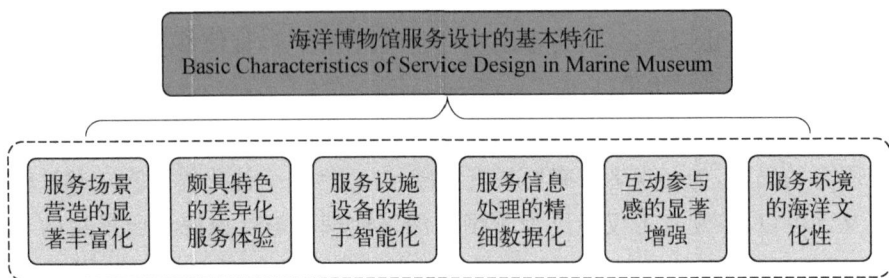

图 2-4 海洋博物馆服务设计的基本特征

1) 服务场景营造的显著丰富化

在移动互联网快速发展的进程中,用户体验设计理论不断革新,服务设计应用场景更加丰富,以用户体验、参与式设计为代表的服务蓝图设计理念不断涌现。海洋博物馆紧跟时代步伐,巧妙应用虚拟现实、增强现实等各种先进科技手段,促使服务场景实现深度丰富化,将人类对于海洋的认知通过多种场景展示给参观者。参观者置身馆内,不仅能够目睹海洋生物真实的生存环境,欣赏到众多承载历史的海洋文物,还能身临其境地感受现代海洋科技的发展动向。为了提升参观体验,海洋博物馆应合理设计展项,确保在展项中留出充足的互动体验空间和时间,让参观者能够放松身心,感受海洋的奇妙和美好,充分领略海洋博物馆的独特魅力。

2) 颇具特色的差异化服务体验

海洋博物馆以海洋为独特蓝本,融合科普、文化等元素,缔造了与众不同的参观情境。从个人角度来看,个人经验、身份认同以及每个人从中发现的主观意义将会在博物馆体验中产生情感的、精神的、心理的、知识的差异。从群体角度来看,海洋博物馆服务对象范围广泛,既包括本地居民和外地参观者,又包括新参观者和常客,还包括国外参观者和国内参观者,不同参观者群体的需求是有差异的。服务体验的差异化要求海洋博物馆在保证各类参观者在整个服务接受过程中享受到良好体验基础上,针对不同目标参观者的特点,从目标参观者群体出发来进行差异化服务设计。

3）服务设施设备的趋于智能化

云计算、物联网等的出现，一方面打开了信息时代的大门，让各行各业都有了利用技术手段进行多方面提升的机会，另一方面也是一种智慧的传递，对博物馆的未来发展有着突出的影响。为了应对数字化时代的冲击，海洋博物馆引入应用新兴科技的智能化设施设备，参观者可以通过它们更顺畅地游览海洋博物馆。比如，智能导览、智能语音导览等设备的出现使参观者可以更便捷地在海洋博物馆参观、学习，更好地感受海洋文化与科技相结合的魅力。智能化服务设施设备不仅提升了参观者的个体体验，还有助于海洋博物馆实现数字化精细管理。通过对参观者游览大数据的深度挖掘，海洋博物馆能够知晓展览效果与游客需求，及时调整服务策略。

4）服务信息处理的精细数据化

海洋博物馆的服务大数据建设是一个全新的课题，必须将所有服务数据进行整合、分析、加密和更新。互联网时代下，参观者可以使用大数据平台、物联网技术等，在线上进行参观体验，在线预约，在移动终端上随时随地浏览、查找海洋博物馆服务。通过对用户体验过程中反馈信息的归类、连接和可视化分析，可以发现用户体验过程中服务设计的不足之处，采用优化用户体验触点的方式进行服务迭代，实现用户体验价值增值。所以，通过对服务大数据的分析，海洋博物馆可以提供精准、人性化、丰富且高效的服务。依据参观者过往浏览偏好，精准推荐其感兴趣的展览和活动信息，实现个性化服务定制。在人性化方面，可根据不同年龄层与参观群体的需求特点，优先推荐适合的参观路线。利用大数据挖掘潜在需求，拓展教育讲座、亲子互动等丰富的服务项目。

5）互动参与感的显著增强

由于所有通信类型的电子集成，形成了一个全新的环境，其中现实和虚拟世界之间的界限是模糊的。所以，为了更好地增强参观者的海洋体验感，使其深入了解海洋生态、文化、科技，海洋博物馆互动参与感至关重要。互动参与感主要通过以下几个方面实现：第一，借助虚拟现实、增强现实等数字化技术，精心打造智慧化、沉浸式的体验环境，为参观者营造出身临其境般的海洋感受，使其仿佛置身于真实的海洋世界，深度感受海洋魅力，极大地增强参与的真实感；第二，通过智能化设备收集参观者的偏好信息，分析其独特需求，从而提供个性化、定制化的服务，有效激发参观者参与热情，提升参与度。此外，面向低龄参观者，海洋博物馆可举办海洋主题的科普工作坊，组织海洋生物标本制作、海洋生态模型搭建等活动，在实践操作中提升其对海洋知识的理解；还可开发海洋寻宝游戏，根据馆内线索寻找特定文物或信息,完成任务后获得奖励,激发其探索欲与参与积极性,从而进一步增强互动参与感。

6)服务环境的海洋文化性

海洋博物馆本身就是文化传播的重要载体,因此其服务环境要体现海洋文化的特点。例如,馆内的标识系统、照明系统、导视系统等都应与海洋文化密切相关。这不仅能增强参观者的视觉体验,还能在潜移默化中提升他们对海洋历史和遗产的认知与理解。参观者希望通过展览及博物馆的相关辅助活动增加自己对历史、文化、艺术的了解,增长自己某方面的兴趣或知识,这也是博物馆社会功能中最基础的一点。将海洋文化元素融入博物馆环境中,参观者不仅能够获得丰富的教育体验,还能享受一场独特且难忘的海洋文化之旅。

2.3 海洋博物馆服务设计评价

海洋博物馆是城市或国家的重要文化设施,为了给参观者提供更优质的服务体验,需要对服务设计进行评价,以指导海洋博物馆服务设计的改进。科学合理地对服务设计进行评价,能够明确优势与不足,进而有针对性地改进优化海洋博物馆服务设计,让参观者能更好地领略海洋博物馆的魅力。正是基于这样的现实需求,海洋博物馆服务设计评价应运而生。

2.3.1 海洋博物馆服务设计评价的概念

海洋博物馆服务设计评价是一套系统且综合性的评估体系,它基于严谨的理论框架和科学方法,旨在科学全面地衡量海洋博物馆服务设计质量与成效,通过多维度、多角度剖析,既考量当下对参观者服务体验的影响,又关注与长远运营发展的契合度,精准定位优劣势,以推动服务持续优化,推动海洋博物馆在文化传播与公众服务领域发挥更大价值。在服务设计的理论范畴中,海洋博物馆服务设计评价呈现为一个复杂的系统性结构,涉及从前期规划阶段的目标设定、策略制定,到实际落地过程中各环节的协同与衔接等诸多方面。

2.3.2 海洋博物馆服务设计评价的内涵

鉴于海洋博物馆受众群体的多元性以及所肩负的文化传播这一重要使命,相较于一般服务,对海洋博物馆服务设计进行精细化评估显得尤为重要。基于系统论原理,需将海洋博物馆服务的各个构成部分视作相互紧密关联、相互影响的有机整体。从服务设计评价的多维度出发,依据科学的研究方法,去收集相关数据,进行深入且严谨的分析,才能准确衡量海洋博物馆服务设计质量,进而为后续服务的持续优化明确方向,实现其在文化传播等领域价值的最大化。具体而言,可以从以下几方面了解海洋博物馆服务设计评价的内涵。

1) 评价目标与维度的确定

海洋博物馆服务设计评价的目标是评估当前服务设计在满足参观者需求和期望方面的有效性和效率,深入了解他们对博物馆服务的总体满意度,收集参观者的反馈意见,并找出需要改进的地方,以改善参观者的参观体验。目标确定后,就需要对维度进行细致的划分和确定。依据一定的标准来测量和评价服务的质量。在确定评价维度时,工作人员的专业素养与服务态度、服务运营的流畅性与合理性、服务设施的完备程度与便利性、服务过程的规范性与舒适性以及服务效果的达成情况等要素都必须纳入考量范围。

2) 评价主体的确定

海洋博物馆服务设计的评价主体是参观者。参观者是服务的被接受方,其参与评估海洋博物馆服务设计是必不可少的,参观者的满意是海洋博物馆运营的基本动力,也是服务设计评价的落脚点。参观者的直观感受,能最真实地反映出服务设计中的优势与不足,直接影响博物馆服务设计的未来改进方向。通过让参观者积极参与评价过程,可以增强其主人翁意识和参与感,海洋博物馆可以收集参观者的反馈和建议,从而从参观者角度确定需要改进的领域并实施必要改进,确保博物馆能够满足参观者的需求和期望。

3) 评价指标的选定

选定海洋博物馆服务设计评价指标,这一过程可以分为指标提取、指标筛选两个阶段。在指标提取阶段,需要根据评价目标与评价维度,通过查阅国内外相关文献,基于不同的评价维度来提取评价预备指标。在指标筛选阶段,将前期提取出的评价预备指标进行整合,精心制作问卷。随后,使用科学的评价方法邀请相关领域专家填写问卷,对评价预备指标进行评估,依据专家问卷调查反馈的结果,严谨地确定最终的评价指标。这些经过层层筛选而出的指标有着重要意义,凭借这些指标,可以对海洋博物馆服务设计的实际情况展开精准且全面的评估,清晰地知晓其优势与不足,为后续的优化改进提供有力依据。

4) 评价方法的使用

海洋博物馆服务设计应根据实际情况,选择合适的评价方法,并将多种评价方法相互结合使用,以确保服务设计评价结果的有效性和准确性。在评价实践中,常用的评价方法有模糊德尔斐法(Fuzzy Delphi Method)和 AHP(Analytic Hierarchy Process)法。模糊德尔斐法能够巧妙地处理那些具有模糊性、不确定性的信息,使评价过程更加贴合实际情况;AHP 法则通过构建层次结构模型,将复杂问题条理化、系统化,便于进行权重分析等操作。运用模糊德尔斐法构建评价指标模型后,使用 AHP 法获取相应的评价指标权重,再接着为了验证评价指标模型科学性和适用性,使用该模型对海洋博物馆现有服务设计进行问卷调查,数据统计和分析使用 AHP 法。最终获得的海洋博物馆服务设计问卷数据和信息,能够为后续完善服务设计、提升服务质量奠定坚实的数据基础,有助于海洋博物馆服务朝着更好方向发展。

海洋博物馆服务设计评价有着很强的理论和实践价值。一方面,它能促进各海洋博物馆之间形成良性竞争氛围。当各馆都使用科学的评价体系去优化服务设计时,会促使彼此在服务设计方面更加专业化、科学化,不断推陈出新,挖掘自身特色,为参观者带来更具差异化和高品质的参观体验,从而提升整个海洋博物馆行业在参观者心中的形象,增强游览吸引力。另一方面,通过这些系统且深入的评价环节,能够积累丰富的行业数据与实践经验。这些宝贵资源可供后续的博物馆学研究、文化产业研究等借鉴参考,有助于完善相关理论体系,为培养专业人才提供更贴合实际的案例与思路,推动海洋博物馆更好地履行传播海洋文化、服务社会大众的重要使命。

2.4　小结

本章围绕服务设计、海洋博物馆服务设计和海洋博物馆服务设计评价这三个相关理论,分别展开了细致梳理与深入探究。在服务设计理论部分,对服务设计的概念、核心点、基本特征进行了研究。在海洋博物馆服务设计理论部分,着重对海洋博物馆的特征加以阐述,同时围绕海洋博物馆服务设计的概念与基本特征进行了深入探讨。本章最后对海洋博物馆服务设计评价进行了阐述,对其进行了定义界定,并从评价目标与维度的确定、评价主体的确定、评价指标的科学选定、评价方法的合理使用等角度分析了其内涵。本章对上述基础理论的研究,为后续的各项研究提供了坚实可靠的理论支撑,保障研究能够沿着科学、合理的路径有序推进。

第 3 章　海洋博物馆服务设计流程

随着服务设计理念在文化场馆领域的深入应用,海洋博物馆的服务模式正逐步向体验导向与系统协同方向转型。本章旨在基于服务设计理论与当前服务运行现状,构建符合海洋博物馆基本特征的服务设计流程模型。通过梳理海洋博物馆服务设计的基本路径,结合其功能特征与参观者需求,明确关键流程节点与评估机制,为优化海洋博物馆整体服务质量与参观者体验提供系统化参考。

3.1　服务设计流程的研究分析

3.1.1　设计流程的理解

设计流程是指为了理解和解决问题,通过综合视角,对现实可行的多种技术融合进行研究的过程。也可以这么理解,设计流程是指为了推进设计项目的实施,在实现设计项目目标的过程中,在各个阶段设置的具体任务和工作内容所构成的整体性过程。开发设计流程时,为了考虑不同的观点,让各种利益相关者参与,以使该流程能够满足各类群体用户的需求和期望。

执行设计流程有如下诸多意义。第一,降低设计风险,提高设计效率。在实施设计过程中出现的问题和需求,设计流程要求提前规划应对策略,从而有效降低设计风险,提高设计效率。第二,降低设计成本,确保项目进度。在实施设计项目过程中,使用设计流程对设计项目进行有效的指导、测试、实施、评估,使各个环节紧密衔接,有效地避免因设计开发进度过慢而导致设计项目延期或产生其他诸如成本超支等问题,保障项目在预算范围内按时完成。第三,避免成员重复工作,促进团队协作。团队使用设计流程对成员进行合理的组织、管理和分工,明确各成员职责范围,避免任务交叉重叠带来的混乱,不仅可以有效地避免因成员的重复工作导致的时间和成本浪费,还能让团队成员充分发挥各自优势,营造积极和谐的协作氛围,提升整体工作效能。

不同的学者从不同的视角对设计流程进行分析,如表 3-1 所示。

表 3-1　按研究者分类的设计流程

研 究 者	阶　　段		
	问题理解	综合解决方案(设计)	实施解决方案
琼斯(Jones)	分散	变化	集中
阿切尔(Archer)	程序设计,资料收集	分析,综合,展开	传达
阿西莫(Asimow)	问题情况分析	解决方案综合,决策评估,优化,修改	解决方案的执行
德鲁克(Drucker)	问题的定义,分析	解决方案的发展	决定最佳方案,实践
杜威(Dewey)	问题的提出,定义	找出可能性的解决方案,创意具体化	创意的验证和确认,结论的公式化
奥斯本(Osborn)	问题的定义,准备	假设性、情感性的创意发展与重构	评价与选择,验证解决方案,对最终方案的决定进行补充
戴维斯(Davis)	设定目标,审查外部影响,确定标准	制定计划	计划实施,产品评价
马库斯,马弗(Markus, Marver)	问题的分析与顺序化	综合解决方案	批判性价值评估
帕尔和贝茨(Pahl and Beitz)	执行作业的清晰化	概念性设计,具体化设计	详细设计
芬克尔斯坦(Finkelstein)	信息收集整理,价值模式的形成	提出有可能性的设计方案	设计方案的分析,决定

　　从表 3-1 中可以清晰地看出,由于不同学者自身独特的研究视角,设计流程的划分细节上存在一定差异性。然而,若从宏观角度审视,在设计流程中最关键的几个部分,即从问题理解出发,到综合解决方案(设计),再到实施解决方案,学者们的观点基本保持一致。这种一致性体现出了设计流程在核心逻辑上的稳定性,也为设计实践提供了具有普遍指导意义的框架。

3.1.2　服务设计流程的种类

服务设计涉及创建一个全新的、更好的用户体验,它聚焦于深入探索用户的真实需求、全面理解服务场景中的各类要素,进而通过巧妙构思去创造新的服务体验,是一个极具创造性与系统性的过程。1996 年,拉马斯瓦米(Ramaswamy)认为,服务设计流程呈现了服务设计从开始到执行的整个过程,是服务操作活动和顾客服务活动的顺序总和,且一个服务流程可再细分成多个小流程或次流程。接下来将介绍六种典型的设计思维流程,见表 3 - 2。

表 3 - 2　典型的设计思维流程

开发者	流程名	开发时间	流程阶段
英国设计委员会 (UK Design Council)	双钻石模型	2005	发现 Discover→定义 Define→开发 Develop→传达 Deliver
丹·奈思勒 (Dan Nessler)	改进型双钻石模型	2018	发现 Discover→定义 Define→开发 Develop→传达 Deliver
尼尔森诺曼集团 (Le Nielsen Norman Group)	以用户为中心的设计思维流程	2016	移情(empathize)→定义(define)→构思(ideate)→原型(prototype)→测试(test)→实施(implement)
IDEO	琼斯和萨马利奥尼斯构建的服务设计流程	2008	洞察市场的发展情况→创造突破性的价值主张→发掘创造性的服务模式→交付的适当选择→重复探索与修正新服务
IDEO	以人为本的设计 (Human-Centered Design：HCD)流程	2013	H 倾听（HEAR）→ C 创作 (CREATE)→D 传达(DELIVER)
韩国设计振兴院	公共服务设计流程	2019	理解→定义→开发→创意→传达

1) 英国设计委员会(UK Design Council)双钻石模型

双钻石模型是英国设计委员会 2005 年通过内部研究开发的设计过程模型,它改编自匈牙利裔美国语言学家贝拉 H·巴纳蒂(BélaH. Bánáthy)在 1996 年提出的"发散—收敛"模型。双钻石模型(Double Diamond)受到广大服务设计师关注、欢迎和参考。如图 3 - 1、图 3 - 2 所示,第一个菱形表示深入发现问题、定义重点区域的过程,第二个菱形表示寻找潜在解决方案、提供最终解决方案的过程。双钻石模型主要特点是强调"发散思维"和"聚合思维",首先产生出许多想法,然后再提取到最好的想法。表 3-3 是双钻石模型各阶段内容。

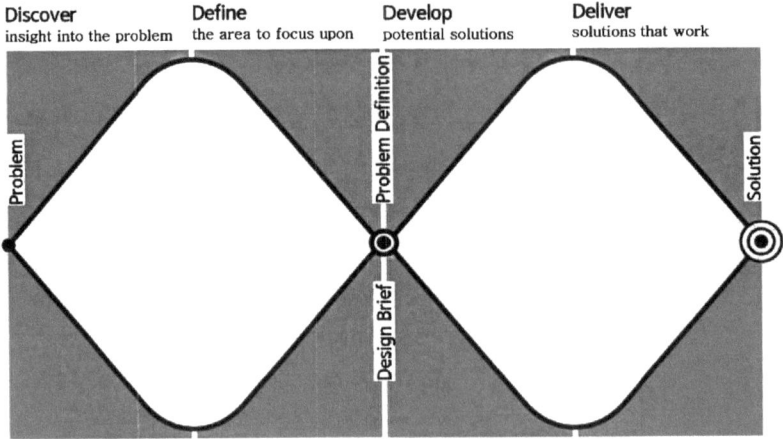

图 3-1 英国设计委员会(UK Design Council)双钻石模型(2005 年版本)

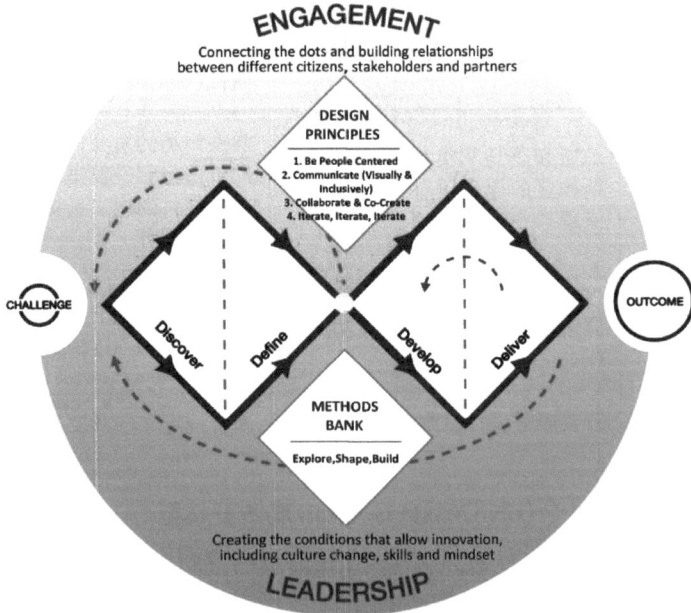

图 3-2 英国设计委员会双钻石模型(2019 年版本)

表 3-3　英国设计委员会双钻石模型各过程

阶段	阶段内容	内　　　容
1 阶段	发现 Discover	该过程从质疑挑战开始,并迅速进行研究以确定用户需求
2 阶段	定义 Define	第二阶段是理解调查结果,了解用户需求和问题如何协调。结果是创建一个设计概要,根据这些见解清楚地定义挑战
3 阶段	开发 Develop	第三阶段集中于开发、测试和完善多种潜在的解决方案
4 阶段	传达 Deliver	最后阶段涉及选择一个可行的单一解决方案并准备启动

通过上述内容可知,英国设计委员会提出的双钻石模型着重于线性推进模式。从整体来看,其是按照"发现问题→定义问题→开发方案→交付方案"这样的先后顺序逐步推进并完成整个设计。这种线性的流程结构为设计活动提供了一种清晰、有序的指导框架,尤其适合对设计过程进行宏观层面的指导,有助于设计师或团队在各个环节有条不紊地开展工作,明确每个阶段的核心任务和目标,确保设计项目顺利进行。

2019 年版双钻石模型相较于 2005 年版本有了显著的改进,其增加了"ENGAGEMENT"(参与度)、"LEADERSHIP"(领导力)这两个重要元素,这意味着设计流程不再局限于对设计活动自身的关注,而是进一步强调了设计在社会关系构建、文化创新发展以及教育领域所承担的责任和发挥的影响力。

此外,相较于 2005 年版本,2019 年版双钻石模型还纳入了"DESIGN PRINCIPLES"(设计原则)、"METHODS BANK"(方法库)这两个重要元素。"DESIGN PRINCIPLES"的增添,不仅为设计活动提供清晰规范的准则,使设计从注重美感与功能,进阶到遵循普适原则框架,确保不同场景下设计成果达到较高水准,还有利于传承弘扬优秀理念,促进设计行业良好生态文化形成。"METHODS BANK"的纳入丰富了设计方法库,给设计师或团队提供更多可供选择的方法。面对复杂社会问题与多样用户需求,设计师或团队可从中选择合适方法开展工作,拓展设计的可能性边界,使设计更灵活、更高效地应对挑战,实现设计领域创新突破。

相应地,得益于这些改进,2019 年版本双钻石模型在应用场景和适用范围上都得到了进一步的拓展,涵盖了产品设计、视觉传达设计、环境设计、服务设计等多个设计领域。

2) 丹·奈思勒(Dan Nessler)改进型双钻石模型

以英国设计委员会双钻石模型为基础,很多学者开发了多样的双钻石模型。2018 年,斯坦福大学教授丹·奈思勒对该模型做了改进(图 3-3),使得双钻模型更加精确和细致。他认为几乎所有设计创意项目的本质都是一个从"未知"到"已知",从"可能是"到"应该是"的过程。双钻石的四个阶段可以简化并合并为该过程的两个主要阶段。表 3-4 是丹·奈思勒的改进型双钻石模型各过程内容。

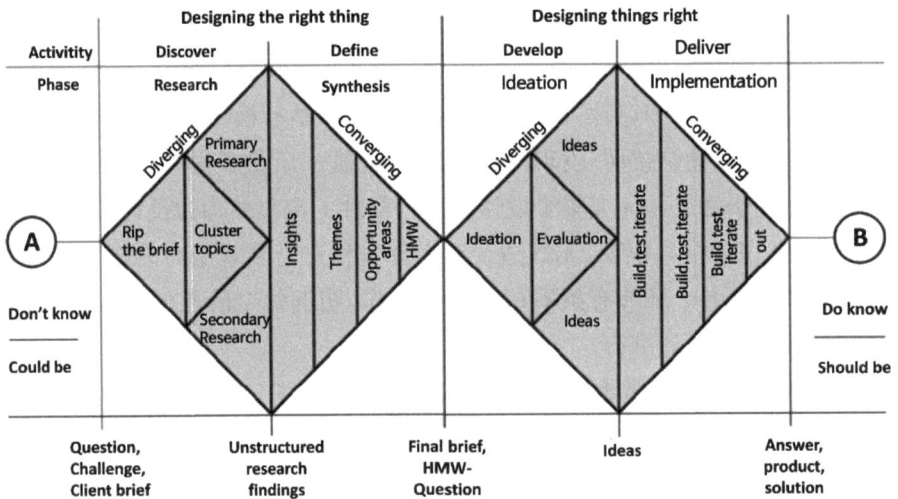

图 3-3　丹·奈思勒改进型双钻石模型

表 3-4　丹·奈思勒改进型双钻石模型各过程

阶段	阶段内容	代 表 活 动	
钻石 1	Discover——发现	洞察问题、质疑问题,尽可能地多列出所关联的元素,深入调研	做正确的事情——第一阶段结束后,会发现初步提出的问题和研究,得到了很好的修正与说明,也使团队的思路逐渐清晰
	Define——定义	将调研出的元素,归类整合做取舍,采用 HMW(how might we ...?)问题提出法,确认出关键问题所在	

阶段	阶段内容	代　表　活　动	
钻石2	Develop——开发	脑暴阶段,发散思路寻找解决方案,不要急于否定、批判方案可行性。脑暴结束,与团队票选出最棒的想法,这时再进行评价、评估	把事情做正确——寻找多种解决方案,选出最好解决方案进行评估。将设计进行多轮制作、测试、迭代,在这其中也会淘汰掉一些不合理的设计,最终保留精华,这一阶段完成后,则可以交给用户,收集相关使用反馈
	Deliver——交付	将脑暴出的方案逐一论证,找到一个最靠谱或多个可以实现的方案	

通过上述内容能够清晰地了解到,丹·奈思勒提出的改进型双钻石模型强调反思与迭代的重要性。在整个设计流程中,该模型要求设计师或团队通过收敛和发散思维,持续对所面临的问题以及相应的解决方案进行深入反思,并依据反思结果做出灵活调整,在找到最佳解决方案之前,尝试多种可能性。丹·奈思勒认为,设计过程绝非简单的线性推进,而是呈现出循环往复的特征。这意味着设计师或团队在实践过程中,必须紧密结合实际情况,对设计方案不断地优化和改进,以适应复杂多变的设计环境。

值得一提的是,丹·奈思勒的改进型双钻石模型具有广泛的适用性,适用于各种类型的设计项目。它能够有力地确保设计方案契合用户复杂多变的需求,从而为设计项目的成功实施提供坚实的理论支持和实践指导。

3) 尼尔森诺曼集团(Le Nielsen Norman Group)的以用户为中心的设计思维流程

尼尔森诺曼集团是一家全球知名的用户体验研究和咨询公司,其总部位于美国加利福尼亚州的弗里蒙特。2016年尼尔森诺曼集团的首席设计师莎拉·吉本斯(Sarah Gibbons)指出:设计思维的意识形态断言,亲自动手、以用户为中心的解决问题的方法可以带来创新,而创新可以带来差异化和竞争优势。这种以用户为中心的设计思维流程,见图3-4,包括以下六个不同的阶段:移情(EMPATHIZE)、定义(DEFINE)、构思(IDEATE)、原型(PROTOTYPE)、测试(TEST)和实施(IMPLEMENT)。移情(EMPATHIZE)阶段,旨在深入理解用户的感受与需求;接着通过定义(DEFINE),梳理出核心问题;构思(IDEATE)阶段则鼓励发散思维,碰撞出多样的想法;再制作原型(PROTOTYPE),将想法具象化;

随后的测试(TEST)环节,验证原型的可行性;最后实施(IMPLEMENT),让方案落地。这六个阶段紧密相连,整体遵循理解(UNDERSTAND)、探索(EXPLORE)和实现(MATERIALIZE)的流程,彼此协同推动达成最终目标,各环节缺一不可。表3-5是尼尔森诺曼集团的设计思维六阶段内容。

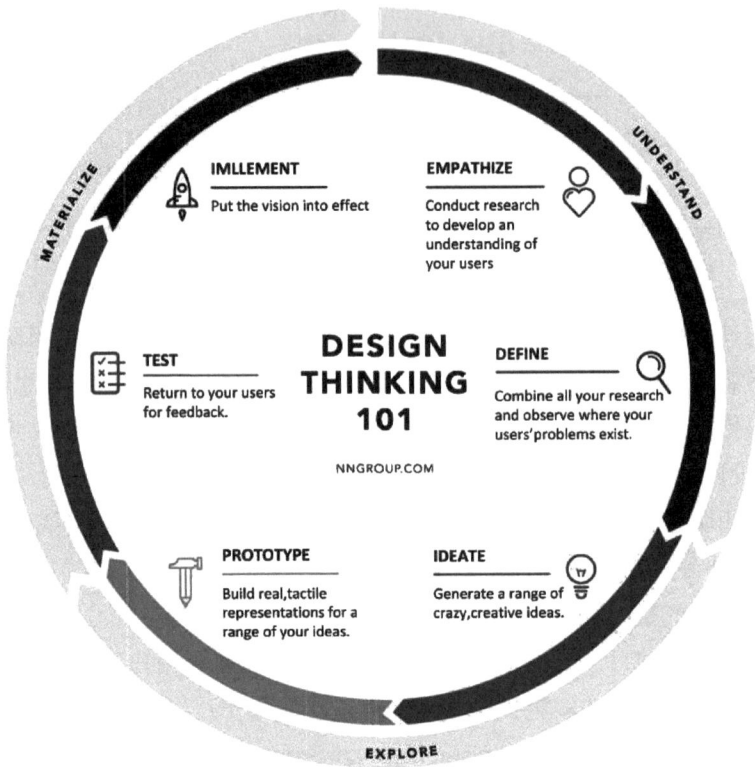

图 3-4 尼尔森诺曼集团的设计思维六阶段(1)

表 3-5 尼尔森诺曼集团的设计思维六阶段内容

整体流程	阶　　段	代　表　活　动
理解 (UNDERSTAND)	移情 (EMPATHIZE)	在此阶段,将与一系列实际用户交谈。目标是收集足够多的观察结果
	定义 (DEFINE)	结合所有的研究,观察用户的问题在哪里。同时确定用户的需求,开始强调创新的机会

续　表

整体流程	阶　段	代　表　活　动
探索 （EXPLORE）	构思 （IDEATE）	集体讨论一系列疯狂的创意,解决在定义阶段确定的未满足的用户需求。在此阶段,将团队成员聚集在一起,给自己和团队完全的自由,勾画出许多不同的想法。然后,互相分享想法,在他人想法的基础上混合再混合
	原型 （PROTOTYPE）	在此阶段,开始通过对原型的反馈来权衡想法的影响和可行性
实现 （MATERIALIZE）	测试 （TEST）	向用户寻求反馈,把原型放在真正的用户面前并验证它是否达到目标
	实施 （IMPLEMENT）	将愿景付诸实施。确保解决方案得以实现并触及最终用户的生活

　　莎拉·吉本斯认为设计思维是以用户为中心的方式解决每个问题,六个阶段可以帮助设计师去练习以用户为中心的设计思维。如图 3-5 所示,她特别强调六个阶段练习的灵活性和创意性,她认为每个阶段都是迭代和循环的,而不是严格的线性过程。她认为即使这六个步骤是线性的,也要经常进行步骤的练习,使这些步骤能更加适合设计需求。

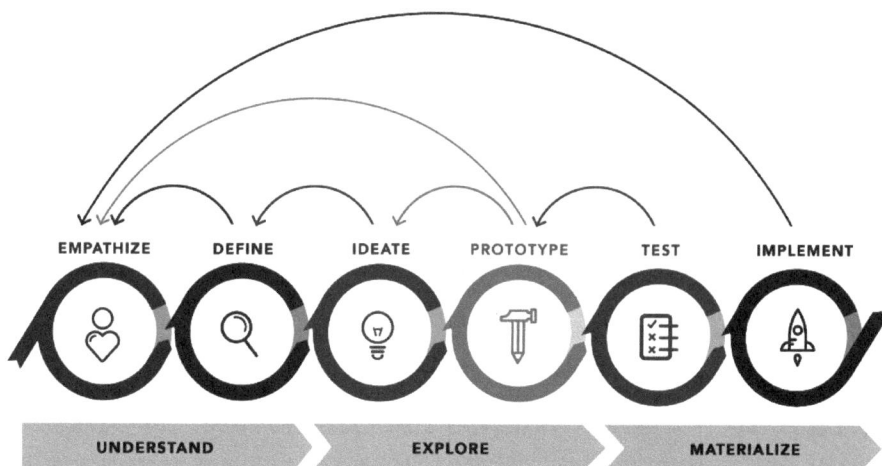

EMPATHIZE　DEFINE　IDEATE　PROTOTYPE　TEST　IMPLEMENT

UNDERSTAND　EXPLORE　MATERIALIZE

DESIGN THINKING 101 NNGROUP.COM

图 3-5　尼尔森诺曼集团的设计思维六阶段(2)

63

4) IDEO 公司琼斯和萨马利奥尼斯制定的服务设计流程

IDEO 公司是一家总部位于美国的全球知名设计咨询公司,成立以来凭借创新理念和卓越设计能力备受瞩目。它汇聚众多跨领域专业人才,擅长运用以人为本的设计思维,业务范围相当广泛,涵盖产品、服务等多方面设计,助推众多企业打造出极具竞争力、贴合用户需求的优秀方案。

2008 年,IDEO 公司的马克・琼斯(Mark Jones)和弗兰・萨马利奥尼斯(Fran Samalionis)为了更好地与其他企业合作,高效且优质地完成各类服务设计项目。他们凭借自身深厚的专业知识以及丰富的实践经验,精心制定出了一套逻辑严谨、条理清晰且切实可行的服务设计流程,见图 3-6。

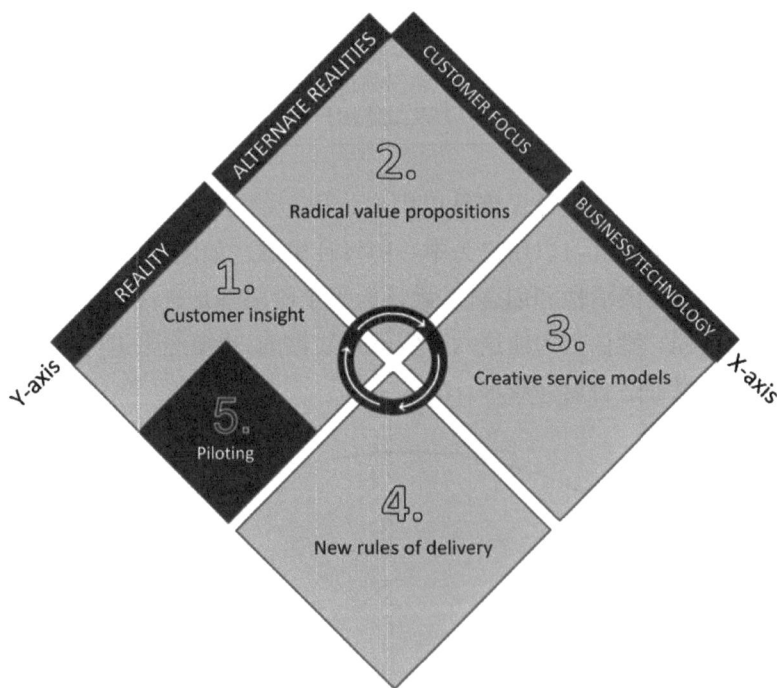

图 3-6　IDEO 公司琼斯和萨马利奥尼斯制定的服务设计流程

可见这一流程是一个从需求发现、概念规划、模式开发、服务交付、服务修正的过程。在这一流程图中,X 轴显示了从"关注客户需求"到"关注业务可行性和技术可行性"的连续统一体,Y 轴显示了从"看着现有的现实来寻找灵感"到"放弃现有的现实去设想另一个替代世界"的连续统一体。这样设计的目的是避免创新性想法在实施过程中被终结,并确保服务概念产生后

能在组织内部被不断论证、修正直到实施。这一服务设计流程主要包括五
个阶段,见表 3-6。

表 3-6　IDEO 公司琼斯和萨马利奥尼斯制定的服务设计流程各阶段内容

阶段	阶段内容	代　表　活　动
1 阶段	洞察市场的发展情况	创新基于对市场的深刻洞察,激发伟大的想法。尽可能深入地了解替代商业模式、市场格局、运营和技术基础设施。创新将源自这些不同视角的融合,并且只有与客户需求相契合时才能取得成功。团队需要花时间沉浸在细微差别中,并开发出有意义的框架来构建想法。一个团队要知道,当他们看到一个完全不同的方式来满足客户需求的机会时,他们已经准备好继续构思和原型制作
2 阶段	创造突破性的价值主张	一个好的原型将引发关于消费者需求、商业可行性和技术可行性的探讨。这些原型需要足够强大,以便它们能够被可视化,以获得反馈。然而,可视化不应该太完美,因为这会在两个方面阻碍反馈过程:第一,客户和利益相关者会做出判断或退缩;第二,设计团队过于专注于自己的想法,无法建设性地利用反馈
3 阶段	发掘创造性的服务模式	有能力改变市场的创新通常需要在组织内部进行彻底或根本性的改变,以及创造性的解决方案,使这些新服务从业务角度和技术角度都可行。支持创新的愿望迫使组织建立新的结构,这将培育激进的创新
4 阶段	交付的适当选择	服务公司本质上是以运营为中心的组织。提供始终如一的高水平服务需要一种强制执行严格流程、标准和培训的运营心态。团队需要得到领导者的支持,这样他们才会有信心尝试那些有许多未解决问题的新服务概念。设计衡量成功的新指标
5 阶段	重复探索与修正新服务	激进的创新本质上是有风险的,因为它涉及新的服务。在服务被规模化之前,试点服务是管理这种风险的最佳方法。为了保持先发优势,组织应该利用在试点阶段花费的时间,来投资于更大规模推广该服务所需的基础设施

在这一流程中,创新是关键驱动力,它依赖于对市场的深入了解,比如不同
商业模式、市场情况、运营和技术基础设施等,创新将源自这些不同视角的融合。
设计团队需要花时间琢磨细节,构建想法。接着,做出好的原型也不可或缺,它
能引出诸如消费者是否喜欢、商业和技术上是否可行这类问题,而且能够可视
化,以方便收集反馈。在组织层面,要打造利于培育创新的结构。提供优质服务
需要严格执行流程和标准,领导者需要支持设计团队去尝试设计新服务。最后,
利用试点服务的时间来完善推广服务所需的基础设施,推动服务设计更好落地。

5) IDEO 公司的以人为本的设计(Human-Centered Design：HCD)流程

2011 年，IDEO 公司开发了以人为本的设计流程，希望通过设计方法帮助以用户为中心的革新、设计发挥社会作用。从特定的设计问题出发，经过倾听（HEAR）、创作（CREATE）、传达（DELIVER）三个主要阶段，见图 3-7。团队通过这三个阶段观察目标对象的真实生动面貌，然后富有洞察力地观察分析，发现设计主题的抽象思维，再回到提出具体解决方案的现实领域。各阶段内容和代表活动，见表 3-7。

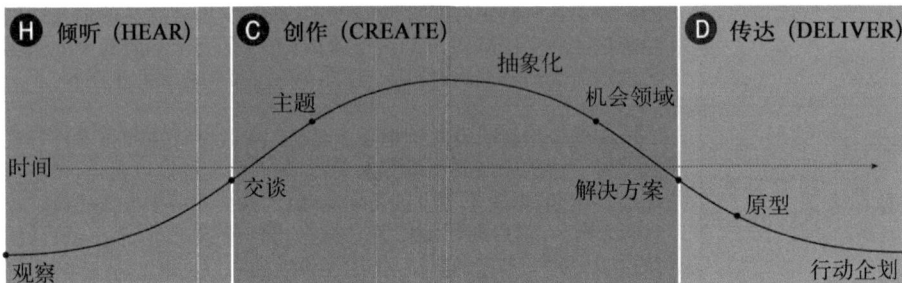

图 3-7　以人为中心的设计流程

表 3-7　以人为本的设计(H-C-D)各流程

阶段	阶段内容	代　表　活　动
H	倾听（HEAR）	在<倾听>阶段，团队从人们那里收集生动的现场信息，从中获得有助于设计的灵感。在这个过程中，设计团队会准备并实施现场调查
C	创作（CREATE）	在<创作>阶段，通过实施研讨会形式的协作，将<倾听>阶段收集的资料具体化为结构化的模式、框架、机会领域、解决方案和原型等。在这个阶段，团队会脱离现实，经历更抽象的思考过程，确定主要的机会领域和核心问题，再一次回到创建现实解决方案和原型的阶段
D	传达（DELIVER）	在<传达>阶段，通过迅速的收入—成本建模、能力评价、制定实行计划，来帮助团队评估提出的解决方案，并再次提出新的解决方案

以人为本的设计是以用户体验为出发点，围绕"人"来展开设计。比起设计师，"人"是对设计主题最有经验、最了解解决方案的群体，了解和把握"人"的需求，对于获得最佳方案有至关重要的意义。以人为本的设计(HCD)流程模型可以应用于将 HCD 方法组织成问题框架、信息收集和解释、解决方案构思、开发和评估阶段，通过这些阶段的推进，使设计更贴合用户需求，更具科学性与实用性。

6）韩国设计振兴院公共服务设计流程

韩国设计振兴院公共服务设计流程是以英国设计委员会的双钻石模型为基础进行构建的。用两颗钻石表现了问题解决过程中思考扩散和收敛的样子,见图3-8。通过这种方式,可以发现现有方法中找不到的新的问题和想法,深入思考问题的根本原因。表3-8是公共服务设计的各流程内容。

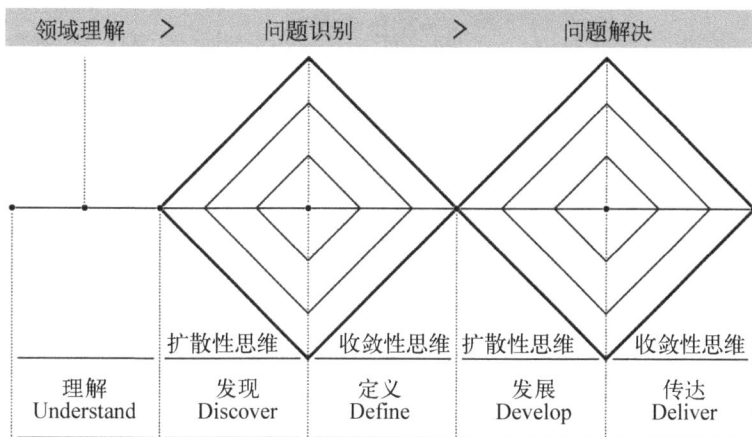

图3-8　韩国设计振兴院公共服务设计"双钻石模型"

表3-8　公共服务设计各流程

阶段	阶段内容	代 表 活 动	活 动 内 容
领域理解	理解 Understand	什么是公共服务设计? 理解公共服务设计方法,树立今后要进行的项目的方向性	1-1 选择主题 1-2 团队组建 1-3 开始活动
问题识别	发现 Discover	寻找国民内在的需求吧? 通过现场直接观察和访谈,收集有关项目主题的信息	2-1 事前调查 2-2 观察 2-3 采访 2-4 绘制利害关系人地图 2-5 整理亲和度地图
	定义 Define	真正需要集中精神解决的问题是什么呢? 对发现中收集的信息进行系统梳理,掌握真正需要解决的问题是什么	3-1 塑造代表人物 3-2 查看需求者旅程 3-3 制定服务目标

阶段	阶段内容	代 表 活 动	活 动 内 容
解决问题	发展 Develop	如何制定解决问题的想法? 为解决定义中掌握的真正问题创造想法	4-1 发散创意 4-2 描绘创意
	传达 Deliver	检查一下想法,制定实施策略吧? 为了体现想法,制定实施策略,通过服务的示范测试进行改善	5-1 制作虚拟故事 5-2 示范测试

　　韩国设计振兴院公共服务设计流程能基于公众需求优化服务,提升公共服务质量。各阶段中,"领域理解"阶段明确项目方向;"问题识别"阶段先收集信息,再梳理确定核心问题;"解决问题"阶段先为解决问题思考创意,再制定实施策略,并通过服务的示范测试进行完善。流程各阶段环环相扣,推进公共服务设计顺利开展。应用这一流程有助于促进跨部门协作,为设计师或团队提供实践机会,提升公众参与度,推动形成公共服务设计行业标准,为社会发展营造更优质的公共服务环境。

　　服务设计流程是确保服务成功的关键,它着眼于服务全过程,影响着服务质量与用户体验。"为服务而设计"是一种植根于创造性和艺术传统的思维方式和能力,建立在设计传统的多样性之上。在执行流程时,必须兼顾利益相关者。因为利益相关者在整个设计流程里扮演着多样且关键的角色,他们有着不同的身份定位。设计流程中的利益相关者既可以看作设计师,也可以看作用户,设计团队的代表们被看成设计工程师,工业或互动设计师,或用户研究员。他们的积极参与,有助于设计师或团队识别潜在的问题或需要改进的领域,能够根据用户需求和偏好调整服务,创建更有效的服务,最终确保服务设计满足用户需求。

3.1.3　服务设计流程的比较

　　以上的这些设计流程从不同角度出发,推动设计项目顺利开展并达成预期目标。以下将对这些设计流程等进行比较,剖析它们在流程结构、阶段重点以及应用范围等方面的差异与特点。

1) 流程结构对比

　　不同的设计流程在整体结构上展现出各自鲜明的特点。英国设计委员会双钻石模型呈现线性推进,按"发现问题→定义问题→开发方案→交付方案"依次开展,条理清晰,便于设计师按既定顺序完成各环节任务。丹·奈思勒的改进型双钻石模型虽源于前者,但强调循环往复,注重反思与迭代,突破线性流程的局限,能依据实际情况灵活调整设计方案,更好地适应复杂多变的设计场景。尼尔森诺曼集团的设计思维流程涵盖移情、定义、构思、原型、测试及实施六个阶段,各阶段相互配合且协同推进,兼具有序性与灵活性,允许根据反馈适时调整,呈现出动态且弹性的结构。

IDEO 公司琼斯和萨马利奥尼斯制定的服务设计流程涉及对市场的洞察、价值主张创造、服务模式发掘、设计方案交付、试点与修正新服务等多个环节,通过纵横两个维度的考量,确保创新性想法能不断论证、修正并落地实施,展现出一种系统且连贯的流程架构,以保障服务设计项目顺利推进。而以人为本的设计流程围绕倾听、创作、传达三个阶段展开,以用户体验为核心,形成环环相扣的链条式结构,使设计围绕用户需求逐步深入开展。

韩国设计振兴院公共服务设计流程是基于双钻石模型,通过思维扩散与聚合,探究如何推进公共服务设计。该流程分为领域理解、问题识别及解决问题等三个阶段,循序渐进,关注公众需求,挖掘和解决公共服务问题,以提升服务质量与效率。

2) 阶段重点差异

在各阶段的侧重点方面,不同的设计流程各有特色。英国设计委员会双钻石模型各阶段分工明确,例如发现阶段聚焦确定用户需求,开发阶段着重完善潜在方案,目标清晰明确,按部就班地落实设计工作。丹·奈思勒改进型双钻石模型在头脑风暴时强调保留多样想法,后续通过多轮筛选、测试及迭代逐步选出最优方案,为创意提供充足发展空间,确保设计贴合用户需求。尼尔森诺曼集团设计思维流程在构思阶段鼓励发散思维以创造多元想法,测试阶段依靠用户反馈验证可行性,以用户为导向校准设计方向。

IDEO 公司琼斯和萨马利奥尼斯制定的服务设计流程中,各阶段紧密围绕服务设计的创新与落地来开展工作。第一阶段着重洞察市场发展情况,深挖各种市场要素,开发出有意义的框架来构建想法;第二阶段通过打造好的原型引出问题并收集反馈;第三阶段聚焦于组织内部变革与创造,培育激进创新;第四阶段强调执行严格流程和标准来保障服务交付;第五阶段试点服务并完善推广服务所需设施。而以人为本的设计流程在倾听阶段,重点聚焦于全面且真实地收集现场信息,设计团队认真筹备并开展现场调查,获取一手资料,为设计筑牢根基;创作阶段,核心在于资料的转化与思维的深化,以研讨会形式共同协作将资料结构化,先抽象思考把握核心问题,再回归现实形成可行的解决方案与原型,深度挖掘信息价值来落实设计内容;传达阶段,则着重对方案进行评估与优化,运用多种方式评估方案优劣,基于评估结果再次提出新的解决方案,促使设计不断完善,以达成最佳效果。

韩国设计振兴院公共服务设计流程中,领域理解阶段明确项目方向,问题识别阶段收集公众需求信息,解决问题阶段探寻解决方案,制定实施策略并测试优化,确保公共服务设计落地实施。

3) 应用范围考量

从应用范围来看,各设计流程各有优势领域。英国设计委员会双钻石模型2005年版适合对设计过程进行宏观指导,而2019年版本应用场景得到进一步拓展,为不同类型设计项目提供通用的流程规范。丹·奈思勒改进型双钻石模型凭借迭代优化特性应对各种不同项目的复杂需求,保障设计与用户需求紧密契合。尼尔森诺曼集团设计思维流程有助于设计师养成以用户为中心的思维习惯,适用于需深度洞察用户心理和需求的项目。

IDEO公司琼斯和萨马利奥尼斯制定的服务设计流程要求设计团队通过各阶段的有序推进,对创新、可行性等多方面进行把控,以更好地完成服务设计项目,实现服务的高质量落地与推广,尤其适用于需要不断创新和优化服务的商业场景。而以人为本的设计流程着眼于让设计契合用户体验并发挥社会作用,注重从用户角度优化设计成果。

韩国设计振兴院公共服务设计流程,不仅能够提升公共服务质量与效率,而且能推动社会发展,促进创新、增强凝聚力。同时,它为设计师提供实践机会,提升设计产业影响力。此外,它还能提升公众参与度,推动公共服务设计行业标准形成,为社会发展营造更优质的公共服务环境。

总之,根据服务设计项目的特定需求和目标,前文所提及的这些设计流程能够应用于具体项目中。这些设计流程各具特色,有助于提高设计团队的协作力和创造力,设计师可依据具体项目的要求、特点等因素,灵活选择或整合运用,对解决问题采取更全面的方法,以实现高质量服务设计产出,满足多样化设计目标。

3.2　海洋博物馆服务设计流程的定义

世界各地的海洋博物馆都在发展和改善自己的服务,以更好地运营,实现其功能的最大化发挥。执行服务设计流程有助于优化海洋博物馆服务,使其以一种有影响力、令人难忘且创新的方式来呈现。

海洋博物馆服务设计流程是指创建和改进海洋博物馆的收藏、研究、观光、宣传、展示、教育、娱乐等相关服务的系统性过程,旨在增强参观者体验,促进其对海洋博物馆的更深入了解。这个流程是综合运用多种方法与策略,与利益相关者沟通,确定服务设计需求,融入设计思维和用户体验的原则,开发与测试服务原型,对用户体验进行评估、优化和改进,最终确定服务设计方案的一系列阶段的整合。

执行海洋博物馆服务设计流程具有重要意义。其一,它有助于海洋博物馆优化服务,整合收藏、研究、观光、宣传、展示、教育、娱乐等多元服务并持续改进,在完善功能基础上提升参观者体验,增强参观者对海洋博物馆的深入了解。其二,设计流程与服务设计评价紧密协同,服务设计评价为设计流程各环节提供量化反馈与决策指引,流程则为评价提供丰富实践样本与动态优化场景,两者相辅相成,共同提升海洋博物馆服务品质与运营效能。其三,在设计流程涉及的具体环节中,与利益相关者沟通,融入设计思维和用户体验等现代服务设计理论,进行服务原型的开发与测试工作,依据测试结果对用户体验进行全面评估优化,能够确保最终的设计方案以独具特色、易于接受的方式展示海洋博物馆服务,提升海洋博物馆的行业竞争力。

3.3　海洋博物馆服务设计流程模型构建

3.3.1　流程模型的构建过程

1) 流程模型的各阶段构建

通过对前文中各学者和机构创建的设计流程进行分析,可知这些设计流程仍是从问题理解出发,综合解决方案(设计),再到实施解决方案这三个总体步骤,遵循了概念化、设计与开发、实施与评价三个设计思维逻辑。本小节将前文著名的设计流程模型和海洋博物馆服务设计具体情况结合起来,如图3-9,将海洋博物馆服务设计流程分为调查研究阶段、定义阶段、规划阶段、实现阶段、综合评价阶段等五个阶段。

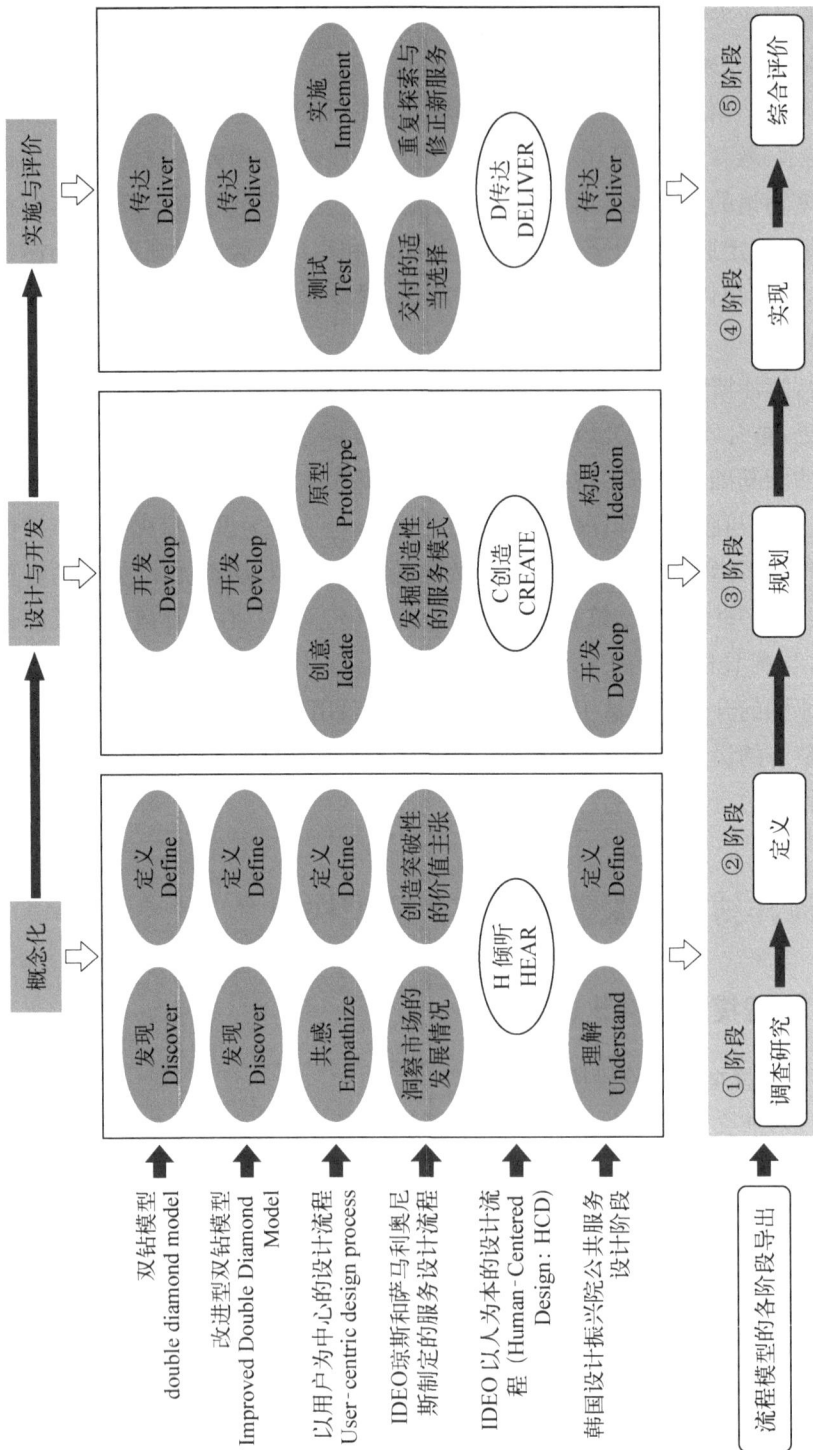

图 3 - 9 流程模型的各阶段导出

2）流程模型的形态构建

流程模型通过易懂高效的视觉形态,促进团队成员之间的协作和交流,从而使设计工作顺利进行,提高解决设计问题的效率,产生更优质的设计成果。本小节通过对海洋博物馆现场调查,对馆藏物品进行了形态采集,将馆藏物品的代表性形态作为设计流程的模型外观。根据研究内容,最终确定以锚的形态结构为基础（图 3－10）,建立锚设计流程模型（Anchor Design Process Model: ADPM）,该模型能够为海洋博物馆服务设计提供流程支持。

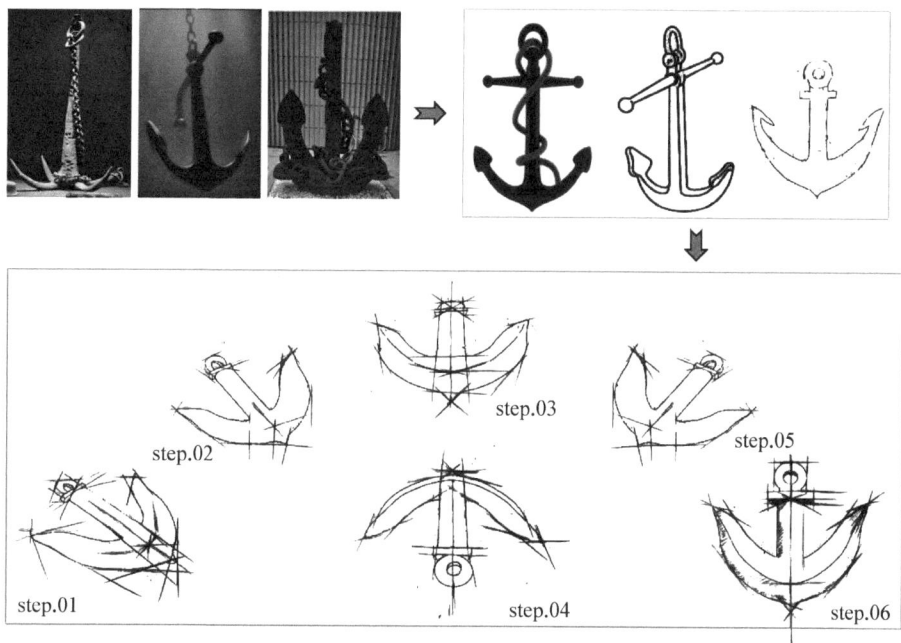

图 3－10　模型的形态与草图导出

锚在各种海事应用中至关重要。锚有沉重和坚固的结构,通常具有锚爪或叶片,由金属或金属—塑料复合材料的组合制成,这有助于固定锚位,并防止滑动或拖曳,以提供稳定性。锚的大小、形状和重量,直接影响其在不同应用场景中的性能表现。以锚的形态结构为基础,可以提高设计流程模型的视觉吸引力,能够更容易被理解和应用。

3.3.2　锚设计流程模型（ADPM）的结果分析

锚设计流程模型分为调查研究、定义、规划、实现、综合评价等五个阶段,如图 3－11、图 3－12。

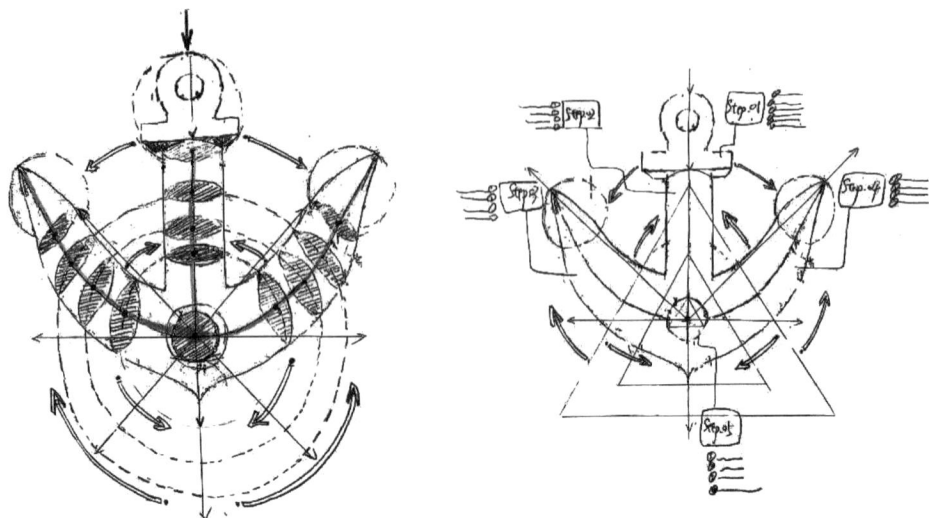

图 3-11　模型形态的各阶段草图导出

第一阶段：调查研究

● 海洋博物馆服务设计目标和问题的确定

● 安排调查研究

● 数据收集

● 数据验证及可靠性检查

● 数据分析及总结

● 洞察和发现提炼

第二阶段：定义

● 海洋博物馆服务设计的问题点分析

● 相关概念与特征分析

● 海洋博物馆服务设计评价的内涵分析

第三阶段：规划

● 现有人力资源

● 展品资源和服务设施评估,确定目标参观者及其具体需求和偏好,以评估不同类型服务的需求程度,服务原型开发与测试及试点方案确定

第四阶段：实现

● 试点方案的实施

● 评价指标的选定

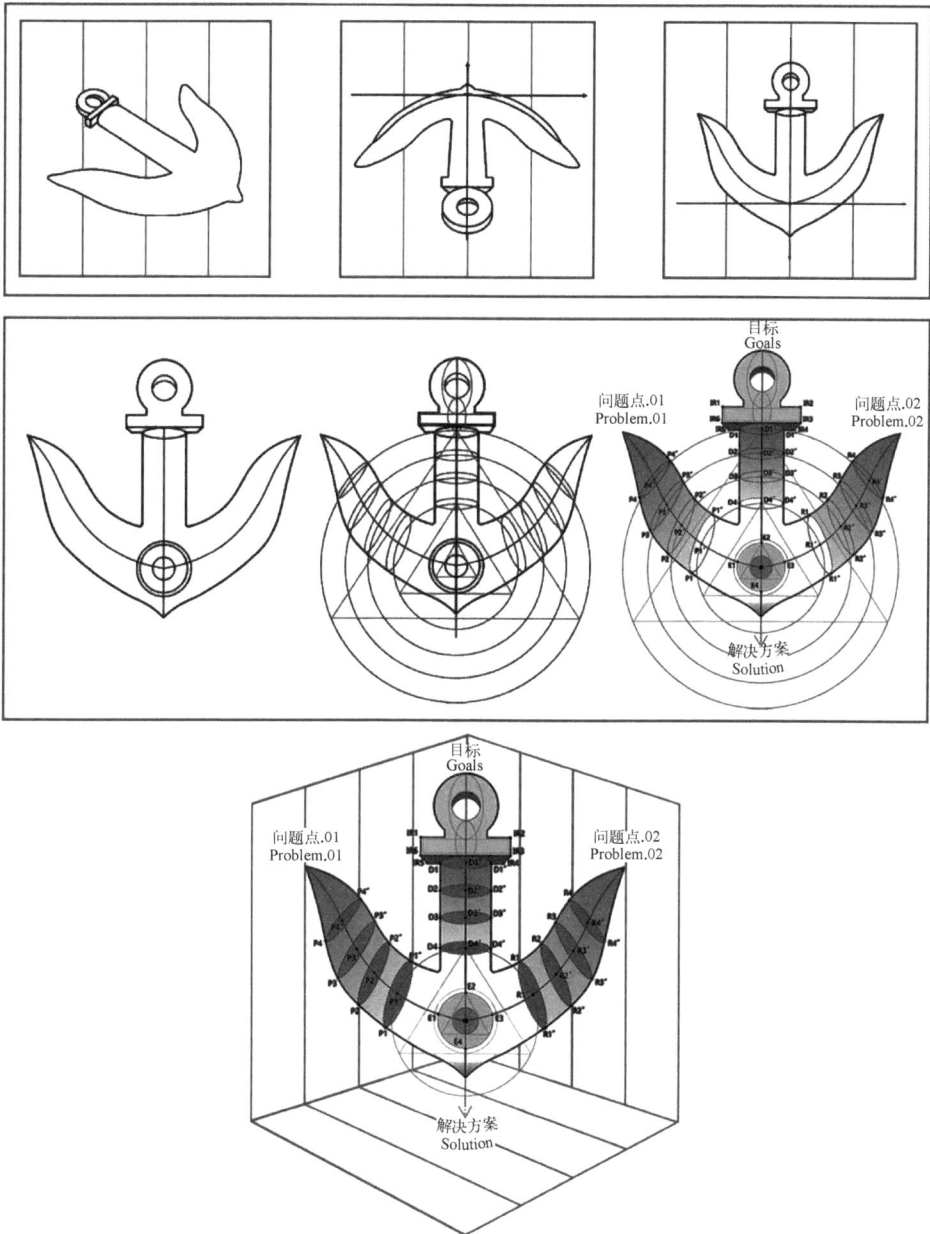

图 3－12　模型立体图导出

- 试点方案实施效果评估
- 设计方案发布

第五阶段：综合评价

- 对象地的选定
- 参观者问卷调查
- 问题点分析
- 提出改善提案

1）调查研究阶段

锚设计流程模型的第一步是调查研究阶段（图3-13），为流程开启打下坚实基础。这一阶段主要包括设计目标和问题的确定、安排调查研究、数据收集、数据验证和可靠性检查、数据分析和总结、洞察和发现提炼等步骤，以了解参观者需求和行为，发现海洋博物馆服务设计的问题点。

在确定设计目标和问题方面，首先根据服务设计项目，明确项目涉及的内容；然后明确设计目标，帮助设计师或团队明确设计方向，确保项目开展有的放矢；最后确定要解决的问题，梳理出问题的核心与关键影响因素。

在安排调查研究方面，首先要确定调查研究目标，包括获取用户需求、评估现有服务、挖掘潜在问题点等；接下来还需要确定调研工具，依据调查研究目标选择问卷调查、访谈、观察等合适的调研工具，确保能全面、准确地收集到有价值的数据；最后，综合考虑时间、预算、人力等资源因素，合理规划步骤与分工，据此制定详尽调研计划。

在数据收集方面，执行调研计划，运用科学的抽样和调研技巧，确保获取到具有代表性和深度的一手资料。

在数据验证和可靠性检查方面，严谨对待收集到的数据，通过严格的验证流程和可靠性检查，杜绝错误或不可靠数据混入，保障获取数据的可靠性。

在数据分析和总结方面，借助专业统计软件对收集到的数据进行细致分析，让数据更具准确性，提炼出关键信息并加以总结，为后续流程推进提供参考。

在洞察和发现提炼方面，基于数据分析，通过多维度视角寻找参观者行为、态度和偏好等方面的重要信息，捕捉参观者的行为模式和心理诉求，这有助于发现海洋博物馆服务设计的问题点，为后续阶段的推进提供基础性材料。

2）定义阶段

锚设计流程模型的第二步是定义阶段（图3-14），这一阶段为构建海洋博物馆服务设计奠定理论基础。

Step.01
调查研究阶段
Investigation research Stage

IR1　确定设计目标和问题
Design objectives and Problem identified

确定项目范围
Determining the scope of the project

确定设计目标
Setting design objectives

确定研究问题
Identification of research issues

IR2　安排调查研究
Arrange an investigation and research

确定调研目标
Determine the objectives of the investigation and research

确定调研工具
Determine the tools for the investigation and research

制定调研计划
Develop a plan for investigation and research

IR3　数据收集
Data collection

实地调查
Field investigations

问卷调查
The questionnaire

访谈/深度访谈
Interviews/In-depth interviews

现场观察
On-site observation

文献调研
Literature research

IR4　数据验证和可靠性检查
Data validation and reliability checks

数据验证
Data validation

可靠性检查
Reliability check

IR5　数据分析和总结
Data Analysis and Summary

数据整理
Data collation

数据分析
Data analysis

结果总结
Summary of results

IR6　洞察和发现提炼
Extracting insights and discoveries

洞察提炼
Refining of insights

发现总结
Summary of findings

建立设计框架
Establishment of a design

目标
Goals

问题点.02
Problem.02

问题点.01
Problem.01

解决方案
Solution

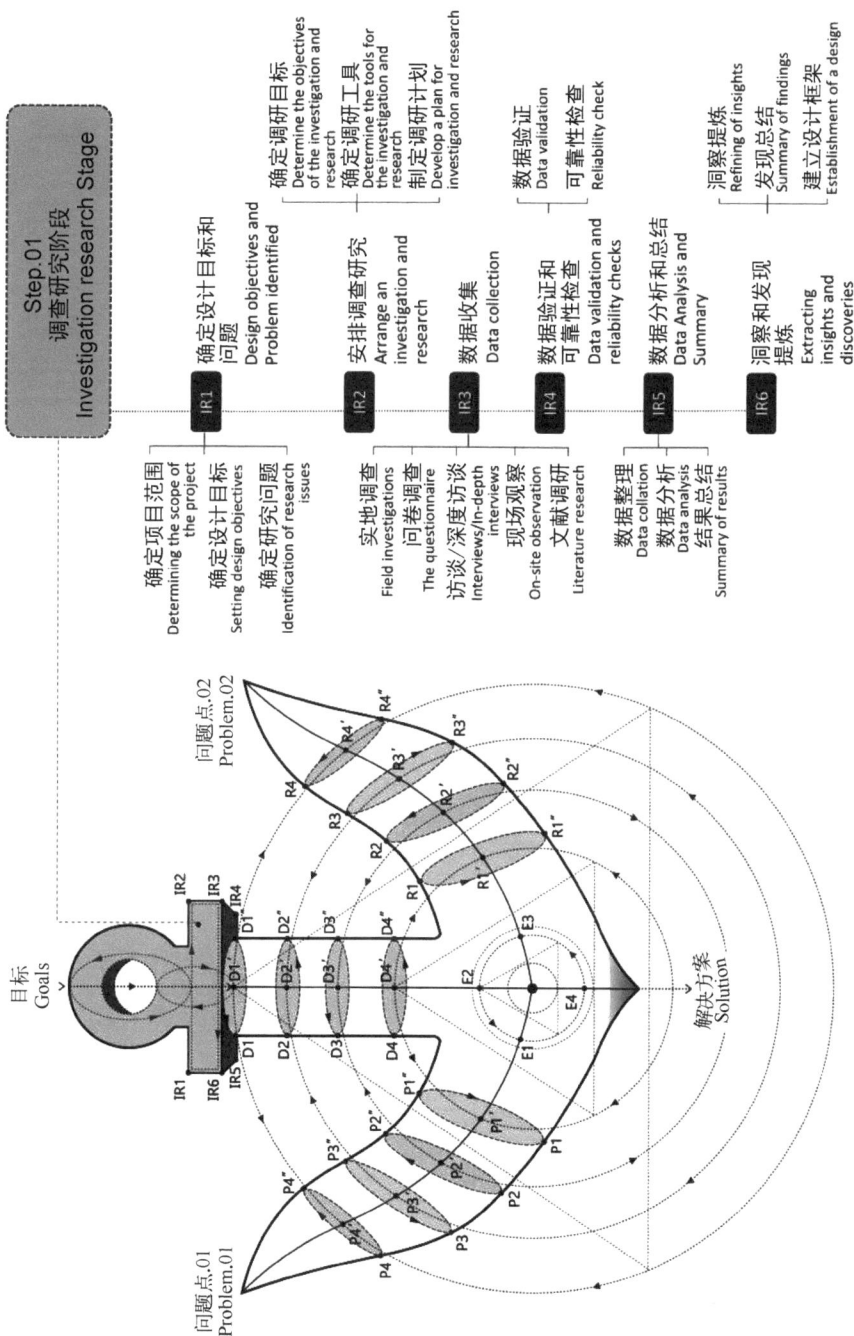

图 3 - 13　锚设计流程模型（ADPM）第一阶段——调查研究阶段

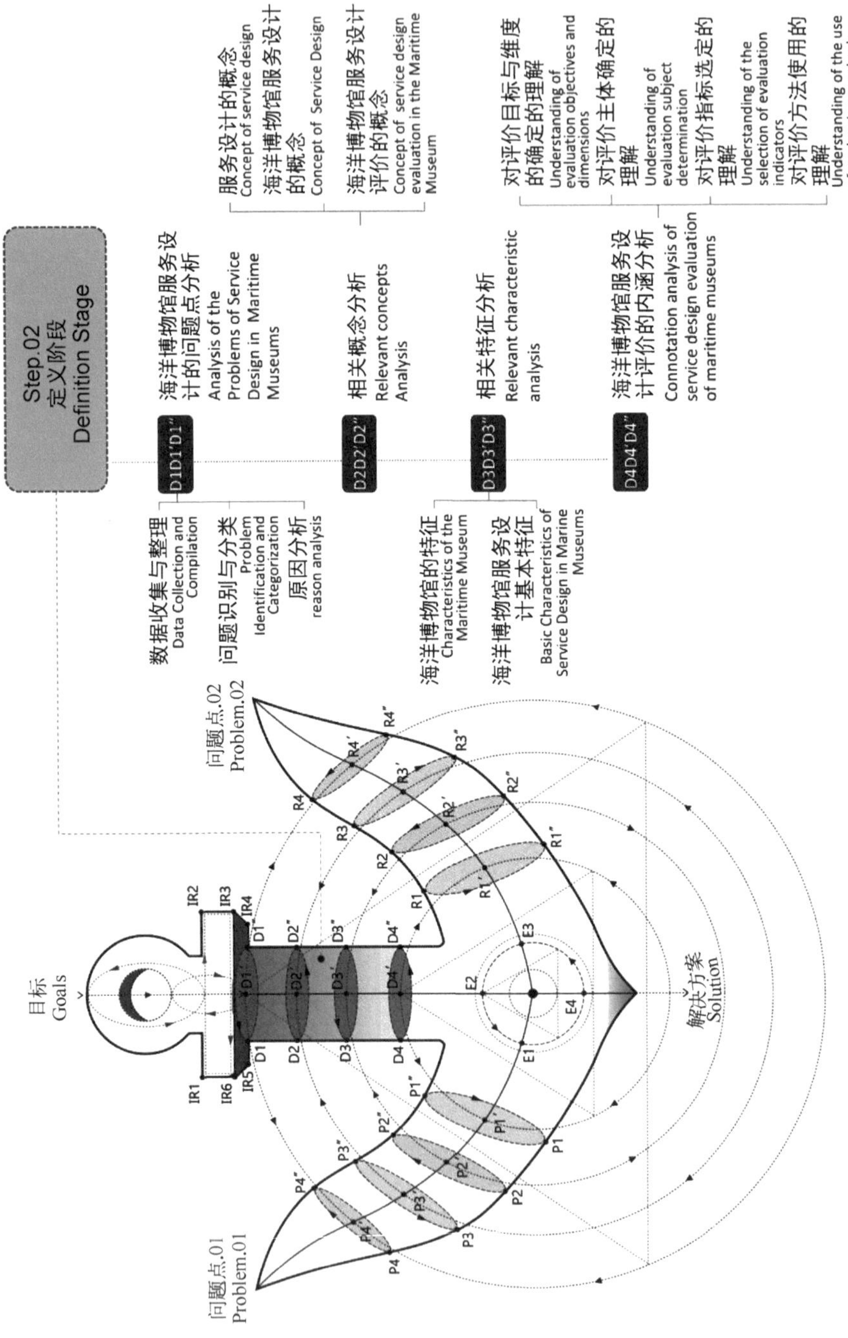

图 3 – 14　锚设计流程模型（ADPM）第二阶段——定义阶段

在此阶段,首先要对上一阶段发现的海洋博物馆服务设计问题点进行深度剖析。比如参观者流线引导不清晰、信息展示缺乏互动性等。参观者流线引导不清晰,这极易导致参观者在参观过程中迷失方向、错过精彩展品,而信息展示缺乏互动性,又会让参观者参与感不足,影响体验效果。

相关概念涵盖涉及服务设计、海洋博物馆服务设计、海洋博物馆服务设计评价等内容,服务设计旨在通过系统性的规划,优化服务的各个环节,提升用户体验。而海洋博物馆服务设计聚焦于海洋主题,通过创意展示、互动体验等形式,深度挖掘海洋文化内涵,为参观者带来独特体验。海洋博物馆服务设计评价是系统综合的评估体系,借助严谨的理论和方法,多维度衡量服务成效,推动海洋博物馆在文化与服务领域发挥更大价值。

相关特征分析,涉及服务设计的基本特征、海洋博物馆的特征、海洋博物馆服务设计的基本特征。服务设计的基本特征包括动态的可持续性、整体性、多样性、无形性、价值性、协作性。海洋博物馆具有诸多鲜明特征,肩负着多重使命:注重引导参观者探索、保护海洋生物与生态系统,唤起环保意识;引导参观者探索海洋历史,深化对海洋文化内涵的认知;具备先进科研设施与充满活力的研究环境;凭借专业资源与学术影响力,与各地大学和研究机构深度合作;在展示形式上不断探索创新,注重多种展示形式的表达。海洋博物馆服务设计的基本特征包括服务场景营造的显著丰富化、颇具特色的差异化服务体验、服务设施设备的趋于智能化、服务信息处理的精细数据化、互动参与感的显著增强、服务环境的海洋文化性等六个方面。

海洋博物馆服务设计评价的内涵,涉及评价目标与维度的确定、评价主体的确定、评价指标的选定、评价方法的使用等。评价目标与维度的确定是基础,需明确要达成何种服务效果以及从哪些维度去衡量。评价主体的确定涉及不同人群,他们能从多角度提供看法。评价指标的选定要科学合理,涵盖服务的各方面。评价方法的使用包括问卷调查、现场访谈、实地观察等。这四点共同构成了海洋博物馆服务设计评价的完整内涵。

3) 规划阶段

锚设计流程模型的第三步是规划阶段(图 3-15),此阶段是承上启下的关键环节。在此阶段,要综合多方面因素,对海洋博物馆服务设计的各个细节进行精心谋划,查漏补缺,合理布局,这对于后续的服务设计的实现有重要意义。

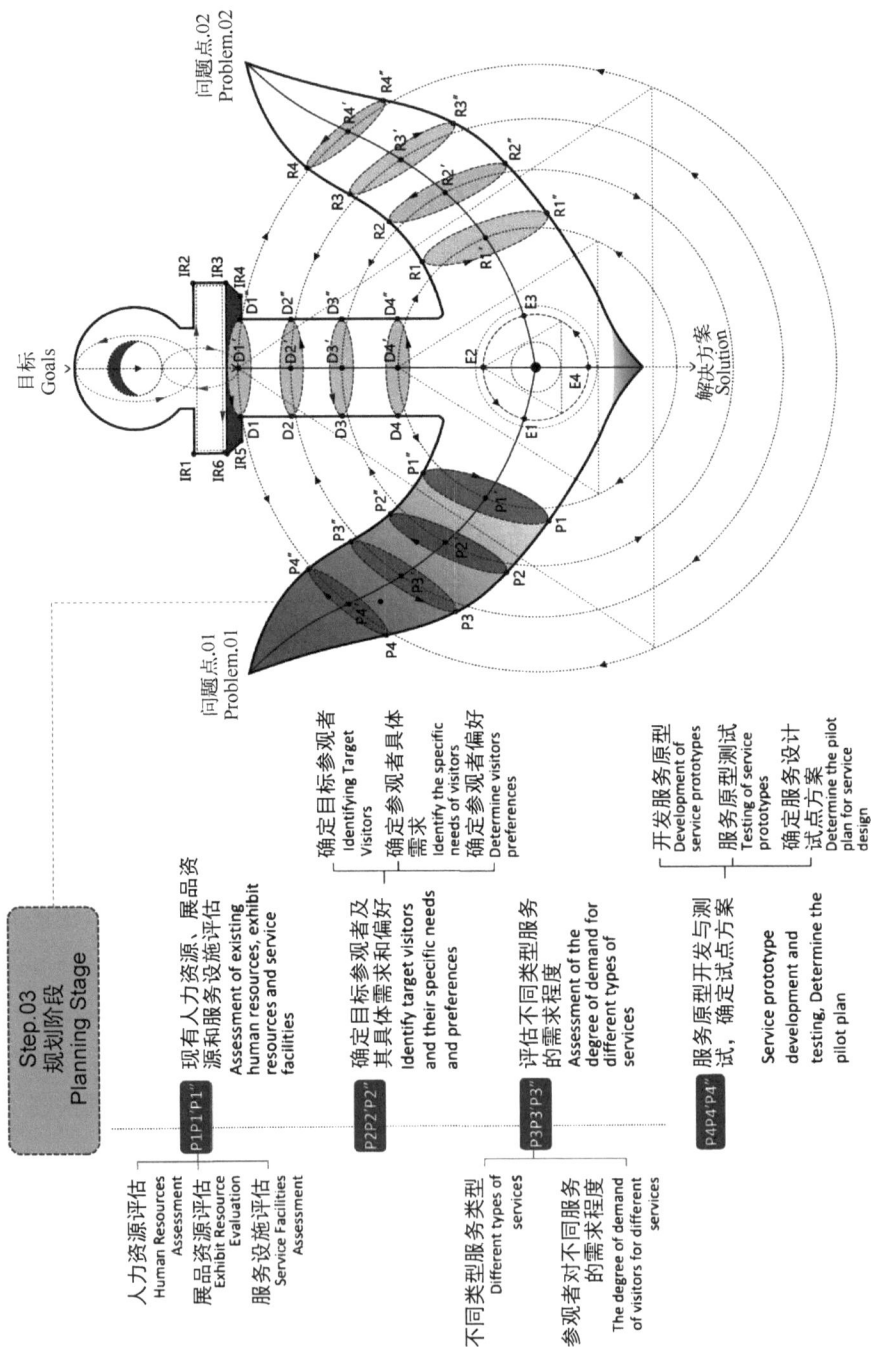

图 3 - 15　锚设计流程模型（ADPM）第三阶段——规划阶段

　　首先,在现有的人力资源、展品资源和服务设施评估方面,对于馆内工作人员服务现状的分析,需涉及服务效率、专业素养、沟通能力等多维度指标,通过科学观察与评估,准确把握现状;对展品现状的分类评估,要依据展品的年代、价值、保存状况、展示效果等因素,确保评估的全面性;评估博物馆内现有服务设施时,要从参观者参观的便捷性、舒适性、互动性等角度出发,考量设施布局、功能实现程度等内容。

　　其次,在确定目标参观者及其具体需求和偏好方面,需要运用多种调研方法,如问卷调查、深度访谈、现场观察等,明确各个接触点与参观者体验之间的关系,深度挖掘目标参观者的具体需求和偏好。

　　再次,为了使海洋博物馆服务设计更科学、全面,需要评估不同年龄、性别、文化背景、地域的参观者的多样性需求。例如,对于儿童参观者,可能更注重趣味性和教育性相结合的服务;对于老年参观者,舒适的参观环境和清晰的讲解服务可能更受欢迎。同时,还要关注不同群体的参观者对于海洋文化体验、科技互动、休闲娱乐等不同类型服务的需求差异,为后续的服务设计提供优化方向。

　　最后,根据参观者需求评估结果进行必要的服务调整,开发服务模型,并与利益相关者一起对服务原型进行测试。在测试过程中,充分听取各方意见,从不同角度审视服务模型可能存在的服务痛点或需要改进的接触点。通过反复测试,改善服务原型,最终确定科学合理、切实可行的设计试点方案。

　　4) 实现阶段

　　锚设计流程模型的第四步是实现阶段(图 3 - 16),此阶段是上一阶段精心构思的设计试点方案真正落地转化为实际服务的关键环节。

　　首先,设计试点方案的实施需要试点博物馆多部门协作。策划部门、展品管理部门、讲解团队、技术支持部门等,要明确各自职责,确保信息沟通顺畅。试点实施过程中需要持续评估和调整,通过参观者反馈、现场观察等多种方法识别服务痛点,以确保持续改进并满足不断变化的参观者需求。

　　其次,完成评价指标的选定。这要求结合海洋博物馆服务性质,从众多文献中提取总结各级预备指标并进行说明,再邀请专家筛选和打分,确定评价指标模型。在此过程中,要确保文献来源的权威性和广泛性,对指标的阐释要清晰准确。专家的选择要涵盖展馆设计、设计理论、视觉设计、环境设计、交互设计、服务设计、体验设计等多个相关领域。

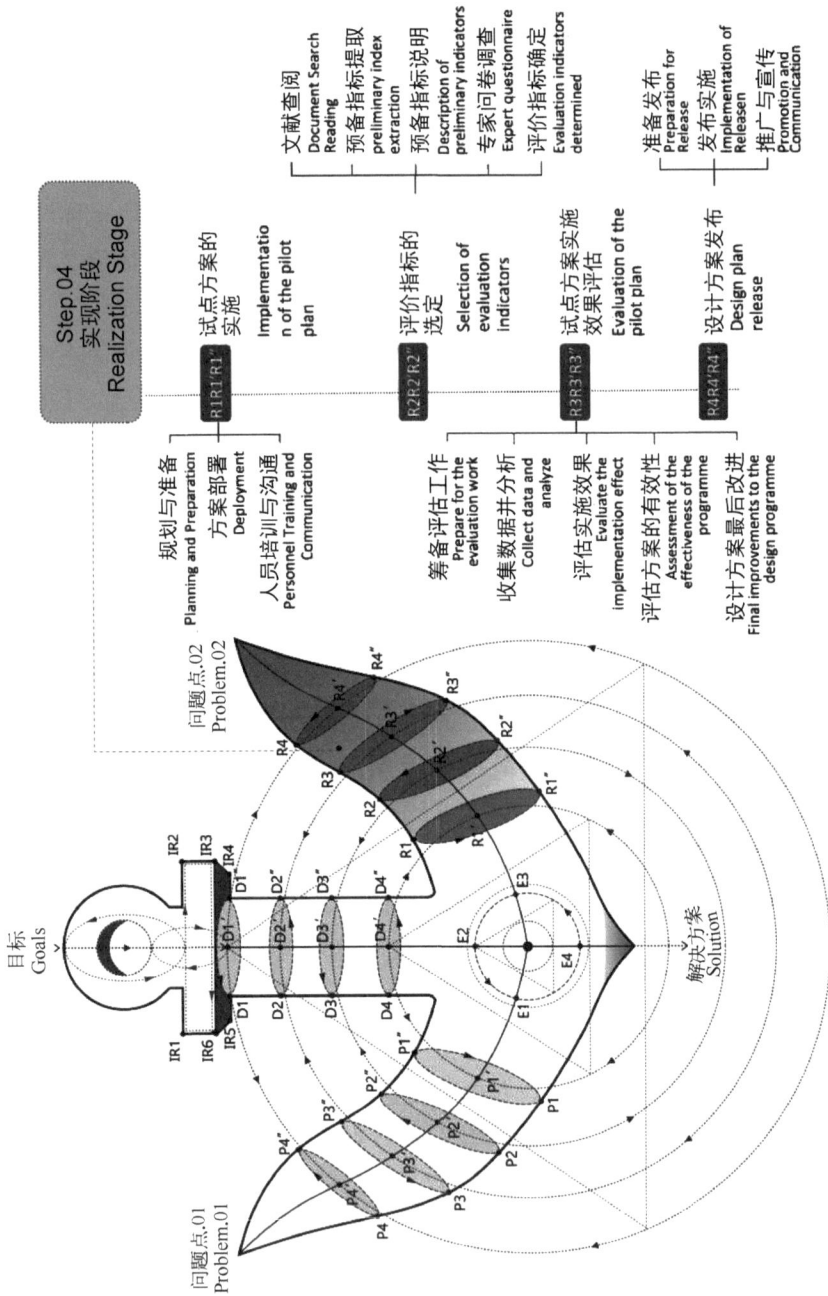

图 3-16 锚设计流程模型（ADPM）第四阶段——实现阶段

　　再次,依据评价指标模型对设计试点方案的实施效果进行评估,全方位考量方案在各个维度的表现。比对各项指标要求,找出试点方案的优势与不足,为后续改进提供明确方向。

　　最后,修正设计方案,将最终服务设计方案正式发布并推广实施。通过线上线下相结合的宣传方式,如社交媒体宣传、馆内外活动推广等,向参观者传达新服务信息,引导他们使用并接受新服务。

　　5) 综合评价阶段

　　锚设计流程模型的第五阶段是综合评价阶段(图 3 - 17)。这一阶段会从多个维度出发,收集各方反馈,运用科学的评价方法,对方案正式实施后的海洋博物馆服务设计质量和效果展开系统评价。

　　这一阶段,选取代表性海洋博物馆,进行问卷调研。在对象的选定过程中,要充分考虑博物馆的规模、地理位置、展品类型、参观者流量等多种因素,确保所选海洋博物馆具有代表性。对于问卷设计,需根据评价指标模型精心构思问题。不仅要涵盖参观者对海洋博物馆服务设计的整体满意度情况,还要深入了解参观者对海洋博物馆展览与活动项目的意见和建议。

　　对代表性海洋博物馆服务设计问卷调查数据的统计和分析,需要运用科学的数据分析方法。从数据收集开始,要保证数据的真实性和完整性,避免因样本偏差或问卷填写不规范等问题影响结果。在统计方面,可采用描述性统计分析参观者满意度的分布情况,利用相关性分析寻找不同因素之间的关系。在分析过程中,从宏观的整体服务设计到微观的各个服务环节,寻找海洋博物馆服务设计在不同的层次上存在的问题点。针对存在的问题提出改善提案,这些提案将从参观者需求出发,结合行业最佳实践,为海洋博物馆服务设计提升提供有力依据,为参观者带来更好的参观体验。

3.3.3　锚设计流程模型(ADPM)的导出

　　通过前文的详细分析,最终推导得出的锚设计流程模型如图 3 - 18 所示,各阶段中心词如表 3 - 9 所示。

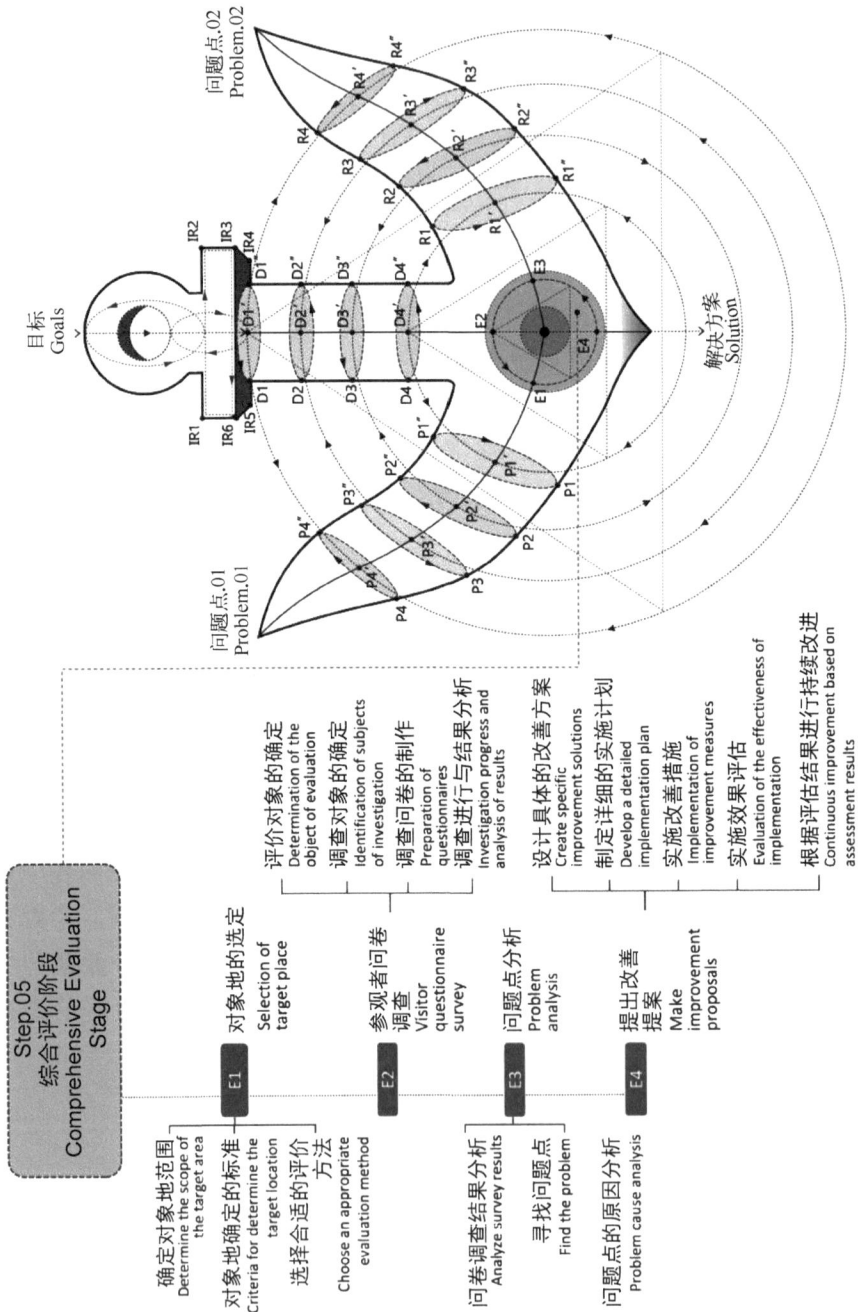

图 3 - 17　锚设计流程模型（ADPM）第五阶段——综合评价阶段

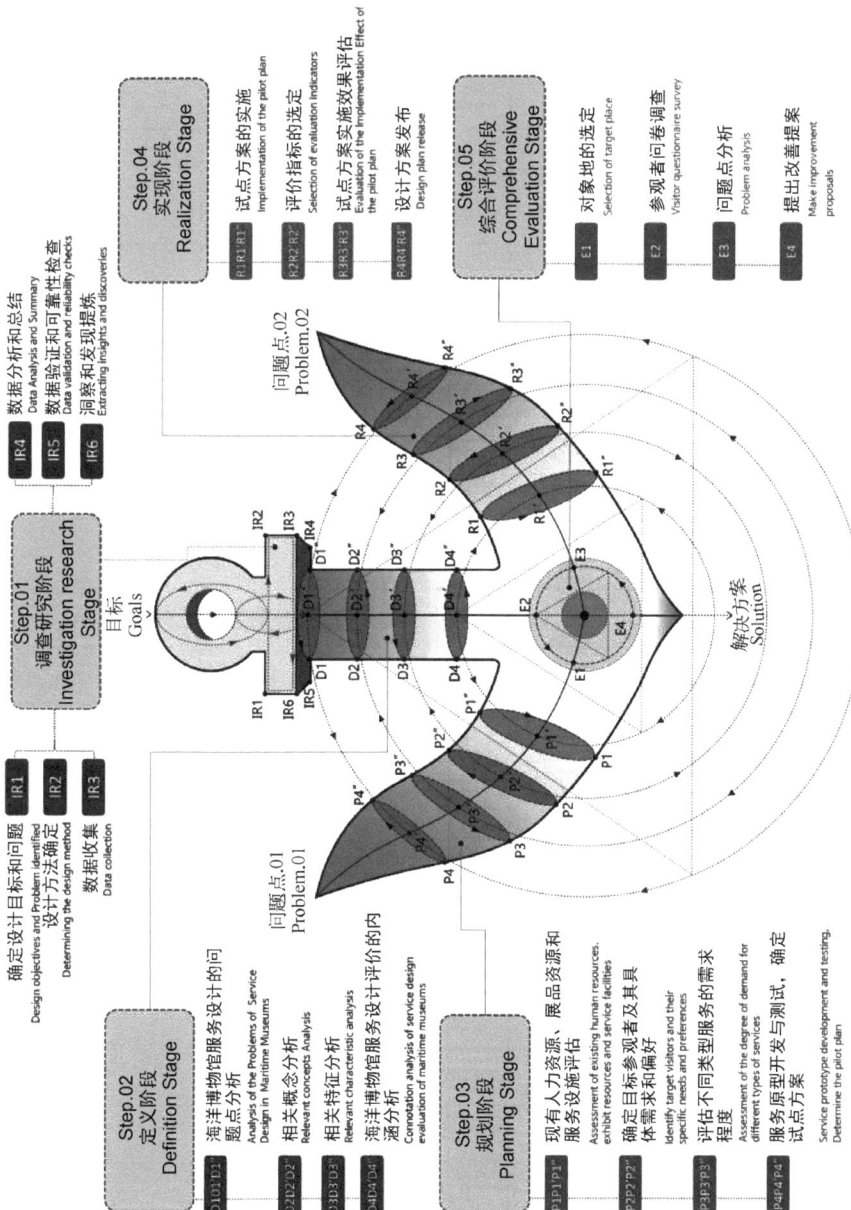

图 3 - 18　锚设计流程模型（ADPM）

表 3 - 9　锚设计流程模型(ADPM)的中心词

阶 段		编 号	内 容
Step1	调查研究阶段	IR1	确定设计目标和问题
		IR2	安排调查研究
		IR3	数据收集
		IR4	数据分析和总结
		IR5	数据验证和可靠性检查
		IR6	洞察和发现提炼
Step2	定义阶段	D1D1′D1″	海洋博物馆服务设计的问题点分析
		D2D2′D2″	相关概念分析
		D3D3′D3″	相关特征分析
		D4D4′D4″	海洋博物馆服务设计评价的内涵分析
Step3	规划阶段	P1P1′P1″	现有人力资源、展品资源和服务设施评估
		P2P2′P2″	确定目标参观者及其具体需求和偏好
		P3P3′P3″	评估不同类型服务的需求
		P4P4′P4″	服务原型开发与测试,试点方案确定
Step4	实现阶段	R1R1′R1″	试点方案的实施
		R2R2′R2″	评价指标的选定
		R3R3′R3″	试点方案实施效果评估
		R4R4′R4″	设计方案发布
Step5	综合评价阶段	E1	对象地的选定
		E2	参观者问卷调查
		E3	问题点分析
		E4	提出改善提案
说明			调查研究(IR)/Definition(D)/Plan(P)/Realization(R)/Evaluation(E)

3.4　小结

本小节对海洋博物馆服务设计流程展开深入探讨。首先阐述了设计流程的概念、意义,详细介绍了六种典型服务设计思维流程,并从多方面进行比较。进而引出了海洋博物馆服务设计流程的定义,强调其对优化服务、协同评价、提升竞争力等方面的重要意义。随后基于海洋博物馆实际情况,以锚形态为基础构建锚设计流程模型,该模型涵盖调查研究、定义、规划、实现、综合评价等五个阶段,各阶段层层推进,能够为海洋博物馆服务设计提供全面、系统的流程支持。

第4章 海洋博物馆服务设计评价指标模型的构建

随着社会经济发展和文化旅游需求多样化,探索以用户体验为导向的服务设计与评价,已成为提升海洋博物馆吸引力和服务效能的关键所在。为此,构建有效且适用的海洋博物馆服务设计评价指标模型,能够全面客观地衡量服务设计的合理性与效果,推动服务流程优化与创新,全面提升整体服务质量。本章以构建该评价指标模型为目标,结合 SERVQUAL 模型和模糊德尔菲法科学选定指标,成功构建了评价指标模型。采用 AHP 法计算指标权重,有效提升模型的严谨性与准确性。所构建的模型能够为海洋博物馆服务设计的持续改进和行业协同发展提供理论与实践支持。

4.1 评价指标模型构建的目标

4.1.1 了解和分析参观者对服务设计的满意度

海洋博物馆服务设计评价指标模型通过系统地评估海洋博物馆服务的各个方面,了解和分析参观者对展品的丰富度、展示的趣味性、互动环节的创新性以及工作人员的专业与热情程度等服务设计的满意度。了解和分析参观者对服务设计的满意度,有助于确定海洋博物馆需要改进的领域,进行针对性改进以增强参观者体验,让参观者愿意多次前来参观,确保海洋博物馆在吸引参观者方面保持强劲的竞争力,在文化传播以及旅游行业中都能占据重要地位。

4.1.2 分析和评估服务设计的合理性

海洋博物馆服务设计的合理性体现在服务能否在现有资源与条件下顺利落地实施,能否带来别具一格的参观感受,是否符合不同年龄段、不同兴趣群体参观者的服务需求,是否符合利益相关方的意见和诉求。理性分析和评估服务设计的合理性,需要建立相应的评价指标模型。这一模型在多维度评估海洋博物馆服务设计基础上,能够精准发现服务设计中的不足。合理且优质的服务设计能引导参观者文明参观,对推动参观者素质提升、城市形象提升也具有积极意义,还能优化海洋博物馆整体运营效率,增强博物馆与参观者之间的互动与联系,提升参观者的满意度,让海洋博物馆成为城市的亮眼名片,提升城市的知名度与美誉度。

4.1.3　评估和改进服务设计的反馈(Feedback)机制

海洋博物馆服务设计评价指标模型是一个综合且极具实用性的工具,它涵盖了服务流程、用户体验、资源配置等多个关键方面,通过对各项指标的量化分析与综合评估,能够全面且细致地评估和改进服务设计中的反馈机制。在实际应用中,借助这一模型,海洋博物馆不仅可以从参观者、工作人员、合作方等在内的众多利益相关者处收集到多元化且有价值的见解,确定其服务设计隐藏的问题,并做出针对性的必要改进,持续优化服务流程与细节,确保海洋博物馆服务设计能高度契合参观者多样化需求和期望,提升整体服务运营水平。

4.2　评价指标模型构建的意义

海洋博物馆作为承载海洋文化、传递海洋知识的重要载体,其服务设计质量直接关乎能否有效发挥启迪公众海洋认知、提升公众海洋素养的功能。而海洋博物馆服务设计评价指标模型的构建是提升服务质量、优化服务设计的重要支撑,具有极高的研究价值与实践意义。

4.2.1　为衡量海洋博物馆服务质量提供科学标准

从理论层面来看,该评价指标模型凭借扎实的多学科理论基础,为海洋博物馆服务质量的衡量提供一套科学且严谨的标准体系。它综合考量一系列多维度指标,如服务设施设备、知识传播和情感共鸣等。服务设施设备维度涉及空间布局的合理性、设施设备的易用性与舒适性等;知识传播维度涵盖海洋知识传递的专业性、讲解内容的逻辑性与趣味性等;情感共鸣维度涵盖参观过程中的参与感、对展览内容的理解效果、馆内的互动体验,以及对工作人员服务态度与效率的满意度,最后还包括参观结束后对整体体验的情感共鸣程度等。使用这一系统的指标模型,服务质量评估能够以客观、量化的方式进行,使评价结果更加科学和权威。

4.2.2 有助于海洋博物馆明晰自身优势与不足,助力服务设计优化

评价指标模型是推动海洋博物馆实现服务设计优化的有力工具。使用模型进行服务设计评估,能够发现海洋博物馆自身在服务方面的优势与不足,进而针对性地制定改进策略。例如,基于参观者行为学理论,依据参观者行为数据、反馈意见优化参观路线,让路线的设置更加符合参观者的行为习惯与心理预期,减少不必要的折返与拥挤情况。在优化后的参观路线设计中,巧妙融入互动环节与科普知识讲解点,让参观者在游览过程中拥有更多主动参与的机会,沉浸式地汲取海洋知识,这样既可以有效提升参观者满意度,还可以促使海洋博物馆在激烈的文化市场竞争中保持优势地位。

4.2.3 推动不同海洋博物馆相互借鉴、协同发展

站在行业角度,海洋博物馆服务设计评价指标模型能够为不同海洋博物馆间的对比分析搭建科学框架,契合了产业组织理论中关于行业竞争与合作的理念。各海洋博物馆可以在统一的框架下进行横向对比,互相学习借鉴先进的服务理念、管理模式等。这种相互促进的机制有助于打破信息壁垒,推动整个海洋博物馆行业形成协同发展的良好态势,朝着更优质、更贴合公众需求的方向蓬勃发展,以更好地履行文化传播与科普等社会责任,提升行业整体的社会价值与影响力。

综上所述,海洋博物馆服务设计评价指标模型能够助力海洋博物馆优化服务,推动行业协同发展。这一模型将在海洋博物馆服务中发挥不可或缺的关键作用,成为推动海洋博物馆服务高质量发展的重要理论支撑与实践保障。

4.3 评价指标的选定

4.3.1 评价指标选定的重要性

海洋博物馆服务设计评价指标选定的重要性是不言而喻的。首先,它可以为全面评估海洋博物馆服务设计提供细化的评价标准,使每一项评估内容都有具体且明确的衡量依据。其次,使用选定的评价指标对服务设计进行量化评价,有助于确定需要改进的领域,明确存在的不足,有针对性地制定改进措施,进而有效提升服务质量,提高参观者满意度和参与度。最后,评价指标的选定有助于为评价指标模型的构建提供坚实的理论支撑,让模型更具严谨性与科学性,更好

地发展与优化海洋博物馆服务。

4.3.2　选定评价指标的原则

　　为了让评价指标能够更真实、客观、科学、全面地评价海洋博物馆服务设计
实际情况,选定的评价指标需要遵循一定的原则。通过综合分析相关文献和咨
询专家,确保了选定的评价指标的科学性。以下几项是选定的海洋博物馆服务
设计评价指标需要遵循的原则,即 C-S-O-D-I 原则,包括:综合性、科学性、
可操作性、动态性和指导性等,见图 4-1。

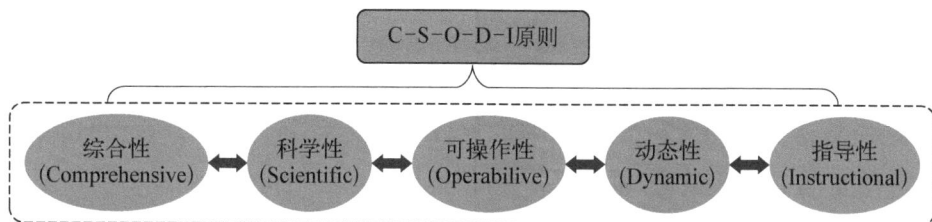

图 4-1　评价指标选定的 C-S-O-D-I 原则

1) 综合性(Comprehensive)原则

　　评价指标的选定应基于明确的评价目标,遵循综合性的原则,确保所有相关
方面都得到考虑,无论是展品陈列、讲解服务,还是场馆设施、环境氛围等均须涉
及。各指标之间应是互有联系、互相补充的系统化有机整体,它们相互协同,能
够全面反映海洋博物馆服务设计在各个环节、各个层面的表现,从而能够综合反
映海洋博物馆服务设计的真实情况,为后续的优化与完善提供可靠依据。

2) 科学性(Scientific)原则

　　评价指标的选定必须强调科学性原则。第一,这一原则要求选定评价指标
所用的标准和方法是透明的,不能存在模糊不清或随意性的情况,要经得起推敲
与检验。第二,通过遵循这一原则,获取客观和真实的调查数据,确保评价指标
的客观、可靠和有效,能够涵盖海洋博物馆服务设计各个细节之处,真正反映实
际情况,以便进行准确的评估和比较,进而为改进和优化找准着力点。

3) 可操作性(Operabilive)原则

　　选定的评价指标必须符合可操作性原则,这一原则强调选定评价指标所需的人
力、物力的匹配和适用,不仅要考虑当下评价指标能否具有可行性,更要着眼于长
期运营过程中的适配情况,要求选定的评价指标避免出现过于复杂、难以落地的情
况。可操作性原则确保利益相关者,无论是博物馆工作人员、合作方还是参观者

等,都能够轻松容易地理解、应用评价指标,让他们可以凭借这些指标更加有条理地评估和测量服务结果,从而能够结合实际情况,制定出更具针对性的改进策略。

4) 动态性(Dynamic)原则

随着海洋博物馆的不断发展以及参观者需求的不断升级,选定的评价指标可以增加动态性原则,以选定新颖的、创新的、适应性强的评价指标。评价指标的动态性原则,能够确保评价指标能够随着时间的推移保持有效性,无论是服务模式的转变,还是新兴互动体验的出现,都能灵活应对和有效衡量,推动海洋博物馆始终提供优质服务。

5) 指导性(Instructional)原则

为了构建一套科学、系统、规范的海洋博物馆服务设计评价指标模型,选定的评价指标还需要遵循指导性原则。这意味着所选定的指标要具备清晰明确的指向性,来指导具体服务环节的评估。在这一原则下,可以允许利益相关者,如参观者、馆内工作人员、合作运营方等,依据选定的评估指标对海洋博物馆服务设计工作进行全面且有针对性的反馈,从不同角度发现问题、提出建议,不断优化和完善整个过程,使其朝着贴合公众需求、更具品质的方向持续迈进。

4.3.3 SERVQUAL 模型与模糊德尔斐法(Fuzzy Delphi Method)

1) SERVQUAL 模型

A·帕拉休拉曼(A. Parasuraman)、泽丝曼尔(Zeithaml)、贝里(Berry)于1985年首次提出 SERVQUAL 模型,它是衡量服务质量的工具,SERVQUAL是 Service Ouality 的缩写,该模型分为 10 个维度。帕拉休拉曼、泽丝曼尔、贝里先后在 1988、1991、1993、1994 年对 SERVQUAL 模型又进行了再阐释,对研究方法和问卷表达方面进行了改进。其中 1988 年,他们将该模型确定为五个维度,即有形性(Tangible)、可靠性(Reliability)、保证性(Assurance)、移情性(Empathy)和响应性(Responsiveness),见表 4-1。1994 年,他们进一步确定了相关的 22 个指标(因素)对该模型的 5 个维度进行说明,如表 4-2 所示。

表 4-1　五个维度与定义

维　　度	定　　义
Tangibles 有形性	物理设施、设备和人员外貌
Reliability 可靠性	能够可靠、准确地履行承诺的服务
Responsiveness 响应性	愿意帮助客户并提供及时的服务

续　表

维　　度	定　　义
Assurance 保证性	员工知识和礼貌以及激发信任和自信的能力
Empathy 移情性	本公司为客户提供贴心、个性化的服务

表 4 - 2　SERVQUAL 模型维度(SERVQUAL model scale)与指标内容

维　　度	指　标　项
可靠性	1. 按承诺的方式提供服务
	2. 处理客户服务问题的可靠性
	3. 第一次就正确地执行服务
	4. 在承诺的时间提供服务
	5. 维护无错误的记录
响应性	6. 让客户了解何时会提供服务
	7. 及时向客户提供服务
	8. 愿意帮助客户
	9. 已准备好响应客户的要求
保证性	10. 那些对客户充满信心的员工
	11. 让客户在交易中感到安全
	12. 一贯彬彬有礼的员工
	13. 有知识回答客户问题的员工
移情性	14. 给予客户个人的关注
	15. 以一种关怀的方式与客户打交道的员工
	16. 把客户的最佳利益放在心上
	17. 了解客户需求的员工
	18. 方便的营业时间
有形性	19. 现代设备
	20. 视觉上吸引人的设施
	21. 外表整洁、专业的员工
	22. 与该服务相关的具有视觉吸引力的材料

SERVQUAL 模型被广泛认为是评估各种行业中所提供服务质量的综合框架。1994 年,巴特尔(Buttle)总结了 SERVQUAL 的优点:① SERVQUAL 是评价各种维度服务质量的标准模式;② SERVQUAL 在一些服务行业证明是有效的;③ SERVQUAL 是可靠的;④ SERVQUAL 是"节俭"的,即问项数目较少,顾客可很快完成而不会产生厌烦;⑤ SERVQUAL 具有标准的分析流程来解释结果。通过将 SERVQUAL 模型应用于服务设计评价研究中,将有助于构建评价指标模型。而评价指标模型的使用将更好地了解参观者的需求,寻找海洋博物馆服务设计需要改进的地方,会更好地改善海洋博物馆提供服务的质量。

2) 模糊德尔斐法(Fuzzy Delphi Method)

(1) 模糊德尔斐法的概念。模糊德尔斐法是模糊理论(Fuzzy Theory)在德尔斐法上的应用。

德尔斐法,也称为 Estimate - Talk - Estimate 或 ETE,是由美国兰德公司研究人员恩·德凯(N. Dekey)和奥拉夫·赫尔默(Olaf Helmer)、诺曼·达尔基(Norman Dalkey)和尼古拉斯·雷舍尔(Nicholas Rescher)于 1959 年开发。2000 年,张平腾、黄良志、林宏俊(Ping-Teng Chang、Liang-Chih Huang、Horng-Jiun Lin)等学者发现德尔斐法作为一个传统的预测工具,已经被广泛应用于技术预测、人才预测、趋势预测等领域。它是以匿名方式,通过多轮函询专家对预测事件的意见,由组织者进行集中汇总,最终得出较为一致的专家预测意见的一种经验判断法。德尔斐法主要目的在于通过多轮征求意见和反馈的过程,获取专家们的共识,以寻求专家们对方案制定、项目评估的一致性意见。德尔斐法通过信息的反复 Feedback,可以减少从专家那里得到的错误信息的影响,使专家能够独立思考,从而形成客观的意见分布。德尔斐法很难适用在数值上能够接受专家经验要素所具有的模棱两可的语言变量。

1965 年,美国计算机与控制论专家 L.阿扎德(L. Azadeh)教授提出了 Fuzzy集概念,创造了讨论研究模糊不确定性问题的数学方法——模糊数学,自此模糊理论开始诞生。模糊理论以人类解决问题的思考模式为出发点,旨在解决现实环境中的不明确性与模糊性,其突出优点是能较好地描述与仿效人的思维方式,总结和反映人的体会与经验,对复杂事物和系统进行模糊度量、模糊识别、模糊推理、模糊控制和模糊决策。

模糊德尔斐法利用统计分析和模糊数学运算,把专家的主观意见转化为准客观数据。应用模糊德尔斐法来进行因素筛选,综合考虑了专家主观思维的不确定性和模糊性,可以达到研究时所设立的目标。

本章参考林甦、任泽平(2019),张平腾、黄良志、林宏俊(Ping-Teng Chang,
Liang-Chih Huang, Horng-Jiun Lin. 2000),李东云、金英洙(이동운, 김영수,
2003)等研究者的模糊德尔斐法研究成果,以选定海洋博物馆服务设计评价预备
指标。为了收集专家意见,运用三角模糊数对专家意见进行整理,并对模糊距离
(Fuzzy Distance)进行检验,以确定专家意见是否已达到收敛水平,得到最终的
评价指标。

(2)模糊德尔斐法的流程。

其一,问卷统计分析。根据专家对问卷的反馈,分析各评价指标的"重要度
水平单一值""重要度可接受最小值"和"重要度可接受最大值",删除 2 倍标准差
以外的极值。

其二,三角模糊数(Triangular Fuzzy Number)构建。删除极限值后,计算
各项评价指标 i 的"重要度水平单一值"中的最小值 D_L^i、最大值 D_U^i、几何平均值
D_M^i,"重要度可接受最小值"中的最小值 C_L^i、最大值 C_U^i、几何平均值的 C_M^i,"重
要度可接受最大值"中的最小值 O_L^i、最大值的 O_U^i、几何平均值的 O_M^i,建立各
项评价指标 i 的"重要度可接受最小值"的三角模糊数 $C^i = (C_L^i, C_M^i, C_U^i)$ 和
"重要度可接受最大值"的三角模糊数 $O^i = (O_L^i, O_M^i, O_U^i)$。

其三,专家集团意见收敛性验证。

(甲)验证模糊距离(Fuzzy Distance)。当 $C_U^i \leqslant O_L^i$ 时,不存在模糊距离,说
明专家意见无法收敛。因此,应对本批次获得的专家意见进行统计,并在此基础
上进行第二次问卷调查。

当 $C_U^i > O_L^i$ 时,两个三角模糊数重叠形成模糊距离。此时应计算模糊距离
的验证值,以验证专家意见是否达到收敛水平。

(乙)模糊距离的权重值计算。通过模糊距离 $Z^i = C_U^i - O_L^i$ 和"重要度可接
受最小值""重要度可接受最大值"的几何平均值的意见范围 $M^i = O_M^i - C_M^i$,判
断专家意见是否达到收敛水平。如果 $M^i - Z^i > 0$ 时,专家意见具有共同的模糊
距离,可以收敛。如果 $M^i - Z^i < 0$ 时,专家意见没有共同之处,因此不能收敛。
此时可参考未达到收敛水平的评价指标的"重要度可接受的最小值"和"重要度
可接受的最大值"的几何平均值,进行下一轮的调查,所有评价指标均达到收敛
水平,可以计算重要度水平匹配值 G^i。

其四,计算选定评价指标的基准值。通过多次问卷调查和对模糊距离的验
证,最终得出各评价指标重要度的评价意见达到收敛水平后,根据各评价指标
"重要度水平的单一值""重要度可接受的最小值""重要度可接受的最大值"的几

何平均值,再次得到几何平均值,得到各评价指标重要度水平的匹配值 G^i。G^i 越大说明该评价指标评价意见的共识水平和重要度水平越高。通过所有评价指标的"重要度水平单一值""重要度可接受最小值""重要度水平最大值"的几何平均值即可得到几何平均值,该值是评价指标选择的参考值 T^i。可根据 T^i 提取评价指标,当 $G^i < T^i$ 时删除相应评价指标。

4.3.4 评价指标选定的流程

在本小节中,海洋博物馆服务设计评价指标的选定包括指标提取、指标筛选两个阶段,流程示意图,如图 4 - 2 所示。

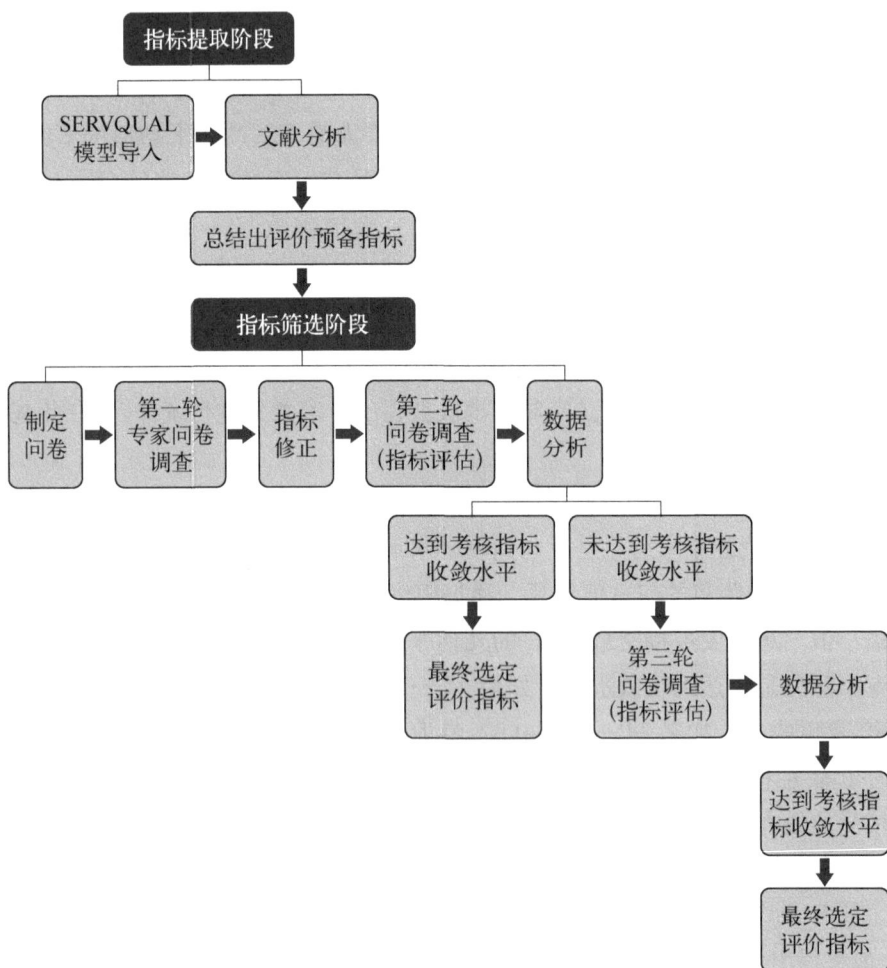

图 4 - 2 海洋博物馆服务设计评价指标选定的流程

在指标提取阶段,将 SERVQUAL 模型导入,在对国内外相关文献分析的基础之上,总结出评价预备指标。这些指标要尽可能地全面,体现评价指标选定综合性原则。

在指标筛选阶段,结合提取出的评价预备指标制作问卷,之后进行 2—3 次开放式问卷调查。

第一次开放式调查是以问卷形式,咨询专家的意见,并根据专家意见对提取的预备评价指标进行修正。修正后的指标是否具有科学性、可操作性、动态性、指导性,需在第二轮开放式调查中进行优化。

第二次开放式调查是基于修正后的评价指标,根据评价指标选定的科学性、可操作性、动态性、指导性等原则,采用模糊德尔斐法,由专家根据自身的专业学识对相应指标进行评估。如果评估未达到收敛水平,则应参考本次调查未达到评价指标收敛水平的“重要度可接受最小值”和“重要度可接受最大值”的几何平均值,进行第三次调查。

第三次开放式调查中,仍采用模糊德尔斐法对回收的有效问卷进行统计处理,如果所有评价指标的评价结果均达到收敛水平,专家意见一致,则可以最终选定评价指标。

4.3.5　评价指标的选定过程

1) 评价指标的提取

由于目前没有标准的海洋博物馆服务设计评价指标,因此本小节首先将 SERVQUAL 用户满意度模型中的五项维度作为海洋博物馆服务设计一级评价预备指标;其次,将 SERVQUAL 模型中的五项维度所属的 22 项指标项与海洋博物馆服务设计自身性质结合,总结出了隶属于一级评价预备指标范畴的 15 项二级评价预备指标;最后,遵循上文评价指标模型构建原则(C—S—O—D—I 原则)的基础上,经过文献分析,提取出了隶属于二级评价预备指标中 60 项三级评价预备指标。各项评价预备指标及参考出处如表 4－3 所示。

表 4－3　各级评价预备指标的提出与参考出处

一级 预备指标	二级 预备指标	三级 预备指标	参　考　出　处
B1 可靠性	C1 管理性	D1 合法性	郑经文等(2012),김윤아(2017)
		D2 保管性	郑经文等(2012),冯济民(2008),Richard Dunn 等(2019)

一级预备指标	二级预备指标	三级预备指标	参　考　出　处
B1 可靠性	C1 管理性	D3 纪念性	铁铮(2022),乔雪华(2014),刘娜(2011),冯济民 (2008),王雨晴(2021)
		D4 合理性	乔雪华(2014),铁铮(2022)
	C2 宣传性	D5 便利性	铁铮(2022),洪艳(2005)
		D6 交流性	铁铮(2022)
		D7 视觉性	铁铮(2022)
		D8 复合性	程洁菲(2017),曹师齐(2023),이범석(2019),李 阳(2022)
		D9 多语言性	冯济民(2008),洪艳(2005)
		D10 可读性	铁铮(2022),曹师齐(2023),洪艳(2005)
		D11 补充性	铁铮(2022),乔雪华(2014),曹师齐(2023),洪艳 (2005)
	C3 参与性	D12 交互性	铁铮(2022),曹师齐(2023),刘娜(2011),최유정 (2014),林伟(2013),Wernhuar Tarng 等(2008— 2009),冯济民（2008）,李阳(2022),王庆生 (2022),张岩鑫等(2022),최유미等(2013)
		D13 智能性	왕홍等(2023),Sheva Aulia 等(2022)
		D14 互动性	王庆生(2022),李阳(2022),최유미等(2013),최 유정等(2014)
B2 响应性	C4 沟通性	D15 积极性	乔雪华(2014),曹师齐(2023),林伟(2013),
		D16 即时性	乔雪华(2014),曹师齐(2023)
		D17 及时性	乔雪华(2014),铁铮(2022)
		D18 预约性	乔雪华(2014),铁铮(2022),최유미等(2013)
	C5 信赖性	D19 包容性	郑经文等(2012),曹师齐(2023),최유정(2014), 冯济民(2008)

一级 预备指标	二级 预备指标	三级 预备指标	参　考　出　处
B2 响应性	C5 信赖性	D20 亲切性	乔雪华(2014),曹师齐(2023),林伟(2013),冯济民(2008)
		D21 责任性	乔雪华(2014),铁铮(2022)
		D22 高效性	乔雪华(2014),林伟(2013)
B3 保证性	C6 专业性	D23 统一性	乔雪华(2014),林伟(2013)
		D24 优质性	乔雪华(2014),林伟(2013)
		D25 熟练性	乔雪华(2014),林伟(2013),冯济民(2008)
		D26 客观性	乔雪华(2014),林伟(2013),洪艳(2005)
	C7 场所性	D27 清洁性	국립해양박물관 관람객 만족도 조사(2023),洪艳(2005)
		D28 照明性	국립해양박물관 관람객 만족도 조사(2023),洪艳(2005)
		D29 冷暖性	국립해양박물관 관람객 만족도 조사(2023),洪艳(2005)
	C8 规范性	D30 秩序性	乔雪华(2014),林伟(2013),冯济民(2008)
		D31 安全性	乔雪华(2014),林伟(2013),冯济民(2008),刘娜(2011)
		D32 完善性	《国家海洋博物馆会员章程》(2019)
		D33 承诺性	乔雪华(2014),국립해양박물관 관람객 만족도 조사(2023)
B4 移情性	C9 教育性	D34 知识性	왕홍等(2023),程洁菲(2017),郑经文等(2012),曹师齐(2023),최유정(2014),노시훈(2010),Robert D. Hicks(2001),冯济民(2008),이범석(2019),王雨晴(2021),李阳(2022),王庆生(2022),최유미等(2013),김윤아(2017)
		D35 怀旧性	왕홍等(2023),Robert D. Hicks(2001),王庆生(2022),최유정等(2014),김윤아(2017),Claudia Garradas 等(2023)

续　表

一级预备指标	二级预备指标	三级预备指标	参　考　出　处
B4 移情性	C9 教育性	D36 历史性	왕훙等(2023)，Robert D. Hicks(2001)，이경희(2021)，冯济民(2008)，王庆生(2022)，최유미等(2013)，최유정等(2014)，김윤아(2017)，May L-Y Wong(2019)，Annika Bünz(2022)，백승옥(2020)
		D37 主动性	郑经文等(2012)，Leonie Rowan等(2016)
	C10 休闲性	D38 旅游性	왕훙等(2023)，王庆生(2022)
		D39 陪伴性	왕훙等(2023)，최유정等(2014)，Kuay-Keng Yang等(2015)
		D40 唯一性	왕훙等(2023)，Robert D. Hicks(2001)，김지은(2022)
		D41 休闲性	왕훙等(2023)，程洁菲(2017)，曹师齐(2023)，冯济民(2008)，王雨晴(2021)，王庆生(2022)，최유미等(2013)，김지은(2022)，최유정等(2014)
		D42 逃避性	왕훙等(2023)，Kuay-Keng Yang等(2015)
	C11 公平性	D43 针对性	乔雪华(2014)，冯济民(2008)，최유미等(2013)
		D44 提前性	乔雪华(2014)
		D45 平等性	乔雪华(2014)，冯济民(2008)
B5 有形性	C12 交通性	D46 快速性	乔雪华(2014)，朱高铮(2014)
		D47 专门性	국립해양박물관 관람객 만족도 조사(2023)
		D48 综合性	铁铮(2022)，刘娜(2011)，林伟(2013)，冯济民(2008)，최유미等(2013)
	C13 海洋性	D49 识别性	乔雪华(2014)，刘娜(2011)
		D50 美观性	乔雪华(2014)，刘娜(2011)，최유정(2014)，冯济民(2008)，孟凡墨(2023)，왕훙等(2023)，王雨晴(2021)，최유정等(2014)
		D51 海洋文化性	朱高铮(2014)，冯济民(2008)，이범석(2019)，王庆生(2022)，김지은等(2022)，Annika Bünz(2022)，Min-Ho Yang等(2022)，May L-Y Wong(2019)

续　表

一级预备指标	二级预备指标	三级预备指标	参　考　出　处
B5 有形性	C14 展示性	D52 多元性	张岩鑫等(2022),孟凡墨(2023),최유정等(2014)
		D53 丰富性	铁铮(2022),刘娜(2011),최유정(2014),노시훈(2010),Robert D. Hicks(2001),冯济民(2008),王庆生(2022),朱高铮(2014),최유미等(2013),김지은等(2022),최유정等(2014)
		D54 多样性	郑经文等(2012),刘娜(2011),최유정(2014),이범석等(2019)李阳(2022),王庆生(2022),孟凡墨(2023),최유미等(2013),최유정等(2014)
		D55 完整性	铁铮(2022),郑经文等(2012),최유정(2014),冯济民(2008)
		D56 趣味性	朱高铮(2014),최유미等(2013)
		D57 时间性	铁铮(2022)
	C15 设施性	D58 齐全性	乔雪华(2014),曹师齐(2023),刘娜(2011),冯济民(2008),王庆生(2022),张媛媛(2023),최유미等(2013)
		D59 适用性	국립해양박물관 관람객 만족도 조사(2023),冯济民(2008)
		D60 必要性	乔雪华(2014)

2）评价预备指标的说明

（1）可靠性（Reliability）。海洋博物馆服务设计的可靠性,主要用于评估海洋博物馆展品的管理水平,宣传渠道的有效性,智能设施设备使用的便利性,互动体验的参与性等。具体来说,影音、图像、照片的著作权合法性,发放和售卖有纪念意义的商品,网站使用的便利性,线上和线下宣传及讲解的多语言性,使用智能化设备和互动设施与海洋对话的便利性,所售商品质量和价格的合理性等,都是可靠性指标需要关注的方面。可靠性的二级预备指标和三级预备指标简要说明,如表 4-4 所示。

表 4－4　可靠性(Reliability)的二级预备指标和三级预备指标简要说明

一级预备指标	二级预备指标	指标简要说明	三级预备指标	指标简要说明
B1 可靠性	C1 管理性	对影音、图像、照片、展品、纪念品、售卖商品等有正规的管理	D1 合法性	影音、图像、照片的著作权的合法性
			D2 保管性	展品中不应有易碎、易损物品
			D3 纪念性	发售具有纪念意义和趣味性的纪念品
			D4 合理性	所售商品质量有保证、价格合理
	C2 宣传性	线上线下服务的宣传,宣传和讲解的多语言性	D5 便利性	网站有良好的视觉、阅读、信任、互动体验
			D6 交流性	提供文化体验、交流等在线活动
			D7 视觉性	网站界面设计符合视觉设计要求
			D8 复合性	通过线上、线下等多途径宣传
			D9 多语言性	使用多种语言宣传和讲解,有助于吸引外国参观者参与
			D10 可读性	不同参观者对文字、图片、视频的理解度和可读性
			D11 补充性	展览或展品有语音讲解服务
	C3 参与性	参观者可以参与各种活动,使用智能化设备和互动设施与海洋对话	D12 交互性	使用科技平台与互动设施,让参观者身临其境体验海洋
			D13 智能性	通过智能化设备了解海洋博物馆
			D14 互动性	博物馆通过面对面、传统媒体、网络媒体与公众互动

　　(2) 响应性(Responsiveness)。海洋博物馆服务设计的响应性,着重体现了海洋博物馆积极与参观者建立紧密连接的意愿和能力。具体而言,就是指海洋博物馆要倾听参观者心声,与之充分互动,能迅速且妥善地处理参观者的各类询问,进而及时反馈信息。响应性要求工作人员不仅要有积极主动的态度,还要确

保服务的及时性,线上线下都能迅速响应参观者需求。同时,海洋博物馆相关服务的预约要便捷有序,工作人员对待参观者要包容且亲切,始终坚守服务承诺,在解决问题时更要具备强烈的责任意识,保证时效性。响应性的二级预备指标和三级预备指标简要说明,如表 4-5 所示。

表 4-5　响应性的二级预备指标和三级预备指标简要说明

一级预备指标	二级预备指标	指标简要说明	三级预备指标	指标简要说明
B2 响应性	C4 沟通性	工作人员服务积极主动,线上线下都可以提供服务	D15 积极性	工作人员总是乐意帮助参观者
			D16 即时性	工作人员无论多忙都会及时回应参观者的要求
			D17 及时性	工作人员线上、线下能够提供迅速及时的服务
			D18 预约性	参观者和团体可以通过网络或电话提前预约博物馆相关服务
	C5 反馈性	能够及时处理参观者询问的问题,及时进行反馈	D19 包容性	工作人员与各种群体的参观者都能保持良好关系
			D20 亲切性	工作人员总是热情、友好地接待参观者
			D21 责任性	对参观者投诉可及时处理
			D22 高效性	对参观者的意见及时进行反馈

　　(3) 保证性(Assurance)。海洋博物馆服务设计的保证性体现在工作人员服务的专业性,场所的清洁、照明和冷暖,参观者服务的规范性等。这首先表现在工作人员知识丰富、熟练,服装统一,凭借良好沟通表达能力,能够为参观者提供准确的信息和帮助等。第二表现在空间的清洁状况始终保持良好,照明布置合理,冷暖调控适宜,全方位满足参观者身处其中的舒适需求。第三表现在观看秩序、安全能够保证,有完善的会员体验服务等,为不同参观者群体提供舒心服务。保证性的二级预备指标和三级预备指标简要说明,如表 4-6 所示。

表 4-6　保证性的二级预备指标和三级预备指标简要说明

一级预备指标	二级预备指标	指标简要说明	三级预备指标	指标简要说明
B3 保证性	C6 专业性	工作人员拥有较好的职业素养,专业知识丰富,讲解员拥有专业的讲解技能	D23 统一性	工作人员有整洁的服装,服务语言规范
			D24 优质性	工作人员拥有丰富的专业知识
			D25 熟练性	工作人员具有良好的沟通表达能力
			D26 客观性	讲解员对展品知识的讲解客观,不带主观感情
	C7 场所性	博物馆空间清洁、照明、冷暖能够满足参观者需要	D27 清洁性	展示空间、户外空间的清洁性
			D28 照明性	室内、户外设施的照明性
			D29 冷暖性	展示空间、大厅的冷暖性
	C8 规范性	观看秩序、安全能够保证,会员体验服务完善	D30 秩序性	服务人员组织参观者观看秩序井然
			D31 安全性	保证参观者参观的安全
			D32 完善性	参观者可以通过加入会员体验更多服务
			D33 承诺性	有完成服务承诺的制度,服务能够保质保量完成

　　(4) 移情性(Empathy)。海洋博物馆服务设计的移情性,是指海洋博物馆通过创造一个具有教育性的热情和包容的环境与工作人员让参观者感到被倾听和理解。参观者希望工作人员理解他们的需求和情绪,促进参观者情感参与,提升参观者游览体验。移情性还可以通过海洋博物馆工作人员在多大程度上积极与参观者互动、预测参观者的需求、参观过程中为参观者提供个性化帮助来衡量。移情性的二级预备指标和三级预备指标简要说明,如表 4-7 所示。

表 4-7　移情性的二级预备指标和三级预备指标简要说明

一级预备指标	二级预备指标	指标简要说明	三级预备指标	指标简要说明
B4 移情性	C9 教育性	参观者在游览过程中学到了海洋知识,博物馆可以走进社区、学校,宣传海洋知识	D34 知识性	参观者在轻松的观览氛围中,在不知不觉中增长了知识,扩大了视野,继而受到教育
			D35 怀旧性	展品能够展现丰富的海洋历史,产生对过去的怀念
			D36 历史性	通过观看展览,可以知道丰富的海洋历史
			D37 主动性	博物馆主动走入学校、小区推广海洋教育
	C10 休闲性	参观者在馆内沉浸在海洋氛围中,身心得到放松	D38 旅游性	海洋博物馆为参观者提供了独特的身临其境的旅游体验
			D39 陪伴性	参观者感受到了海洋博物馆亲切、多元、包容的体验
			D40 唯一性	在海洋博物馆的体验是唯一的,不可替代的
			D41 休闲性	不同年龄的参观者可以在轻松的氛围中享受海洋的乐趣
			D42 逃避性	参观者可以摆脱现实的劳累,沉浸在海洋氛围中
	C11 公平性	参观者能够接受个性化服务,能够及时获取需求,及时告知服务事项	D43 针对性	针对不同群体提供个性化服务
			D44 提前性	事先告知参观者服务时间的长短与应注意事项,主动告知参观者各种设备、设施的使用方法
			D45 平等性	对参观者需求调查的努力程度

　　(5) 有形性(Tangible)。理解服务设计评价的有形性指标和服务设计的无形性特点之间的关系,对于完成海洋博物馆服务设计评估至关重要。服务设计的无形性指的是服务的无形方面,如服务创造的体验、情感和感知,这些方面很难量化。而海洋博物馆服务设计的有形性是指对海洋博物馆物理方面和特征方面对参观者的影响进行评估,包括评估到达海洋博物馆的交通快速程度,展示空间的海洋氛围营造,展品的质量和状况,各种设施的完备和适用等。有形性还可

中韩海洋博物馆服务设计评价研究

以体现在参观者是否能够轻松便捷地游览馆内各个区域,在馆内是否可以享受到餐饮服务,展品或者展示空间的美观,展品的多样性和真实性等。有形性的二级预备指标和三级预备指标简要说明,如表4-8所示。

表4-8　有形性的二级预备指标和三级预备指标简要说明

一级预备指标	二级预备指标	指标简要说明	三级预备指标	指标简要说明
B5 有形性	C12 交通性	各种道路使参观者感到便利	D46 快速性	到达博物馆的交通便利程度
			D47 专门性	有专门的汽车停车场供参观者使用
			D48 综合性	不同人群能够轻松识别导行(标志)
	C13 海洋性	让参观者感受到建筑内外空间的海洋特点	D49 识别性	通过建筑能够很快辨认出海洋博物馆
			D50 美观性	展品或者展示空间的海洋美
			D51 海洋文化性	博物馆空间有海洋文化氛围
	C14 展示性	展品通过不同展示方式来体现多元化、细节、趣味等	D52 多元性	展示方式多元
			D53 丰富性	通过多元化的展示方式展示丰富的全球海洋遗产,呼吁海洋环保的必要性
			D54 多样性	参观者可以参与各种展览,看到各种各样的海洋展品
			D55 完整性	展品展示过程中能看到细节
			D56 趣味性	展览信息传达的趣味性
			D57 时间性	展品应及时更新和补充
	C15 设施性	各种服务设施完备和适用	D58 齐全性	服务、休闲设施的齐全
			D59 适用性	老弱者(老人、残疾人、孕妇、儿童等)设施的适用性
			D60 必要性	参观者在馆内可以享受到必要的餐饮服务,还应包含一些特殊化的必要的要求,必须急救设施设备等

106

3) 评价指标的筛选

（1）第一次专家问卷调查。本小节根据提取的一级预备指标 5 项,二级预备指标 15 项和三级预备指标 60 项,设计了第一次专家调查问卷(附录 1、附录 2),旨在对这些提取的预备评价指标进行专家意见征求。

本小节于 2024 年 2 月 21—26 日进行了此次调查,参加专家人数为 22 人,回收问卷 21 份,且均为有效问卷,因此,回收的问卷有效率为 95.5%,满足了统计学要求,同时说明本次调查得到了专家们的支持。参与本次调查的专家范围涵盖设计专业副高级职称以上的大学教师、研究员,著名的设计师,海洋博物馆业务主任以上管理者,权威程度很高,专家基本情况见表 4 - 9。其中男性 13 人(61.9%),女性 8 人(38.1%)。从年龄段来看,30—39 岁有 5 人(23.8%),40—49 岁有 6 人(28.6%),50—59 岁有 7 人(33.3%),60—69 岁有 2 人(9.5%)。从职业分布来看,大学教师最多,达 11 人(52.4%),研究员 2 人(9.5%),设计师 5 人(23.8%),管理者 3 人(14.3%)。在研究领域分布方面,展馆设计领域 3 人(14.3%),设计理论 3 人(14.3%),环境设计领域 3 人(14.3%),视觉设计领域 2

表 4 - 9　专家基本信息汇总表

区　　分			人数	比例（%）	区　　分		人数	比例（%）
国籍	中国	男性	6	28.5%	专业领域	展馆设计	3	14.3
		女性	4	19.1		设计理论	3	14.3
	韩国	男性	7	33.3		环境设计	3	14.3
		女性	4	19.1		视觉设计	2	9.5
年龄差别		30—39 岁	5	23.8		公共设计	2	9.5
		40—49 岁	6	28.6		海洋设计	2	9.5
		50—59 岁	7	33.3		交互设计	2	9.5
		60 岁以上	3	14.3		体验设计	4	19.1
职　　业		大学教师	11	52.4	从业时间	5—10 年	5	23.8
		管理者	3	14.3		11—15 年	9	42.9
		设计师	5	23.8		16—20 年	3	14.3
		研究员	2	9.5		20 年以上	4	19.0

人(9.5%),公共设计领域 2 人(9.5%),海洋设计领域 2 人(9.5%),交互设计领域 2 人(9.5%),体验设计领域 4 人(19.0%)。专家们的平均从业时间在 16 年以上。

本小节对专家们的意见进行了整理统计,见表 4 - 10。在原有一级预备指标 5 项,二级预备指标 15 项和三级预备指标 60 项中,对异议较大的三级指标部分内容进行删减、合并、修改、增加,得到一级指标 5 项,二级指标 15 项和三级指标 52 项,见表 4 - 10。

表 4 - 10　专家对预备评价指标的意见整理

一级指标	二级指标	三级指标	处 理 意 见	新编号
B1 可靠性	C1 管理性	D1 合法性	保留	D1
		D2 保管性	保留	D2
		D3 纪念性	与 D60 很相似,放到 C15 设施中,与 D60 合并	删除
		D4 合理性	建议 D4 和 D1 合并,二者很相似,有连贯性	删除
	C2 宣传性	D5 便利性	保留	D3
		D6 交流性	感觉稍微有点重复,"交流"重在理解,要求信息传达的直接性,多语言像是交流性的分支	D4
		D7 视觉性	保留	D5
		D8 复合性	保留	D6
		D9 多语言性	建议删除此"多语言性",和 D6 交流性重复,和下面的可读性类似	删除
		D10 可读性	用明晰的词汇表达准确、可靠的信息	准确可读性 D7
		D11 补充性	建补充性并不突出议删除 D11,宣传的作用很明确	删除
	C3 参与性	D12 交互性	建议将此"交互性"改为"拟真性"	拟真性 D8
		D13 智能性	保留	D9
		D14 互动性	建议 D12 和 D14 合并,二者很相似,删除互动性	删除

一级指标	二级指标	三级指标	处　理　意　见	新编号
B2 响应性	C4 沟通性	D15 积极性	保留	D10
		D16 即时性	建议 D16 和 D17 合并,二者很相似,都是需要及时回复用户的疑问,前者包含后者,前者的实现必有后者的支持	D11
		D17 及时性	保留	删除
		D18 预约性	保留	D12
	C5 信赖性	D19 包容性	保留	D13
		D20 亲切性	反馈要及时高效,与 D20 亲切性关系不大,可以改为亲和性	亲和性 D14
		D21 责任性	保留	D15
		D22 高效性	保留	D16
B3 保证性	C6 专业性	D23 统一性	保留	D17
		D24 优质性	保留	D18
		D25 熟练性	建议删除"熟练性",因为 D24"优质性",且"熟练"不应该成为"专业性"的属性,"熟练"是最基本的要求	删除
		D26 客观性	保留	D19
	C7 场所性	D27 清洁性	保留	D20
		D28 照明性	保留	D21
		D29 冷暖性	保留	D22
	C8 规范性	D30 秩序性	保留	D23
		D31 安全性	保留	D24
		D32 完善性	保留	D25
		D33 承诺性	D33 承诺性与规范性关系不大,建议改为制度性	制度性 D26

一级 指标	二级 指标	三级 指标	处　理　意　见	新编号
B4 移情性	C9 教育性	D34 知识性	保留	D27
		D35 怀旧性	建议 D35 和 D36 合并,二者很相似,保留历 史性即可	删除
		D36 历史性	保留	D28
		D37 主动性	保留	D29
	C10 休闲性	D38 旅游性	保留	D30
		D39 陪伴性	保留	D31
		D40 唯一性	建议删除 D40 唯一性,休闲可以是多元化, 并不唯一	删除
		D41 休闲性	与 C10 重复,建议改为愉悦性	愉悦性 D32
		D42 逃避性	保留	D33
	C11 公平性	D43 针对性	保留	D34
		D44 提前性	建议把 D44 提前性改为公正性,这个词与 公平性相近	D35
		D45 平等性	保留	D36
B5 有形性	C12 交通性	D46 快速性	保留	D37
		D47 专门性	保留	D38
		D48 综合性	保留	D39
	C13 海洋性	D49 识别性	保留	D40
		D50 美观性	保留	D41
		D51 海洋文 化性	建议增加海洋环境性,海洋博物馆空间有 海洋文化氛围,还必须体现海洋环境氛围	海洋文化 性 D42 海洋环境 性 D43
	C14 展示性	D52 多元性	保留	D44
		D53 丰富性	保留	D45
		D54 多样性	建议删除"多样性",前者已有"丰富性"	删除

续　表

一级 指标	二级 指标	三级 指标	处　理　意　见	新编号
B5 有形性	C14 展示性	D55 完整性	保留	D46
		D56 趣味性	保留	D47
		D57 时间性	展品应及时更新和补充,改为"实效性"更合适	实效性 D48
	C15 设施性	D58 齐全性	保留	D49
		D59 适用性	保留	D50
		D60 必要性	突出应急处理的重要性,将"应急处理性"单独列出	必要性 D51 应急处理 性 D52

（2）第二次专家问卷调查。本小节根据第一次专家调查选定的评价指标,进行了第二次专家问卷调查(附录 3、附录 4)。专家根据自身对海洋博物馆服务设计领域的了解,对 52 项三级指标的重要性进行了评分。本次调查于 2024 年2 月 29 日—3 月 4 日进行,以参加第一次专家问卷调查的专家为对象。共发放问卷 21 份,回收有效问卷 21 份,有效问卷回收率为 100%。

使用模糊德尔斐法对回收的有效问卷进行数据统计,计算了各评价指标的重要度水平匹配值和模糊距离检验值,如表 4 - 11 所示。

从第二轮问卷调查的统计结果来看,部分评价指标的重要度评价未达到收敛水平(表 4 - 11 中以灰色显示的部分),本次问卷调查未达到考核指标收敛水平的"重要度可接受最小值"和"重要度可接受最大值"的几何平均值,需要在此基础上进行第三次专家问卷调查。

（3）第三次专家问卷调查。在第二次专家问卷调查结果基础上,本小节于2024 年 3 月 10—14 日进行第三次专家问卷调查(附录 3、附录 4)。在前两次问卷调查中提交有效问卷的对象为第三次调查对象,共发放 21 份,回收 21 份,有效问卷回收率达到 100%。使用模糊德尔斐法对有效问卷进行数据统计,计算了各评价指标的重要性匹配值、模糊距离检验值。根据计算结果,专家意见形成一致,所有评价指标均达到收敛水平,由此得出评价指标选择阈值(Threshold Value)$T^i = 5.18$。本小节随即删除了评价指标重要度值 G 小于阈值 T 的指标,得到最终结果,如表 4 - 12 所示。

表4-11 第二次专家问卷调查统计结果

一级指标	二级指标	三级指标	可接受范围C^i 下限值 C_L^i	C_u^i	可接受范围O^i 上限值 O_L^i	O_u^i	重要度单一值D^i D_L^i	D_u^i	几何平均数 C_M^i	O_M^i	D_M^i	模糊距离 z^i	收敛检验 M^i	模糊距离检验值 M^i-z^i	重要水平值 G^i	收敛与否
B1 可靠性	C1 管理性	D1 合法性	1	7	6	9	3	9	2.40	6.34	5.46	1	3.94	2.94	4.36	
		D2 保管性	2	7	6	9	4	9	3.47	6.83	6.02	1	3.36	2.36	5.23	
		D3 便利性	1	8	6	9	5	9	3.87	6.78	5.63	2	2.91	0.91	5.28	
	C2 宣传性	D4 交流性	1	6	6	9	3	9	2.52	6.48	5.57	0	3.96	3.96	4.50	NO
		D5 视觉性	1	7	6	9	2	9	3.46	6.91	5.99	1	3.45	2.45	5.23	
		D6 复合性	1	8	6	9	3	9	3.55	6.82	5.98	2	3.27	1.27	5.25	
		D7 准确可读性	2	7	6	9	4	9	2.71	6.30	4.81	1	3.59	2.59	4.35	
	C3 参与性	D8 拟真性	1	7	6	9	3	9	2.73	6.30	5.36	1	3.57	2.57	4.52	
		D9 智能性	2	8	6	9	4	9	2.70	6.48	5.50	2	3.78	1.78	4.58	
B2 响应性	C4 沟通性	D10 积极性	2	6	6	9	4	9	2.74	6.47	5.55	0	3.73	3.73	4.62	NO
		D11 即时性	1	9	6	9	2	9	2.64	6.39	5.46	3	3.75	0.75	4.52	
		D12 预约性	1	9	6	9	3	8	2.71	6.53	5.07	3	3.82	0.82	4.48	NO

续 表

一级指标	二级指标	三级指标	C_L^i	C_u^i	O_L^i	O_u^i	D_L^i	D_u^i	C_M	O_M	D_M	z^i	M^i	M^i-z^i	G^i	收敛与否
评价指标			可接受范围下限值 C^i		可接受范围上限值 O^i		重要度单一值 D^i		几何平均数			模糊距离 z^i	收敛检验值 M^i	模糊距离检验值 M^i-z^i	重要度水平值 G^i	收敛与否
B2 响应性		D13 包容性	2	7	6	9	4	9	3.36	7.19	6.11	1	3.83	2.83	5.28	
	C5 信赖性	D14 亲和性	1	6	6	9	2	9	3.27	7.33	6.03	0	4.05	4.05	5.25	NO
		D15 责任性	2	7	6	9	4	9	3.98	7.33	5.79	1	3.35	2.35	5.53	
		D16 高效性	1	8	6	9	2	9	3.39	7.48	5.70	2	4.10	2.10	5.25	
B3 保证性	C6 专业性	D17 统一性	2	7	6	9	3	9	3.60	7.45	5.87	1	3.85	2.85	5.40	
		D18 优质性	2	7	7	9	4	9	3.44	7.53	5.45	0	4.10	4.10	5.21	NO
		D19 客观性	1	8	5	9	4	9	3.51	7.18	5.98	3	3.68	0.68	5.32	
	C7 场所性	D20 清洁性	2	7	6	9	3	9	4.13	6.84	5.06	1	2.71	1.71	5.23	
		D21 照明性	1	8	6	9	2	9	4.04	7.03	5.25	2	2.99	0.99	5.30	
		D22 冷暖性	1	7	6	9	3	9	3.67	7.01	5.47	1	3.33	2.33	5.20	
	C8 规范性	D23 秩序性	2	6	6	9	5	9	3.48	6.83	6.29	0	3.35	3.35	5.31	NO
		D24 安全性	1	8	6	9	3	9	3.66	7.33	5.77	2	3.66	1.66	5.37	
		D25 完善性	2	6	6	9	4	9	3.73	7.12	5.63	0	3.39	3.39	5.31	NO
		D26 制度性	1	7	6	9	5	9	3.54	6.93	6.34	1	3.39	2.39	5.38	

续 表

一级指标	二级指标	三级指标	可接受范围下限值 C_L^i	可接受范围 C_u^i	可接受范围上限值 O_L^i	O_u^i	重要度单一值 D_L^i	D_u^i	几何平均数 C_M^i	O_M^i	D_M^i	模糊距离 z^i	收敛检验 M^i	模糊距离检验值 M^i-z^i	重要度水平值 G^i	收敛与否
B4 移情性	C9 教育性	D27 知识性	1	9	7	9	5	9	3.12	7.54	6.53	2	4.43	2.43	5.36	
		D28 历史性	2	7	6	9	3	9	3.69	7.22	5.67	1	3.53	2.53	5.33	
		D29 主动性	2	8	6	9	4	9	3.82	7.41	6.09	2	3.59	1.59	5.57	
	C10 休闲性	D30 旅游性	2	7	7	9	4	9	3.52	7.59	5.89	0	4.07	4.07	5.39	NO
		D31 陪伴性	1	8	7	9	3	9	3.68	7.63	5.02	1	3.96	2.96	5.20	
		D32 愉悦性	2	7	6	9	4	9	3.62	7.12	5.49	1	3.50	2.50	5.21	
		D33 逃避性	1	6	6	9	5	9	3.15	7.52	6.81	0	4.37	4.37	5.44	NO
	C11 公平性	D34 针对性	2	8	7	9	5	9	3.25	7.45	5.79	1	4.20	3.20	5.19	
		D35 提前性	1	7	7	9	3	9	3.49	7.63	5.98	0	4.13	4.13	5.42	NO
		D36 平等性	2	8	7	9	5	9	3.52	7.77	5.92	1	4.25	3.25	5.45	
B5 有形性	C12 交通性	D37 快速性	1	8	6	9	3	8	3.72	7.13	5.33	2	3.41	1.41	5.21	
		D38 专门性	2	6	6	9	5	9	3.51	7.64	6.34	0	4.12	4.12	5.54	NO
		D39 综合性	1	9	6	9	3	9	2.92	7.58	5.43	3	4.66	1.66	4.93	

续　表

一级指标	二级指标	三级指标	可接受范围 C^i 下限值		可接受范围 O^i 上限值		重要度单一值 D^i		几何平均数			模糊距离 z^i	收敛检验值 M^i	模糊距离检验值 $M^i - z^i$	重要度水平值 G^i	收敛与否
			C_L^i	C_u^i	O_L^i	O_u^i	D_L^i	D_u^i	C_M^i	O_M^i	D_M^i					
B5 有形性	C13 海洋性	D40 识别性	2	7	7	9	4	9	3.29	7.63	5.85	0	4.34	4.34	5.27	NO
		D41 美观性	2	8	7	9	5	9	3.36	7.63	6.03	1	4.27	3.27	5.37	
		D42 海洋文化性	1	8	7	9	3	9	3.15	8.01	6.82	1	4.86	3.86	5.56	
		D43 海洋环境性	2	6	6	9	5	9	3.47	7.37	6.03	0	3.90	3.90	5.36	NO
	C14 展示性	D44 多元性	1	7	6	9	5	9	3.37	7.23	6.23	1	3.86	2.86	5.34	
		D45 丰富性	1	8	7	9	3	9	3.45	7.77	5.73	1	4.32	3.32	5.35	
		D46 完整性	2	7	6	9	3	9	3.73	7.04	5.76	1	3.31	2.31	5.33	
		D47 趣味性	2	7	7	9	4	9	3.68	7.58	5.11	0	3.90	3.90	5.22	NO
		D48 时效性	1	9	7	9	3	9	3.74	7.49	5.14	2	3.75	1.75	5.24	
		D49 齐全性	2	7	6	9	4	9	3.87	7.02	5.65	1	3.15	2.15	5.35	NO
	C15 设施性	D50 适用性	1	7	6	9	4	9	3.26	7.38	6.25	1	4.12	3.12	5.32	
		D51 必要性	1	6	6	9	5	9	3.15	7.65	6.60	0	4.50	4.50	5.42	NO
		D52 应急处理性	2	7	6	9	4	9	3.66	7.18	5.76	1	3.52	2.52	5.33	

表 4 - 12　第三次专家问卷调查结果

一级指标	二级指标	三级指标	可接受范围下限值 C^i		可接受范围上限值 O^i		重要度单一值 D^i		几何平均			模糊距离 z^i	收敛检验 M^i	模糊距离检验值 $M^i - z^i$	重要度水平值 G^i	处理
			C_l^i	C_u^i	O_l^i	O_u^i	D_l^i	D_u^i	C_M^i	O_M^i	D_M^i					
B1 可靠性	C1 管理性	D1 合法性	2	7	6	9	4	9	3.36	7.14	5.82	1	3.78	2.78	5.19	
		D2 保管性	2	7	6	9	4	9	3.66	7.08	5.54	1	3.41	2.41	5.23	
		D3 便利性	1	9	6	9	3	9	2.90	7.53	5.47	3	4.63	1.63	4.92	删除
	C2 宣传性	D4 交流性	1	7	6	9	5	9	3.19	7.48	6.89	1	4.28	3.28	5.48	
		D5 视觉性	2	7	6	9	4	9	3.51	6.84	5.99	1	3.33	2.33	5.24	
		D6 复合性	1	7	6	9	3	9	3.30	7.37	6.15	1	4.07	3.07	5.30	
		D7 准确可读性	2	8	7	9	5	9	3.22	7.45	5.84	1	4.23	3.23	5.19	
	C3 参与性	D8 拟真性	2	7	6	9	3	9	3.55	7.49	5.83	1	3.94	2.94	5.37	
		D9 智能性	2	7	6	9	4	9	3.46	7.48	5.56	1	4.02	3.02	5.24	
		D10 积极性	1	8	5	9	4	9	3.55	7.14	6.03	3	3.59	0.59	5.34	
B2 响应性	C4 沟通性	D11 即时性	2	7	6	9	3	9	4.21	6.78	5.06	1	2.57	1.57	5.25	
		D12 预约性	1	8	6	9	2	9	4.01	7.08	5.17	2	3.07	1.07	5.28	

续 表

一级指标	二级指标	三级指标	可接受范围 C^i		可接受范围 O^i		重要度单一值 D^i		几何平均			模糊距离 z^i	收敛检验 M^i	模糊距离检验值 $M^i - z^i$	重要度水平值 G^i	处理
			下限值 C_L^i	上限值 C_u^i	上限值 O_L^i	O_u^i	D_L^i	D_u^i	C_M^i	O_M^i	D_M^i					
B2 响应性	C5 信赖性	D13 包容性	2	7	6	9	4	9	3.51	6.87	6.22	1	3.36	2.36	5.31	
		D14 亲和性	2	8	7	9	5	9	3.59	7.72	5.84	1	4.13	3.13	5.45	
		D15 责任性	2	7	6	9	4	9	4.02	7.38	5.74	1	3.37	2.37	5.54	
		D16 高效性	1	8	7	9	3	9	3.10	7.91	6.74	1	4.81	3.81	5.49	
	C6 专业性	D17 统一性	2	7	5	9	3	9	3.76	7.06	5.55	2	3.30	1.30	5.28	
		D18 优质性	1	7	6	9	5	9	3.58	6.98	6.18	1	3.40	2.40	5.36	
		D19 客观性	1	9	7	9	5	9	3.07	7.50	6.59	2	4.42	2.42	5.34	
B3 保证性	C7 场所性	D20 清洁性	1	8	6	9	2	9	3.34	7.53	5.62	2	4.19	2.19	5.21	
		D21 照明性	1	7	6	9	2	9	3.40	6.97	5.99	1	3.56	2.56	5.22	
		D22 冷暖性	2	7	6	9	3	9	3.66	7.17	5.72	1	3.51	2.51	5.31	
	C8 规范性	D23 秩序性	1	8	7	9	3	9	3.56	7.72	5.81	1	4.16	3.16	5.43	
		D24 安全性	1	8	6	9	3	9	3.79	7.37	5.69	2	3.59	1.59	5.42	
		D25 完善性	2	7	6	9	3	9	2.76	6.56	5.42	1	3.80	2.80	4.62	删除
		D26 制度性	2	7	6	9	4	9	3.52	7.57	5.79	1	4.06	3.06	5.36	

续　表

评价指标			可接受范围下限值 C^i		可接受范围上限值 O^i		重要度单一值 D^i		几何平均			模糊距离 z^i	收敛检验 M^i	模糊距离检验 $M^i - z^i$	重要度水平值 G^i	处理
一级指标	二级指标	三级指标	C_L^i	C_u^i	O_L^i	O_u^i	D_L^i	D_u^i	C_M^i	O_M^i	D_M^i					
B4 移情性	C9 教育性	D27 知识性	2	7	6	9	4	9	3.56	7.63	6.17	1	4.07	3.07	5.52	
		D28 历史性	2	7	6	9	4	9	2.60	6.53	5.64	1	3.92	2.92	4.58	删除
		D29 主动性	1	7	6	9	3	9	3.56	7.38	5.95	1	3.82	2.82	5.39	
		D30 旅游性	2	8	7	9	4	9	3.31	7.58	5.89	1	4.27	3.27	5.28	
	C10 休闲性	D31 陪伴性	2	8	6	9	4	9	2.66	6.53	5.45	2	3.86	1.86	4.56	删除
		D32 愉悦性	1	8	6	9	5	9	3.87	6.78	5.63	2	3.84	6.74	5.57	
		D33 逃避性	1	7	6	9	3	9	2.78	6.25	5.22	1	3.47	2.47	4.49	删除
	C11 公平性	D34 针对性	2	8	7	9	5	9	3.43	7.58	6.08	1	4.15	3.15	5.41	
		D35 提前性	2	7	6	9	4	9	3.50	7.41	5.97	1	3.91	2.91	5.37	
		D36 平等性	2	8	6	9	4	9	3.79	7.37	6.15	2	3.59	1.59	5.56	
		D37 快速性	1	9	6	9	2	9	2.59	6.34	5.37	3	3.75	0.75	4.45	删除
B5 有形性	C12 交通性	D38 专门性	1	8	6	9	3	8	3.67	7.09	5.45	2	3.42	1.42	5.22	
		D39 综合性	1	7	6	9	5	9	3.34	7.19	6.28	1	3.85	2.85	5.33	

续表

一级指标	二级指标	三级指标	可接受范围值 C^i 下限值 C_L^i	C_u^i	可接受范围 O^i 上限值 O_L^i	O_u^i	重要度 单一值 D^i D_L^i	D_u^i	几何平均 C_M^i	O_M^i	D_M^i	模糊距离 z^i	收敛检验 M^i	模糊距离检验值 M^i-z^i	重要度水平值 G^i	处理
B5 有形性	C13 海洋性	D40 认识性	2	7	6	9	4	9	2.76	6.25	4.75	1	3.49	2.49	4.35	删除
		D41 美观性	1	8	6	9	3	9	3.53	6.78	5.94	2	3.25	1.25	5.22	
		D42 海洋文化性	2	7	6	9	3	9	3.68	7.00	5.72	1	3.32	2.32	5.28	
		D43 海洋环境性	1	7	6	9	4	9	3.17	7.69	6.53	1	4.52	3.52	5.42	
	C14 展示性	D44 多元性	1	9	6	9	3	8	2.71	6.53	4.98	3	3.82	0.82	4.45	删除
		D45 丰富性	1	7	6	9	3	9	3.72	6.95	5.51	1	3.23	2.23	5.23	
		D46 完整性	2	7	6	9	4	9	3.75	7.62	5.16	1	3.86	2.86	5.28	
		D47 趣味性	1	9	7	9	3	9	3.70	7.44	5.21	2	3.74	1.74	5.24	
		D48 时效性	2	7	6	9	4	9	3.83	6.97	5.61	1	3.14	2.14	5.31	
		D49 齐全性	1	8	7	9	3	9	3.65	7.59	5.11	1	3.94	2.94	5.21	
	C15 设施性	D50 适用性	1	7	6	9	4	9	3.37	7.33	6.15	1	3.97	2.97	5.33	
		D51 必要性	2	7	6	9	3	9	2.48	6.39	5.38	1	3.91	2.91	4.40	删除
		D52 应急处理性	2	7	6	9	4	9	3.69	7.23	5.72	1	3.54	2.54	5.35	

（4）评价指标模型的确定。通过模糊德尔斐法最终确定了海洋博物馆服务设计评价指标,其中一级指标 5 项,二级指标 15 项和三级指标 43 项,具体内容如表 4-13 所示。确定的海洋博物馆服务设计评价指标模型,如图 4-3 所示。

表 4-13　最终确定的评价指标

一级指标	二级指标	三级指标	一级指标	二级指标	三级指标
B1 可靠性	C1 管理性	D1 合法性	B4 移情性	C9 教育性	D25 知识性
		D2 保管性			D26 主动性
	C2 宣传性	D3 交流性		C10 休闲性	D27 旅游性
		D4 视觉性			D28 愉悦性
		D5 复合性		C11 公平性	D29 针对性
		D6 准确可读性			D30 提前性
	C3 参与性	D7 拟真性			D31 平等性
		D8 智能性	B5 有形性	C12 交通性	D32 专门性
B2 响应性	C4 沟通性	D9 积极性			D33 综合性
		D10 即时性		C13 海洋性	D34 美观性
		D11 预约性			D35 海洋文化性
	C5 信赖性	D12 包容性			D36 海洋环境性
		D13 亲和性		C14 展示性	D37 丰富性
		D14 责任性			D38 完整性
		D15 高效性			D39 趣味性
B3 保证性	C6 专业性	D16 统一性			D40 时效性
		D17 优质性		C15 设施性	D41 齐全性
		D18 客观性			D42 适用性
	C7 场所性	D19 清洁性			D43 应急处理性
		D20 照明性			
		D21 冷暖性			
	C8 规范性	D22 秩序性			
		D23 安全性			
		D24 制度性			

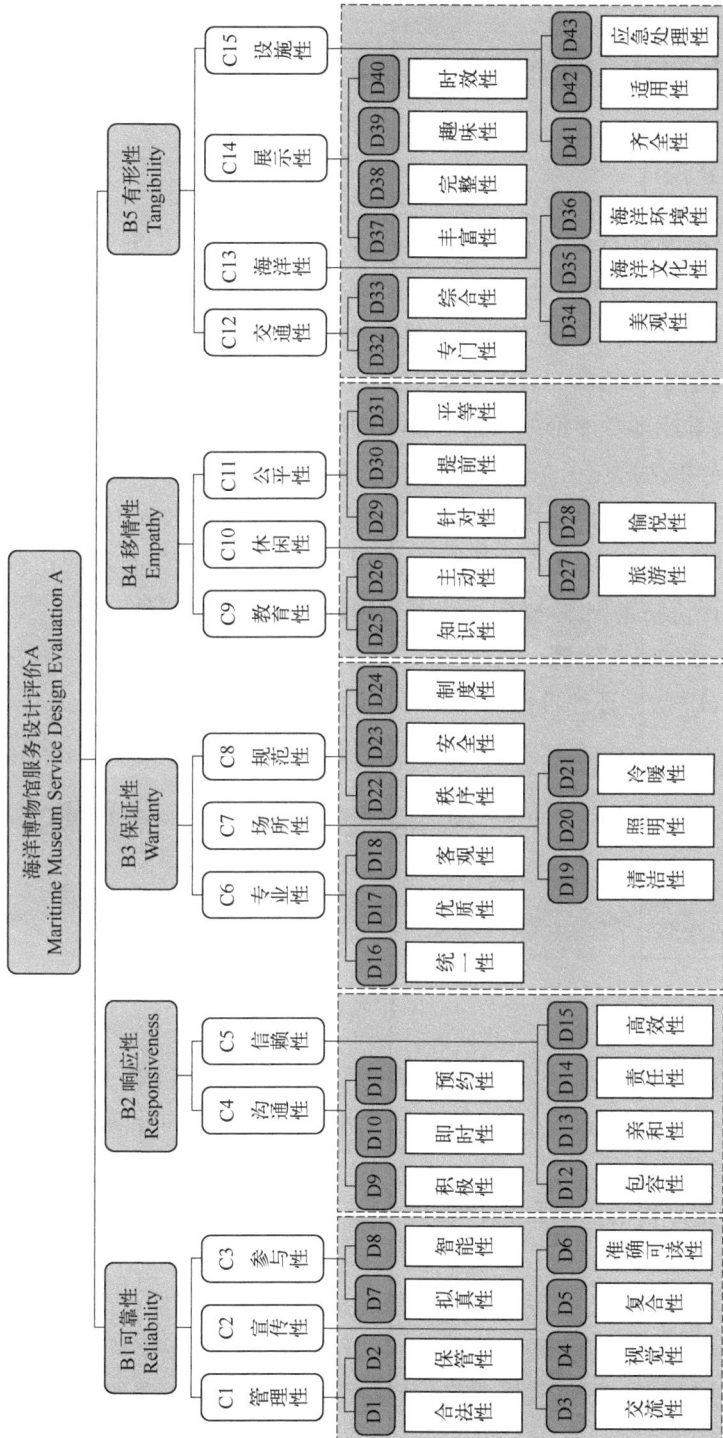

图 4 - 3　海洋博物馆服务设计评价指标模型

4.4 通过 AHP 法验证评价指标

4.4.1 AHP 法

AHP(Analytic Hierarchy Process)法,又称层次分析法,是美国匹兹堡大学运筹学家萨蒂(Saaty)教授于 1973 年提出的一种层次权重决策分析方法。AHP法的原理是模拟人的决策思维过程,解决难以用定量描述的系统问题。它首先明确问题,确定了系统的总体目标,构建了层次分析结构,使指标之间进行两两比较,根据数学原理对评价结果进行科学的排序,以获得最终最佳方案的评价和选择。层次分析法避免了单纯依靠定性研究方法所造成的研究缺陷,它将定性和定量相结合,量化人们的主观偏好,为科学决策提供有效依据。AHP 法通过分解复杂问题,将其转化为明确的层次结构,使各层次元素进行两两比较。通过数学方法对评价结果排序,确保了决策过程的系统性和严谨性。

1) AHP 法的具体步骤

使用 AHP 法验证评价指标,可分为以下阶段,如图 4-4 所示。

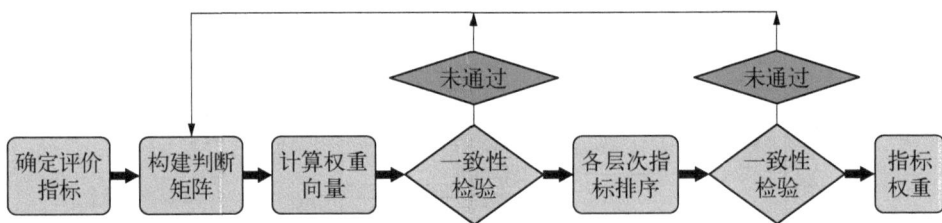

图 4-4　AHP 法的步骤图

(1) 建立层次结构。为了更好地应用 AHP 法,需要根据各评价指标之间的隶属关系,对各指标进行分层,组织成层次结构。层次结构分两层,第一层是目标层、第二层是指标层。

目标层是评价的主要目标,只有一个元素,一般是分析的预定目标或理想结果。

指标层可细分为:一级指标层、二级指标层、三级指标层。

前文已经最终确定了评价指标(表 4-13),其中一级指标 5 项,二级指标 15 项和三级指标 43 项,根据隶属关系,分别属于一级指标层、二级指标层、三级指标层。

（2）采用两两比较的方法建立判断矩阵。层次结构模型建立后，确定各层次的指标或因素之间的权重时，为了提高准确度，利用相对尺度对同一性质的指标进行相对比较，构建比较判断矩阵。萨蒂提出了通过一致矩阵方法相互逐对比较的评价尺度，并不将所有指标放在一起比较。在方法实施过程中，根据该评价尺度，每一层都依据萨蒂提出的评价尺度，将各指标两两比较，判断各层指标的相对重要性的数值，从而构建数学判断矩阵。该评价尺度的内容和含义，见表4-14。

表 4-14　基本尺度（The fundamental scale）

绝对尺度上的重要性强度 Intensity of importance on an absolute scale	定义 Definition	解释 Explanation
1	同等重要 Equal importance	两项活动对目标的贡献同等 Two activities contribute equally to the objective
3	一项相对于另一项的中等重要性 Moderate importance of one over another	经验和判断强烈支持一项活动胜过另一项活动 Experience and judgment strongly favor one activity over another
5	基本或非常重要 Essential or strong importance	经验和判断强烈支持一项活动和另一项活动 Experience and judgment strongly favor one activity over another
7	非常重要 Very strong importance	一项活动受到强烈青睐，并在实践中表现出主导地位 An activity is strongly favored and its dominance demonstrated in practice
9	极其重要 Extreme importance	有利于一项活动而不是另一项活动的证据具有最高程度的肯定性 The evidence favoring one activity over another is of the highest possible order of affirmation

绝对尺度上的重要性强度 Intensity of importance on an absolute scale	定义 Definition	解释 Explanation
2.4.6.8	相邻两个判断之间的中间值 Intermediate values between the two adjacent judgments	当需要妥协时 When compromise is needed
倒数 Reciprocals	与活动 j 相比,如果活动 i 具有分配给 It 的上述数字之一,则与 i 相比,j 具有倒数值 If activity i has one of the above numbers assigned to It when compared with activity j, then j has the reciprocal value when compared with i	
有理数 Rationals	由尺度产生的比率 Ratios arising from the scale	如果通过获得跨越矩阵的 n 个数值来强制一致性 If consistency were to be forced by obtaining n numerical values to span the matrix

a_{ij} 是比较因素 i 和因素 j 的重要性的结果。以成对比较的结果构成的矩阵叫作判断矩阵。a_{ij} 的表示方法如下。

$$A = (a_{ij})_{n*n} = \begin{bmatrix} a_{11} & a_{12} & \cdots & a_{1n} \\ a_{21} & a_{22} & \cdots & a_{2n} \\ \vdots & \vdots & \vdots & \vdots \\ a_{n1} & a_{n2} & \cdots & a_{nn} \end{bmatrix}$$

A 为判断矩阵,a_{ij} 满足 $a_{ij} > 0$, $a_{ij} = 1/a_{ji}(i \neq j)$。

(3)层次指标相对重要性排序及一致性检验。判断矩阵最大特征值所对应的特征向量以归一化形式记录,以 W 表示。W 的因素为同一层次因素对上层因素的相对重要性的排序权重。这一过程叫作层次单一排名。需要一致性检验来验证层次结构的一致性,一致性验证是确定允许 A 矩阵不一致范围的过程。

W 归一化公式如下。

$$W_i = \frac{\left[\prod\limits_{j=1}^{n} a_{ij}\right]^{\frac{1}{n}}}{\sum\limits_{i=1}^{n}\left[\prod\limits_{j=1}^{n} a_{ij}\right]^{\frac{1}{n}}}$$

判断矩阵最大特征值的计算公式如下。

$$\lambda_{\max} = \sum_{i=1}^{n} \frac{(AW)_i}{n W_i}$$

其中 $(AW)_i$ 表示向量 AW 的第 i 个因素。

$$AW = \begin{bmatrix} (AW)_1 \\ (AW)_2 \\ \vdots \\ (AW)_n \end{bmatrix} = \begin{bmatrix} a_{11} & a_{12} & \cdots & a_{1n} \\ a_{21} & a_{22} & \cdots & a_{2n} \\ \vdots & \vdots & \vdots & \vdots \\ a_{n1} & a_{n2} & \cdots & a_{nn} \end{bmatrix} \begin{bmatrix} W_1 \\ W_2 \\ \vdots \\ W_n \end{bmatrix}$$

一致性指数计算公式如下。

$$CI = \frac{\lambda_{\max} - n}{n - 1}$$

其中 $\lambda_{\max}$ 为最大特征值,n 为矩阵的维度。

$CI = 0$ 时,表示完全一致,CI 越接近 0 表示满意的一致性,CI 越大表示不一致越严重。

当矩阵维数 $n > 2$ 时,引入随机一致性指标 RI 测定 CI 的大小,通过表 4-15 可得 RI 值。

表 4-15 平均随机指标

n	1	2	3	4	5	6	7	8	9
RI	0	0	0.58	0.90	1.12	1.24	1.32	1.41	1.45
n	10	11	12	13	14	15	—	—	—
RI	1.49	1.51	1.48	1.56	1.57	1.58	—	—	—

为了确定矩阵是否具有令人满意的一致性,需要通过比较 CI 和随机一致性指标 RI 来计算一致性比率 CR。一致性比率 CR 由以下公式得到。

$$CR = \frac{CI}{RI}$$

如果 $CR < 0.1$，则判断矩阵被认为通过一致性检验，否则则不具有满意的一致性。

（4）层次指标的综合重要性排序和一致性检验。计算总目标层内特定层中各因素的相对重要性，通过综合这些因素的权重得出整个层的排名。这个过程从最上层到最下层依次进行。

总目标层 A 下方的第一层 B 有 n 个指标 B_1，B_2，$\cdots$，B_n，总目标层 A 的顺序为 b_1，b_2，$\cdots$，b_n。第 2 层 C 有 m 个指标，上层 B 的指标 B_j 的层次单一排序为 c_{1j}，c_{2j}，$\cdots$，$c_{mj}(j=1, 2, \cdots, n)$。因此，$C$ 层的总体层次排名见表 4-16。

表 4-16 C 层的最终优先级排列

C	B B_1，B_2，$\cdots$，B_n b_1，b_2，$\cdots$，b_n	C 层的最终优先级排列
C_1	C_{11}，C_{12}，$\cdots$，C_{1n}	$\sum_{j=1}^{n} b_j c_{1j} = C_1$
C_2	C_{21}，C_{22}，$\cdots$，C_{2n}	$\sum_{j=1}^{n} b_j c_{2j} = C_2$
$\cdots$	$\cdots$	$\cdots$
C_m	C_{m1}，C_{m2}，$\cdots$，C_{mn}	$\sum_{j=1}^{n} b_j c_{mj} = C_m$

也就是说，C 层第 i 个指标对总目标的权重如下。

$$\sum_{j=1}^{n} b_j c_{ij}$$

C 层的 C_1，C_2，$\cdots$，C_m 为上层 B 的指标 $B_i(i=1, 2, \cdots, n)$ 的层次单一排序的一致性指数为 CI_i，随机一致性比率为 RI_i。层次整体排序的一致性比率如下。

$$CR = \frac{c_1 CI_1 + c_2 CI_2 + \cdots + c_n CI_n}{c_1 RI_1 + c_2 RI_2 + \cdots + c_n RI_n}$$

当 $CR < 0.10$ 时，总体层次排序通过一致性检验，令人满意。否则，需要重新

调整一致性比率高的判断矩阵的因子值。

2) AHP 法的注意事项

AHP 法不仅具备系统决策方法的优点,且易于操作,有效地使问题简洁化,决策者的经验和推理可以与量化表示联系起来,提高决策的有效性和可行性,适用于结构更复杂、指导性更强、不易量化的决策问题。但在使用过程中,AHP 法也具有一定程度的局限性,首先是其不能为模型带来新指标层,也就是说它不能为评价对象提供新的指标,只能用于判断既有指标的相对重要程度,并根据其最终计算结果判断既有指标的重要程度。其次是其具有一定的主观性,因为整个评价阶段是由人的主观意识决定的,这就要求我们在使用 AHP 法的时候,要确保专家的权威性。

4.4.2　评价指标权重的确定

1) 问卷调查的基本分析

为了求得更科学准确地得出各个层级指标的权重值,本小节特制定海洋博物馆服务设计评价指标权重的调查问卷(附录 5、附录 6)。这次调查于 2024 年 3 月 21 日到 3 月 25 日进行,向参加过前三次专家问卷调查的展馆设计、设计理论、环境设计、视觉设计、公共设计、海洋设计、交互设计、体验设计等领域经验丰富的专家人员发放了调查问卷。共发放问卷 21 份,回收有效问卷 20 份,问卷有效率为 95.2%。填写有效问卷的专家基本情况见表 4 – 17。

表 4 – 17　填写有效问卷的专家基本情况表

区　　分		人数	比例(%)	区　　分	人数	比例(%)
国籍	中国 男性	6	30	展馆设计	3	15
	中国 女性	4	20	设计理论	2	10
	韩国 男性	7	35	环境设计	3	15
	韩国 女性	3	15	视觉设计	2	10
年龄差别	30—39 岁	5	25	公共设计	2	10
	40—49 岁	6	30	海洋设计	2	10
	50—59 岁	7	35	交互设计	2	10
	60 岁以上	2	10	体验设计	4	20

续 表

区分		人数	比例（%）	区分		人数	比例（%）
职业	大学教师	10	50	从业时间	5—10 年	4	20
	管理者	3	15		11—15 年	9	45
	设计师	5	25		16—20 年	3	15
	研究员	2	10		20 年以上	4	20

通过对各专家的各层次评价指标重要性评分进行综合，获得相应的判断矩阵数据。使用 Yaahp 软件进行一致性检验并计算各项指标权重。当通过一致性检验时，利用 Excel 计算所有专家对某一评价指标加权几何平均值，得出一级指标、二级指标、三级指标的最终权重。

实际调查数据显示，在共 20 份有效问卷中，17 位专家打分构建的判断矩阵能够通过一致性检验，一致性比例为 85%。对于没有通过一致性验证的，则反馈给专家重新评分，直到所有专家打分构建的判断矩阵都通过了一致性验证时，结束验证。

2）一级指标权重确定

如表 4－18 所示，一级指标中的 B1 可靠性、B2 响应性、B3 保证性、B4 移情性、B5 有形性权重分别为 0.147 3、0.263 5、0.209 9、0.285 6、0.093 7。且一致性指数 CR 为 0.000 29，小于 0.1，说明判断矩阵符合一致性检验标准。

表 4－18　一级指标层判断矩阵

A	B1	B2	B3	B4	B5	Wi
B1 可靠性	1	0.594 6	0.707 1	0.537 3	1.414 2	0.147 3
B2 响应性	1.681 8	1	1.414 2	0.840 9	2.913 0	0.263 5
B3 保证性	1.414 2	0.707 1	1	0.840 9	2.213 4	0.209 9
B4 移情性	1.861 2	1.189 2	1.189 2	1	3.309 8	0.285 6
B5 有形性	0.707 1	0.343 3	0.451 8	0.302 1	1	0.093 7

$CR = 0.002\,9$，权重向量的最大特征值 $\lambda_{max} = 5.013\,2$

3) 二级指标权重确定

本小节对一级指标 B1 可靠性的下属二级指标 C1、C2、C3 的判断矩阵进行计算,详情见表 4 - 19。对一级指标 B2 响应性的下属二级指标 C4、C5 的判断矩阵进行计算,详情见表 4 - 20。对一级指标 B3 保证性的下属二级指标 C6、C7、C8 的判断矩阵进行计算,详情见表 4 - 21。对一级指标 B4 移情性的下属二级指标 C9、C10、C11 的判断矩阵进行计算,详情见表 4 - 22。对一级指标 B5 有形性的下属二级指标 C12、C13、C14、B15 的判断矩阵进行计算,详情见表 4 - 23。

表 4 - 19　B1 所属二级指标判断矩阵

B1	C1	C2	C3	Wi
C1 管理性	1	0.343 3	0.223 6	0.112 8
C2 宣传性	2.913 0	1	0.288 7	0.248 8
C3 参与性	4.472 1	3.464 1	1	0.638 4

$CR = 0.064\,5$,权重向量的最大特征值 $\lambda_{max} = 3.074\,8$

表 4 - 20　B2 所属二级指标判断矩阵

B2	C4	C5	Wi
C4 沟通性	1	0.166 7	0.142 9
C5 信赖性	6.000 0	1	0.857 1

$CI = 0$,权重向量的最大特征值 $\lambda_{max} = 2$

表 4 - 21　B3 所属二级指标判断矩阵

B3	C6	C7	C8	Wi
C6 专业性	1	1.681 8	0.353 6	0.234 0
C7 场所性	0.594 6	1	0.258 2	0.149 1
C8 规范性	2.828 4	3.873 0	1	0.616 9

$CR = 0.004\,1$,权重向量的最大特征值 $\lambda_{max} = 3.004\,7$

表 4 - 22　B4 所属二级指标判断矩阵

B4	C9	C10	C11	Wi
C9 教育性	1	0.254 1	0.903 6	0.161 5
C10 休闲性	3.936 0	1	4.161 8	0.668 9
C11 公平性	1.106 7	0.240 3	1	0.169 6

$CR = 0.002\,4$，权重向量的最大特征值 $\lambda_{max} = 3.002\,7$

表 4 - 23　B5 所属二级指标判断矩阵

B5	C12	C13	C14	C15	Wi
C12 交通性	1	0.184 4	0.343 3	0.638 9	0.089 2
C13 海洋性	5.421 6	1	3.130 2	3.000 0	0.530 2
C14 展示性	2.913 0	0.319 5	1	2.059 8	0.237 6
C15 设施性	1.565 1	0.333 3	0.485 5	1	0.143 1

$CR = 0.020\,7$，权重向量的最大特征值 $\lambda_{max} = 4.056\,0$

4) 三级指标权重确定

本小节对二级指标 C1、C2、C3、C4、C5、C6、C7、C8、C9、C10、C11、C12、C13、C14、B15 的下属各三级指标的判断矩阵进行计算，详情见表 4 - 24、表 4 - 25、表 4 - 26、表 4 - 27、表 4 - 28、表 4 - 29、表 4 - 30、表 4 - 31、表 4 - 32、表 4 - 33、表 4 - 34、表 4 - 35、表 4 - 36、表 4 - 37、表 4 - 38。

表 4 - 24　C1 所属三级指标判断矩阵

C1	D1	D2	Wi
D1 合法性	1	0.218 2	0.179 1
D2 保管性	4.582 6	1	0.820 9

$CI = 0$，权重向量的最大特征值 $\lambda_{max} = 2$

表 4 - 25 C2 所属三级指标判断矩阵

C2	D3	D4	D5	D6	Wi
D3 交流性	1	4	2.449 5	5.000 0	0.520 6
D4 视觉性	0.25	1	0.500 0	1.414 2	0.127 1
D5 复合性	0.408 2	2.000 0	1	3.873 0	0.265 0
D6 准确可读性	0.200 0	0.707 1	0.258 2	1	0.087 3

$CR = 0.013\ 2$，权重向量的最大特征值 $\lambda_{max} = 4.035\ 7$

表 4 - 26 C3 所属三级指标判断矩阵

C3	D7	D8	Wi
D7 拟真性	1	1.189 2	0.543 2
D8 智能性	0.840 9	1	0.456 8

$CI = 0$，权重向量的最大特征值 $\lambda_{max} = 2$

表 4 - 27 C4 所属三级指标判断矩阵

C4	D9	D10	D11	Wi
D9 积极性	1	0.537 3	2.114 7	0.313 3
D10 即时性	1.861 2	1	2.828 4	0.521 0
D11 预约性	0.472 9	0.353 6	1	0.165 7

$CR = 0.010\ 5$，权重向量的最大特征值 $\lambda_{max} = 3.012\ 2$

表 4 - 28 C5 所属三级指标判断矩阵

C5	D12	D13	D14	D15	Wi
D12 包容性	1	0.500 0	0.333 3	0.500 0	0.123 4
D13 亲和性	2.000 0	1	0.500 0	0.500 0	0.193 8

C5	D12	D13	D14	D15	Wi
D14 责任性	3.000 0	2.000 0	1	1.414 2	0.386 6
D15 高效性	2.000 0	2.000 0	0.707 1	1	0.296 2

$CR = 0.016\ 0$,权重向量的最大特征值 $\lambda_{max} = 4.043\ 3$

表 4-29　C6 所属三级指标判断矩阵

C6	D16	D17	D18	Wi
D16 统一性	1	0.273 0	0.485 5	0.142 4
D17 优质性	3.662 8	1	2.990 7	0.611 7
D18 客观性	2.059 8	0.334 4	1	0.245 9

$CR = 0.026\ 0$,权重向量的最大特征值 $\lambda_{max} = 3.030\ 2$

表 4-30　C7 所属三级指标判断矩阵

C7	D19	D20	D21	Wi
D19 清洁性	1	0.594 6	0.500 0	0.211 0
D20 照明性	1.681 8	1	0.577 4	0.312 6
D21 冷暖性	2.000 0	1.732 1	1	0.476 4

$CR = 0.013\ 6$,权重向量的最大特征值 $\lambda_{max} = 3.015\ 7$

表 4-31　C8 所属三级指标判断矩阵

C8	D22	D23	D24	Wi
D22 秩序性	1	2.059 8	3.662 8	0.551 4
D23 安全性	0.485 5	1	2.990 7	0.320 5
D24 制度性	0.273 0	0.334 4	1	0.128 1

$CR = 0.026\ 0$,权重向量的最大特征值 $\lambda_{max} = 3.030\ 2$

表 4‑32　C9 所属三级指标判断矩阵

C9	D25	D26	Wi
D25 知识性	1	1.565 1	0.610 1
D26 主动性	0.638 9	1	0.389 9

$CI = 0$,权重向量的最大特征值 $\lambda_{max} = 2$

表 4‑33　C10 所属三级指标判断矩阵

C10	D27	D28	Wi
D27 旅游性	1	0.375 0	0.272 7
D28 愉悦性	2.666 7	1	0.727 3

$CI = 0$,权重向量的最大特征值 $\lambda_{max} = 2$

表 4‑34　C11 所属三级指标判断矩阵

C11	D29	D30	D31	Wi
D29 针对性	1	1.681 8	0.420 4	0.261 5
D30 提前性	0.594 6	1	0.324 7	0.169 8
D31 平等性	2.378 4	3.080 1	1	0.568 7

$CR = 0.006\ 6$,权重向量的最大特征值 $\lambda_{max} = 3.007\ 6$

表 4‑35　C12 所属三级指标判断矩阵

C12	D32	D33	Wi
D32 专门性	1	0.759 8	0.431 8
D33 综合性	1.316 1	1	0.568 2

$CI = 0$,权重向量的最大特征值 $\lambda_{max} = 2$

表 4-36　C13 所属三级指标判断矩阵

C13	D34	D35	D36	Wi
D34 美观性	1	0.343 3	0.211 5	0.108 8
D35 海洋文化性	2.913 0	1	0.268 6	0.238 7
D36 海洋环境性	4.728 7	3.722 4	1	0.652 5

$CR = 0.067\,2$，权重向量的最大特征值 $\lambda_{max} = 3.077\,9$

表 4-37　C14 所属三级指标判断矩阵

C14	D37	D38	D39	D40	Wi
D37 丰富性	1	1.189 2	0.537 3	0.500 0	0.175 8
D38 完整性	0.840 9	1	0.368 9	0.594 6	0.151 1
D39 趣味性	1.861 2	2.710 8	1	1.681 8	0.395 9
D40 时效性	2.000 0	1.681 8	0.594 6	1	0.277 2

$CR = 0.012\,0$，权重向量的最大特征值 $\lambda_{max} = 4.032\,3$

表 4-38　C15 所属三级指标判断矩阵

C15	D41	D42	D43	Wi
D41 齐全性	1	0.537 3	0.472 9	0.198 7
D42 适用性	1.861 2	1	0.577 4	0.320 5
D43 应急处理性	2.114 7	1.732 1	1	0.480 8

$CR = 0.017\,1$ 权重向量的最大特征值 $\lambda_{max} = 3.019\,8$

　　从以上各表中可以确认各指标判断矩阵的一致性验证结果均小于 0.1，说明结果是有效的。然后计算目标层 A 的各评价指标的权重，得出专家们对海洋博物馆服务设计评价指标的最终评分结果，详细内容见表 4-39。

表 4-39　评价指标的权重

目标层	指标层						综合权重值
	一级指标层	权重值	二级指标层	权重值	三级指标层	权重值	
海洋博物馆服务设计评价 A	B1 可靠性	0.147 3	C1 管理性	0.112 8	D1 合法性	0.179 1	0.003 0
					D2 保管性	0.820 9	0.013 6
			C2 宣传性	0.248 8	D3 交流性	0.520 6	0.019 1
					D4 视觉性	0.127 1	0.004 7
					D5 复合性	0.265 0	0.009 7
					D6 准确可读性	0.087 3	0.003 2
			C3 参与性	0.638 4	D7 拟真性	0.543 2	0.051 1
					D8 智能性	0.456 8	0.043 0
	B2 响应性	0.263 5	C4 沟通性	0.142 9	D9 积极性	0.313 3	0.011 8
					D10 即时性	0.521 0	0.019 6
					D11 预约性	0.165 7	0.006 2
			C5 信赖性	0.857 1	D12 包容性	0.123 4	0.027 9
					D13 亲和性	0.193 8	0.043 8
					D14 责任性	0.386 6	0.087 3
					D15 高效性	0.296 2	0.066 9
	B3 保证性	0.209 9	C6 专业性	0.234 0	D16 统一性	0.142 4	0.007 0
					D17 优质性	0.611 7	0.030 0
					D18 客观性	0.245 9	0.012 1
			C7 场所性	0.149 1	D19 清洁性	0.211 0	0.006 6
					D20 照明性	0.312 6	0.009 8
					D21 冷暖性	0.476 4	0.014 9

续　表

目标层	指　标　层						综合权重值
	一级指标层	权重值	二级指标层	权重值	三级指标层	权重值	
海洋博物馆服务设计评价 A	B3 保证性	0.209 9	C8 规范性	0.616 9	D22 秩序性	0.551 4	0.071 4
					D23 安全性	0.320 5	0.041 5
					D24 制度性	0.128 1	0.016 6
	B4 移情性	0.285 6	C9 教育性	0.161 5	D25 知识性	0.610 1	0.028 1
					D26 主动性	0.389 9	0.018 0
			C10 休闲性	0.668 9	D27 旅游性	0.272 7	0.052 1
					D28 愉悦性	0.727 3	0.139 0
			C11 公平性	0.169 6	D29 针对性	0.261 5	0.012 7
					D30 提前性	0.169 8	0.008 2
					D31 平等性	0.568 7	0.027 6
	B5 有形性	0.093 7	C12 交通性	0.089 2	D32 专门性	0.431 8	0.003 6
					D33 综合性	0.568 2	0.004 7
			C13 海洋性	0.530 2	D34 美观性	0.108 8	0.005 4
					D35 海洋文化性	0.238 7	0.011 9
					D36 海洋环境性	0.652 5	0.032 4
			C14 展示性	0.237 6	D37 丰富性	0.175 8	0.003 9
					D38 完整性	0.151 1	0.003 4
					D39 趣味性	0.395 9	0.008 8
					D40 时效性	0.277 2	0.006 2
			C15 设施性	0.143 1	D41 齐全性	0.198 7	0.002 7
					D42 适用性	0.320 5	0.004 3
					D43 应急处理性	0.480 8	0.006 4

4.4.3　指标权重排序

本小节接下来分别对一级指标层、二级指标层和三级指标层权重进行排序。

1) 一级指标权重排序

在 Yaahp 软件中输入所有专家的有效问卷评分值,计算一级指标权重结果。然后用 Excel 计算所有专家对一级指标加权几何平均值,得出了一级指标的最终权重。一级指标的最终权重和排名如表 4－40、图 4－5 所示。在海洋博物馆服务设计一级评价指标中,前 3 位是 B4 移情性、B2 响应性、B3 保证性。相反,后 2 位是 B1 可靠性、B5 有形性等指标的重要性较低。

表 4－40　一级指标权重排序

二级指标	权重值	顺　序	二级指标	权重值	顺　序
B1 可靠性	0.147 3	4	B4 移情性	0.285 6	1
B2 响应性	0.263 5	2	B5 有形性	0.093 7	5
B3 保证性	0.209 9	3			

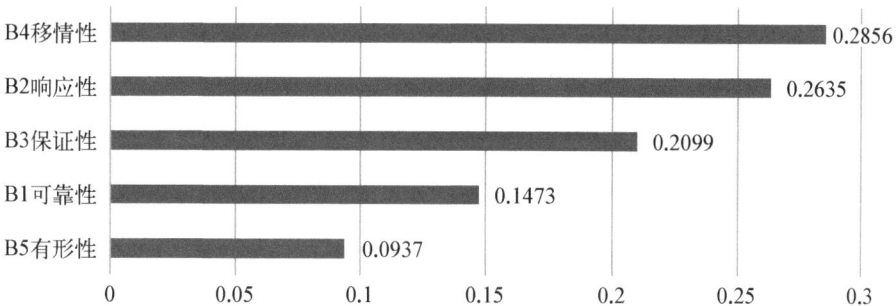

图 4－5　一级指标权重值排序

2) 二级指标权重排序

使用一级指标权重计算的方法,进一步计算二级指标权重,最终二级指标的最终权重和排名如表 4－41、图 4－6 所示。在海洋博物馆服务设计二级评价指标中,前 5 位是 C5 信赖性、C10 休闲性、C8 规范性、C3 参与性、C13 海洋性。相反,后 5 位是 C7 场所性、C14 展示性、C1 管理性、C15 设施性、C12 交通性等指标的重要性较低。

表 4 - 41 二级指标权重排序

二级指标	权重值	顺 序	二级指标	权重值	顺 序
C1 管理性	0.016 6	13	C9 教育性	0.046 1	8
C2 宣传性	0.036 6	10	C10 休闲性	0.191 1	2
C3 参与性	0.094 0	4	C11 公平性	0.048 4	7
C4 沟通性	0.037 7	9	C12 交通性	0.008 4	15
C5 信赖性	0.225 8	1	C13 海洋性	0.049 7	5
C6 专业性	0.049 1	6	C14 展示性	0.022 3	12
C7 场所性	0.031 3	11	C15 设施性	0.013 4	14
C8 规范性	0.129 5	3			

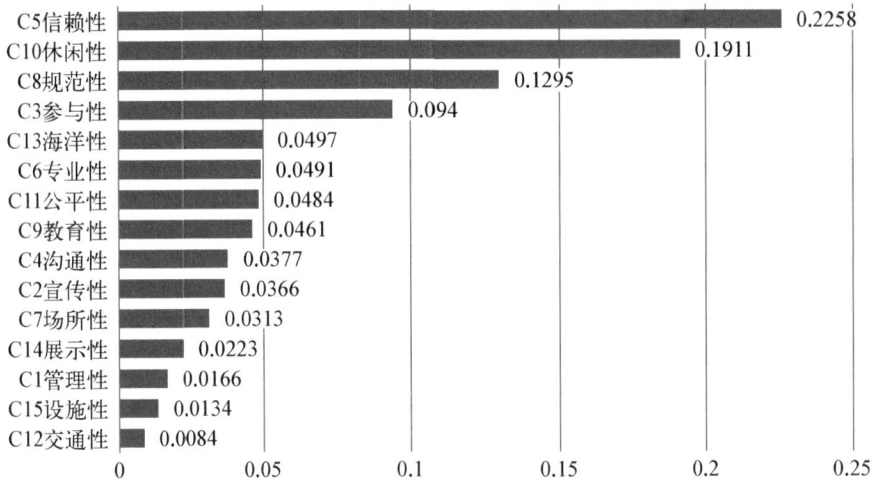

图 4 - 6 二级指标权重排序图

3) 三级指标权重排序

使用一级、二级指标权重计算的方法,进一步计算三级指标权重,最终三级指标层的权重计算结果和排序如表 4 - 42、图 4 - 7 所示。在海洋博物馆服务设计三级评价指标中,排在前 10 位的有 D28 愉悦性、D14 责任性、D22 秩序性、D15 高效性、D27 旅游性、D7 拟真性、D13 亲和性、D8 智能性、D23 安全性、D36 海洋环境性。排在后 10 位的是 D34 美观性、D33 综合性、D4 视觉性、D42 适用性、D37 丰富性、D32 专门性、D38 完整性、D6 准确可读性、D1 合法性、D41 齐全性。

表 4－42   三级指标权重排序

三级指标	权重值	顺序	三级指标	权重值	顺序
D1 合法性	0.003 0	42	D23 安全性	0.041 5	9
D2 保管性	0.013 6	20	D24 制度性	0.016 6	18
D3 交流性	0.019 1	16	D25 知识性	0.028 1	12
D4 视觉性	0.004 7	36	D26 主动性	0.018 0	17
D5 复合性	0.009 7	26	D27 旅游性	0.052 1	5
D6 准确可读性	0.003 2	41	D28 愉悦性	0.139 0	1
D7 拟真性	0.051 1	6	D29 针对性	0.012 7	21
D8 智能性	0.043 0	8	D30 提前性	0.008 2	28
D9 积极性	0.011 8	24	D31 平等性	0.027 6	14
D10 即时性	0.019 6	15	D32 专门性	0.003 6	39
D11 预约性	0.006 2	32	D33 综合性	0.004 7	35
D12 包容性	0.027 9	13	D34 美观性	0.005 4	34
D13 亲和性	0.043 8	7	D35 海洋文化性	0.011 9	23
D14 责任性	0.087 3	2	D36 海洋环境性	0.032 4	10
D15 高效性	0.066 9	4	D37 丰富性	0.003 9	38
D16 统一性	0.007 0	29	D38 完整性	0.003 4	40
D17 优质性	0.030 0	11	D39 趣味性	0.008 8	27
D18 客观性	0.012 1	22	D40 时效性	0.006 2	33
D19 清洁性	0.006 6	30	D41 齐全性	0.002 7	43
D20 照明性	0.009 8	25	D42 适用性	0.004 3	37
D21 冷暖性	0.014 9	19	D43 应急处理性	0.006 4	31
D22 秩序性	0.071 4	3			

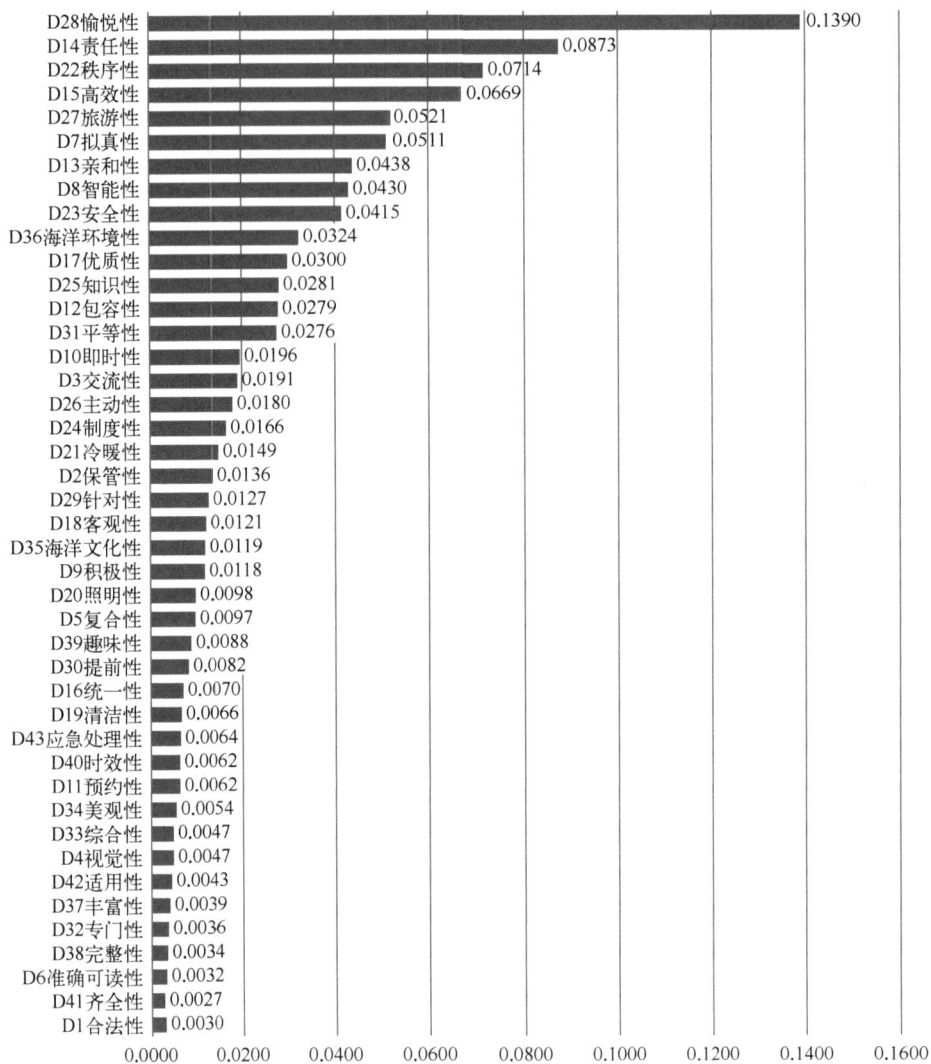

图 4-7　三级指标权重排序图

汇总整体计算结果后绘制的环状统计图（图 4-8），可更直观地说明海洋博物馆服务设计评价指标的内容和比例。

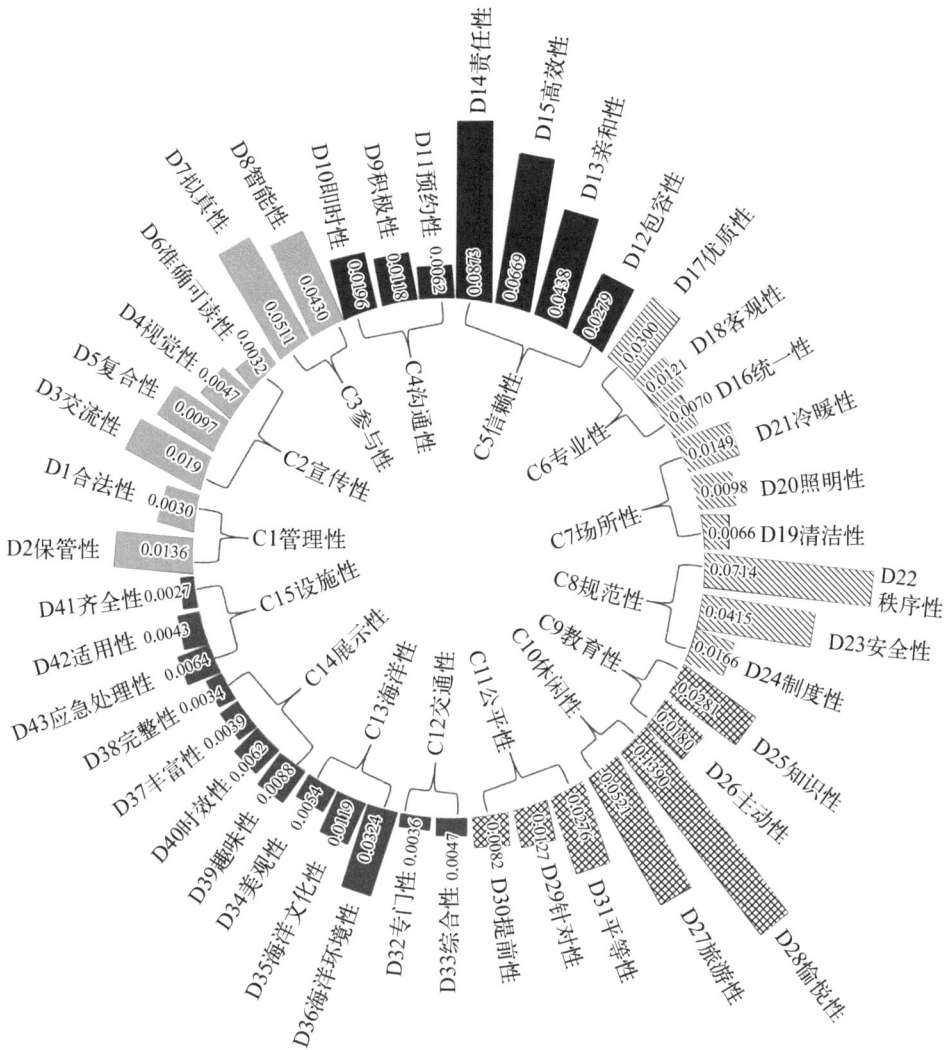

图 4-8　海洋博物馆服务设计评价指标权重排序图

4.5　小结

本章以构建海洋博物馆服务设计评价指标模型为目标,在指标提取阶段使用 SERVQUAL 模型,在海洋博物馆相关的文献分析基础上,总结出评价预备指标,并对其进行了详细说明。在指标筛选阶段,使用模糊德尔斐法邀请专家打分对各个预备指标项进行筛选,最终确立了由 5 个一级指标、15 个二级指标、43 个三级指标构成的海洋博物馆服务设计评价指标模型。为了确定各指标之间的相对重要性,使用 AHP 法对评价指标进行了权重计算,并在数据结果基础上对评价指标的权重值进行了排序。

第 5 章　海洋博物馆服务设计评价指标模型实证研究

　　为了验证评价指标模型的有效性和适用性,本章选取了代表性海洋博物馆进行问卷调研,了解参观者对海洋博物馆服务设计的评价情况。通过对问卷调查数据展开细致的统计和深入的分析,从中寻找出海洋博物馆服务设计存在的各类问题点,进而有针对性地提出切实可行的改善提案,以期推动海洋博物馆不断优化服务,提升参观者体验。

5.1　案例现状

案例 1　中国国家海洋博物馆

　　中国国家海洋博物馆(National Maritime Museum of China)位于天津市,临海而建,区域位置优越,临近天津港与渤海湾(图 5-1)。2014 年 10 月,国家海洋博物馆开工建设。2019 年 5 月,对社会公众开放。该馆占地面积 15 公顷,建筑面积 8 万平方米,建筑结构结合了中西方文化,设计方案获得了新加坡"世界建筑节"最佳文化建筑奖、最佳竞赛建筑奖和最佳未来建筑奖。该馆主体建筑

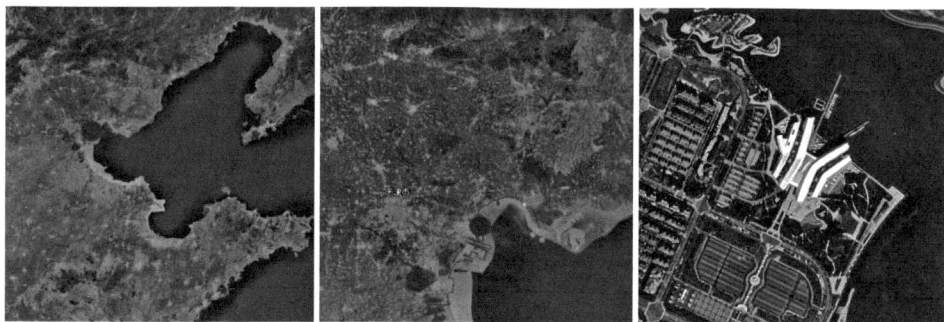

图 5-1　天津国家海洋博物馆的地区位置和平面图

结构分为 3 层,局部 4 层,展厅面积共计 2.3 万平方米。2022 年 3 月,被中国科学技术协会评为中国首批海洋科教基地。截至 2022 年末,该馆藏品达 5 万件/套,举办展览 20 个,开展教育活动百余次,参观人数达 200 万人次。2023 年春节期间,国家海洋博物馆迎客超 20 万,其中京津冀游客占比高多。

　　国家海洋博物馆是中国首座国家级海洋博物馆,是集收藏、展示、宣传、科研、教育、休闲等功能于一体的大型综合性博物馆(图 5 - 2)。国家海洋博物馆从中国远古的海洋古生物遗迹开始,向世人展示了一幅源远流长、波澜壮阔的中国海洋文明画卷,是中国普及海洋文化的阵地、国家 4A 级旅游景区。该馆提倡"和谐海洋、文明海洋、生态海洋"的发展理念,展览内容围绕"海洋与人类"的主题展开,分为"海洋人文""海洋自然""海洋生态"三大版块,设 6 大展区和 15 个

图 5 - 2　中国国家海洋博物馆的现状

展厅,有远古海洋、今日海洋、中华海洋文明、海洋课堂、龙的时代、海洋发现之旅、海洋与天文、筑梦极地、欢乐海洋、从风帆到行轮、蓝色家园、海丝文化等多个主题等,这些主题展厅分别负责对应的展示内容,以时间为轴线依次布置。同时为更好地服务参观者,提升参观者感知价值,国家海洋博物馆设有餐饮、休闲娱乐、购物商店及 3D 影院等公共服务设施。该馆是中国首座国家级和公益性的海洋博物馆,中华民族千年蓝色文明的历史故事和海洋记忆在这里交相辉映;是集保护收藏、科普教育、学术研究和观光旅游等多种功能于一体的文化展示机构,承载着宣扬中国海洋战略和价值观,推动中国从海洋大国走向海洋强国的重任,其地位可与故宫博物院相媲美,被称为“海洋上的故宫”。国家海洋博物馆既发挥了博物馆宣传教育的长处,又弥补了高校博物馆和科研机构科普水平的不足,建立了依托博物馆的藻类实验室,在充分发挥科学研究的基础上,又保证了科普工作的时效性、正确性和科学性,同时兼顾科研工作与科学普及,积极满足新时代科普工作的新要求—推动科研与科普“两翼齐飞”,以最适合博物馆的方式和平台将科研与科普更好地结合在一起。

总之,中国国家海洋博物馆凭借其优越的地理位置、宏大的建筑规模、丰富的藏品以及多元且全面的功能定位,已然成为中国北方海洋文化领域的代表博物馆。它不仅向大众全方位地展示了海洋的魅力与中国海洋文明的深厚底蕴,更是在科研与科普融合方面树立了典范,让参观者在观看过程中既能汲取知识养分,又能感受海洋文化带来的震撼。随着时间推移,相信它将持续吸引更多来自全国各地乃至世界各地的参观者,不断拓展影响力,进一步肩负起传承海洋记忆、宣扬海洋价值观的重任,助推中国海洋文化事业蓬勃发展。

案例 2　中国航海博物馆

中国航海博物馆(China Maritime Museum)由交通运输部和上海市政府共同筹建,坐落于上海市南汇临港新城(图 5-3)。由著名的德国 GMP 国际建筑设计有限公司设计,建筑风格简洁、庄重,线条流畅利落,整体造型沉稳大气,彰显着独特的设计巧思与艺术魅力。该馆旨在弘扬中国灿烂的航海文明和优良传统,建构国际航海交流平台,培养广大青少年对航海事业的热爱,营造上海国际航运中心的文化气氛。

2006 年 1 月,中国航海博物馆开工建设,2010 年 7 月正式开馆。该馆实行实名预约购票制度,参观者须提前线上实名付费购票,但 1.4 米(含)以下或 6 周岁及以下儿童可随家长免费进馆参观,65 周岁及以上老人,需在官方微信公众号上提前登记免费票。

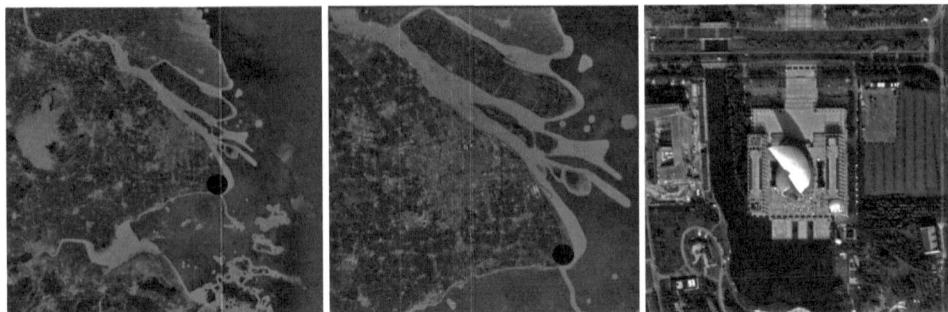

图 5-3　上海中国航海博物馆的地区位置和平面图

　　中国航海博物馆建筑面积 46 434 平方米，室内展览面积 21 000 平方米（见图 5-4）。该馆以"航海"为主题，"博物"为基础，分设海洋、航海体育与休闲两个

图 5-4　中国航海博物馆的现状

专题展区,航海历史、船舶、海员、航海与港口、海事与海上安全、军事航海六大展馆,并建有天象馆(球幕影院)、4D 动感影院、儿童活动中心。博物馆设有餐厅、零食店、咖啡吧、自助饮水机,能够满足参观者的饮食需求。博物馆内还设有人性化服务设施,在二层入口处物品寄存处,免费提供物品寄存,并免费提供轮椅、婴儿推车、拐杖等租借服务。在一层儿童活动中心旁,设有母婴室,为有需要的人士提供便利。

中国航海博物馆不仅仅在场馆内为公众服务,还打破空间限制,让展览走进学校、社区、交通枢纽、商业场所等。中国航海博物馆秉持服务基层、服务社区、服务更广大人民群众的理念,通过这些扩展延伸活动,让基层群众在"家门口"就能享受到丰富多彩的航海文化大餐。

总之,中国航海博物馆凭借其独特的建筑风格、丰富的展馆设置以及多样化的展陈活动,成为中国南方展示航海文化、传播航海知识的重要阵地。它不断创新展示与传播的形式,既立足场馆内,为参观者打造沉浸式的航海文化体验,又积极走出馆外,让不同年龄段、不同群体的人们都有机会近距离领略海洋文明,在航海文化的学术传承与社会传播层面构建起全方位的体系架构,有力推动航海文化在多领域的深度交融与创新发展。

案例 3　韩国国立海洋博物馆

韩国国立海洋博物馆(National Maritime Museum of Korea)是韩国唯一的综合海洋博物馆,上级主管部门为韩国海洋水产部,于 2012 年 7 月开馆。该海洋博物馆坐落于釜山市影岛区(图 5 - 5),占地面积 45 386 平方米,建筑总面积25 870 平方米(地下 1 层,地上 4 层),收藏有 2.2 万件以上的海洋相关资料,并通过各种主题展览进行展示和共享。该馆是在亚洲第一智库韩国开发院专家

图 5 - 5　韩国国立海洋博物馆的地区位置和平面图

的协力开发下,采取政府与民间合作的租赁型民间投资事业(BTL,Build-Transfer-Lease,指的是民间部门投资建设基础设施,在项目竣工验收之后,将设施的所有权转交给政府。该民间部门被政府赋予运营权,并在契约期内根据绩效考核结果从政府获得租赁费和运营费的一种投资方式。)方式建设的。该馆在资金利用上解决了博物馆建设施工阶段政府财政短缺的问题,延长了政府支付的周期,同时也为民间闲散资金找到了风险低、回报稳定的项目,在运营上增加了事业活力,在体制上有效缓和了以往博物馆非营利性和民间部门鲜明的商业营利性之间的矛盾。

该馆是集航海船舶、海洋文化、海洋产业、海洋科学、海洋领土、海洋生物等所有海洋领域于一体的综合性海洋博物馆。该馆主体建筑包括常设展览室、多媒体展览室、企划展览室、4D影像馆、水族馆、儿童博物馆、海洋图书馆、大礼堂等(图5-6)。

图5-6　韩国釜山国立海洋博物馆的现状

该馆还利用靠近大海的优势,在面向大海的一侧设置海边休息、体验和活动空间,例如商店、咖啡馆、天空庭院、亲水体验空间。此外,还有野餐区、日出广场和餐厅,以方便参观者。

韩国海洋水产部于 2014 年制定了《国立海洋博物馆法》,并于 2015 年实施,该法规定设立国立海洋博物馆,是为了发掘、保存、研究及展示海洋文化和海洋产业的遗产,为海洋文化的振兴和海洋产业的发展作出贡献。为了保护和繁育海洋动物,该馆于 2013 年 2 月 12 日被海洋水产部指定为 4 种海龟(蓝海龟、红海龟、鹰嘴龟、长寿龟)和 2 种海马(棘海马、腹海马)的栖息地外保护单位,是南海圈公共机关中唯一以保护海洋动物为目的的栖息地外保护机关。

总之,韩国国立海洋博物馆在海洋文化传播、教育以及海洋生态保护等诸多方面发挥着其独特的价值与影响力。常设展览室、多媒体展览室、企划展览室等为参观者多元且系统地展示了海洋知识,儿童博物馆致力于面向孩子进行海洋科普教育,海洋图书馆提供图书资料。同时,作为海龟和海马的栖息地外保护单位,积极开展科普活动,提升了参观者的海洋环境保护意识。政府与民间合作的运营模式解决了资金难题并推动了体制创新,为其他博物馆提供了借鉴,有力促进了海洋文化事业的可持续发展。

5.2　调查研究的过程

5.2.1　评价对象与调查对象的确定

本次调查使用第四章所得出的海洋博物馆服务设计评价指标模型来进行服务设计评价问卷调查。评价对象为三所海洋博物馆服务设计的实际情况。由于本次调查内容以主观认识为主,为了提高评价数据的可靠性,本小节选择 20 岁以上具有主观判断能力的参观者为调查对象。这些游客有更好的观览经验,这使他(她)们能够批判性地评估海洋博物馆服务设计。此外,还要做到男女比例尽可能保持一致,年龄结构也要考虑均衡性,尽量避免调查对象的基本属性和样本类型过于集中,而导致调查数据形成偏差。

5.2.2　调查问卷的制作

本小节制订了以三所海洋博物馆参观者为调查对象的问卷(附录 7、附录

8),问卷调查采用 7 级李克特量表(7-point Likert scale),有"非常不好(매우 좋지 않다)""不好(좋지 않다)""有点不好(약간 좋지 않다)""一般(보통이다)""有点好(약간 좋다)""好(좋다)""非常好(매우 좋다)"7 个水平评价,分别赋分从 1 分、2 分、3 分、4 分、5 分、6 分、7 分。参观者对各个服务设计评价指标进行打分,得分越高满意度越高,得分越低满意度越低。

5.2.3 调查时间的确定

本小节于 2024 年 3 月 31 日—5 月 16 日,对中国国家海洋博物馆、中国航海博物馆、韩国国立海洋博物馆进行了参观者问卷调查,以评估这三所海洋博物馆的服务设计。为了能够获取更多的问卷调查数据,在周中以及公休日(包括周末与节假日)都进行了问卷调查。

5.2.4 评价结果与分析

1) 问卷调查基本信息分析

由于本次问卷调查涉及的参观者人数较多,所以本次调研采取问卷现场发放填写和线上填写两种方式进行。每所博物馆现场发放 150 份,线上发放 150 份。问卷回收完毕后,采用 SPSS 统计软件对问卷数据进行统计和分析。问卷具体回收情况如表 5-1 所示。

表 5-1 问卷回收情况

区　分	案例 1	案例 2	案例 3
发放数量	300	300	300
回收数量	283	279	289
有效数量	269	262	271
有效率	95.1%	94.0%	93.8%

从回收的有效问卷来看,三所海洋博物馆问卷有效率均在 90% 以上,在性别、年龄、职业、学历、国籍等五个方面基本覆盖了多样的海洋博物馆参观者,比例均比较适中,使问卷具有普遍性和代表性,见表 5-2。

表 5 - 2　问卷调查对象基本信息

区　分		案例 1		案例 2		案例 3	
		人数	占比/%	人数	占比/%	人数	占比/%
性别	男性	139	51.7	133	50.8	138	51.1
	女性	130	48.3	129	49.2	133	48.9
年龄	20—29	54	20.1	65	24.8	61	22.5
	30—39	79	29.4	86	32.9	79	29.2
	40—49	68	25.3	76	29.0	65	24.0
	50—59	41	15.2	38	14.5	43	15.9
	60 岁以上	27	10.0	14	5.3	23	8.5
职业	学生	45	16.7	51	19.4	43	15.9
	公司职场人士	78	29.0	82	31.3	74	27.3
	公职人员	32	11.9	41	15.6	39	14.4
	自营业者	54	20.1	49	18.7	56	20.7
	退休者	24	8.9	29	11.1	45	16.6
	其他	36	13.4	10	3.8	14	5.2
学历	高中及以下	59	21.9	45	17.2	40	14.8
	大学(包含专门大学、专科学校)	167	62.1	178	67.9	186	68.6
	硕士及以上	43	16.0	39	14.9	45	16.6
国籍	本国人	235	87.4	251	95.8	247	91.1
	外国人	34	12.6	11	4.2	24	8.9

　　从表 5 - 2 对问卷调查对象的统计分析可以看出,三所海洋博物馆调查对象性别均衡,大部分是年轻参观者,20—29 岁分别为 54 人、65 人和 61 人,占比共计 22.4%,30—39 岁分别为 79 人、86 人和 79 人,占比共计 30.4%,表明参观者

中年轻人较多,这与海洋博物馆建造时间较近,展馆设计体现了时尚和现代的风格密不可分。60 岁以上的人群占 8.0%,特别是在中国的两个海洋博物馆里,大部分老年人要看护身边的儿童,所以只有少数老年人愿意接受问卷调查。

　　韩国国立海洋博物馆被调查者,国籍大部分为韩国人,大部分具备大学(包括专科大学)水平的学历。中国国家海洋博物馆、中国航海博物馆的被调查者,国籍大部分为中国人,学历层次大部分在专科以上。三所海洋博物馆的调查对象均具有较高文化水平,说明被调查者能很好地理解问卷内容,保证了填答的准确性,能够反映海洋博物馆参观者的基本行为规律和特征,因此本调查问卷具有可靠性。

　　2) 指标评价的平均值与标准差

　　从收集的有效问卷中进行数据统计,计算三所海洋博物馆各指标得分的平均值和标准差。数据统计和分析仍然采用 AHP 法。从平均值来看,案例 1 的分数稍高,其次是案例 3,最后是案例 2。从标准差来看,各项指标的标准差差异较小,稳定性较好。指标评价的平均值和标准差,见表 5 - 3。

表 5 - 3　参观者评价的平均值

评价指标			案例 1		案例 2		案例 3	
一级指标	二级指标	三级指标	平均值	标准差	平均值	标准差	平均值	标准差
B1 可靠性	C1 管理性	D1 合法性	5.501 9	0.608 5	5.480 9	0.617 1	5.535 1	0.618 9
		D2 保管性	5.669 1	0.700 6	5.629 8	0.686 7	5.701 1	0.685 3
	C2 宣传性	D3 交流性	4.925 7	0.388 8	4.106 9	0.366 2	4.616 2	0.509 5
		D4 视觉性	4.319 7	0.482 9	4.351 1	0.486 2	4.339 5	0.482 2
		D5 复合性	4.297 4	0.481 8	4.332 1	0.479 9	4.310 0	0.486 7
	C3 参与性	D6 准确可读性	4.312 3	0.502 9	4.423 7	0.532 4	4.350 6	0.478 0
		D7 拟真性	5.182 2	0.432 3	5.782 4	0.789 3	5.195 6	0.458 0
		D8 智能性	5.267 7	0.483 8	5.927 5	0.777 1	5.343 2	0.534 3
B2 响应性	C4 沟通性	D9 积极性	4.713 8	0.660 6	4.721 4	0.562 8	4.527 7	0.542 8
		D10 即时性	5.263 9	0.718 3	4.229 0	0.438 8	4.693 7	0.607 3
		D11 预约性	5.297 4	0.748 7	4.236 6	0.434 7	4.752 8	0.684 3

评价指标			案例 1		案例 2		案例 3	
一级指标	二级指标	三级指标	平均值	标准差	平均值	标准差	平均值	标准差
B2 响应性	C5 信赖性	D12 包容性	5.691 4	0.678 5	5.675 6	0.682 1	5.594 1	0.642 2
		D13 亲和性	5.988 8	0.720 1	5.698 5	0.692 5	5.608 9	0.673 7
		D14 责任性	5.847 6	0.687 7	5.912 2	0.680 8	5.874 5	0.682 4
		D15 高效性	5.847 6	0.719 5	5.813 0	0.716 1	5.786 0	0.713 8
B3 保证性	C6 专业性	D16 统一性	4.505 6	0.766 0	4.473 3	0.751 3	4.734 3	0.747 5
		D17 优质性	3.728 6	0.470 0	3.729 0	0.470 4	3.963 1	0.643 0
		D18 客观性	3.769 5	0.673 9	3.771 0	0.706 5	3.815 5	0.701 3
	C7 场所性	D19 清洁性	5.903 3	0.751 8	5.675 6	0.665 0	5.428 0	0.517 6
		D20 照明性	5.628 3	0.654 6	5.748 1	0.698 6	5.631 0	0.748 1
		D21 冷暖性	5.695 2	0.643 6	5.805 3	0.708 7	5.682 7	0.752 1
	C8 规范性	D22 秩序性	5.858 7	0.734 6	5.732 8	0.703 8	5.487 1	0.643 2
		D23 安全性	5.814 1	0.714 2	5.828 2	0.719 9	5.800 7	0.712 9
		D24 制度性	5.698 9	0.676 4	5.561 1	0.632 8	5.619 9	0.643 6
B4 移情性	C9 教育性	D25 知识性	5.769 5	0.716 8	5.740 5	0.695 8	5.708 5	0.655 4
		D26 主动性	5.516 7	0.608 3	5.542 0	0.663 9	5.612 5	0.639 2
	C10 休闲性	D27 旅游性	5.698 9	0.692 7	5.660 3	0.674 6	5.605 2	0.646 2
		D28 愉悦性	5.847 6	0.719 5	5.832 1	0.696 5	5.800 7	0.712 9
	C11 公平性	D29 针对性	4.613 4	0.732 5	4.591 6	0.776 3	4.568 3	0.726 5
		D30 提前性	4.130 1	0.624 3	3.751 9	0.458 5	3.974 2	0.512 1
		D31 平等性	4.293 7	0.727 4	3.809 2	0.644 6	3.981 5	0.512 5
B5 有形性	C12 交通性	D32 专门性	5.605 9	0.599 2	5.549 6	0.576 9	4.398 5	0.533 9
		D33 综合性	5.613 4	0.685 1	5.599 2	0.680 7	5.564 6	0.634 3

续　表

评价指标			案例 1		案例 2		案例 3	
一级指标	二级指标	三级指标	平均值	标准差	平均值	标准差	平均值	标准差
B5 有形性	C13 海洋性	D34 美观性	5.706 3	0.706 6	5.706 1	0.656 2	5.690 0	0.589 9
		D35 海洋文化性	5.721 2	0.696 7	5.721 4	0.685 5	5.693 7	0.671 0
		D36 海洋环境性	5.724 9	0.656 9	5.732 8	0.670 4	5.701 1	0.646 3
	C14 展示性	D37 丰富性	4.197 0	0.425 7	4.427 5	0.560 9	4.837 6	0.450 7
		D38 完整性	4.397 8	0.527 0	4.339 7	0.490 4	4.321 0	0.483 3
		D39 趣味性	4.085 5	0.485 0	3.847 3	0.400 6	3.996 3	0.327 7
		D40 时效性	4.052 0	0.382 8	3.851 1	0.387 5	4.025 8	0.398 2
	C15 设施性	D41 齐全性	5.620 8	0.667 3	5.641 2	0.626 0	5.605 2	0.519 1
		D42 适用性	5.635 7	0.653 1	5.675 6	0.665 0	5.627 3	0.636 4
		D43 应急处理性	5.658 0	0.624 5	5.687 0	0.661 9	5.645 8	0.638 3
和			222.617 1		219.351 1		218.749 1	

3) 评价指标的加权平均

在第四章评价指标模型构建过程中,得到了各评价指标的权重。结合参观者问卷调查研究所得的平均值(表 5 - 3),计算各指标的加权平均值。

(1) 根据问卷调查,对评价指标模型的 C1 管理性的两个指标数据进行计算,结果如表 5 - 4 所示。

表 5 - 4　C1 管理性数据统计

C1 管理性		案例 1		案例 2		案例 3	
评价指标	AHP 结果值	平均值	加权平均	平均值	加权平均	平均值	加权平均
D1 合法性	0.003 0	5.501 9	0.016 5	5.480 9	0.016 4	5.535 1	0.016 6
D2 保管性	0.013 6	5.669 1	0.077 1	5.629 8	0.076 6	5.701 1	0.077 5
和		11.171 0	0.093 6	11.110 7	0.093 0	11.236 2	0.094 1

由表 5 - 4 可知,在三个案例中,两个评价指标的加权平均值最高的是案例 3,其次是案例 1,最低的是案例 2。两个评价指标中 D1 合法性的分数相近,说明三个海洋博物馆的 D1 合法性得到了参观者的认可。此外,在评价指标 D2 保管性的评分中,案例 3 的分值高于其他两个案例,说明其他两个案例应提升 D2 保管性的服务设计。

(2) 根据问卷调查,对评价指标模型的 C2 宣传性的四个指标数据进行计算,结果如表 5 - 5 所示。

表 5 - 5　C2 宣传性数据统计

C2 宣传性		案例 1		案例 2		案例 3	
评价指标	AHP 结果值	平均值	加权平均	平均值	加权平均	平均值	加权平均
D3 交流性	0.019 1	4.925 7	0.094 1	4.106 9	0.078 4	4.616 2	0.088 2
D4 视觉性	0.004 7	4.319 7	0.020 3	4.351 1	0.020 5	4.339 5	0.020 4
D5 复合性	0.009 7	4.297 4	0.041 7	4.332 1	0.042 0	4.310 0	0.041 8
D6 准确可读性	0.003 2	4.312 3	0.013 8	4.423 7	0.014 2	4.350 6	0.013 9
和		17.855 0	0.169 9	17.213 7	0.155 1	17.616 2	0.164 3

由表 5 - 5 可知,在 C2 宣传性评价中,评分最高的是案例 1,最低的是案例 2。案例 1 和案例 3 在 D3 交流性的评分相近,明显高于案例 2,说明案例 2 在 D3 交流性方面的服务设计需要改进。案例 2 和案例 3 对评价指标 D4 视觉性评分相近,均高于案例 1,说明案例 1 在 D4 视觉性方面的服务设计有待提高。案例 1 的 D5 复合性和 D6 准确可读性的评分低于案例 2 和案例 3,说明案例 1 在 D5 复合性和 D6 准确可读性方面有提升空间。

(3) 根据问卷调查,对评价指标模型的 C3 参与性的两个指标数据进行计算,结果如表 5 - 6 所示。

从表 5 - 6 中可以看出,在 C3 参与性评估中,三个案例中评分最低的是案例 1,评分最高的是案例 2。在评价指标 D7 拟真性、D8 智能性的评分中,案例 1 均最低,其次是案例 3,最高是案例 2,说明在 D7 拟真性、D8 智能性方面的服务设计需要提升,案例 1、案例 3 需要较多的添置科技平台与互动设施,让参观者身临其境体验海洋。

表 5 - 6   C3 参与性数据统计

C3 参与性		案例 1		案例 2		案例 3	
评价指标	AHP 结果值	平均值	加权平均	平均值	加权平均	平均值	加权平均
D7 拟真性	0.051 1	5.182 2	0.264 8	5.782 4	0.295 5	5.195 6	0.265 5
D8 智能性	0.043 0	5.267 7	0.226 5	5.927 5	0.254 9	5.343 2	0.229 8
和		10.449 8	0.491 3	11.709 9	0.550 4	10.538 7	0.495 3

（4）根据问卷调查,对评价指标模型的 C4 沟通性的三个指标数据进行计算,结果如表 5 - 7 所示。

表 5 - 7   C4 沟通性数据统计

C4 沟通性		案例 1		案例 2		案例 3	
评价指标	AHP 结果值	平均值	加权平均	平均值	加权平均	平均值	加权平均
D9 积极性	0.011 8	4.713 8	0.055 6	4.721 4	0.055 7	4.527 7	0.053 4
D10 即时性	0.019 6	5.263 9	0.103 2	4.229 0	0.082 9	4.693 7	0.092 0
D11 预约性	0.006 2	5.297 4	0.032 8	4.236 6	0.026 3	4.752 8	0.029 5
和		15.275 1	0.191 6	13.187 0	0.164 9	13.974 2	0.174 9

由表 5 - 7 可知,在 C4 沟通性评价方面,案例 1 评分最高,其次是案例 3,评分最低的是案例 2。其主要原因是案例 2 的评价指标 D10 即时性和 D11 预约性的平均分明显低于案例 1 和案例 3,但案例 2 的 D9 积极性的加权平均值比案例 1 和案例 3 稍高一点。案例 3 在 D9 积极性、D10 即时性方面的平均分均低于案例 1。案例 1 在 D10 即时性和 D11 预约性方面,平均分均高于案例 3 和案例 2。

（5）根据问卷调查,对评价指标模型的 C5 信赖性的 4 个指标数据进行计算,结果如表 5 - 8 所示。

由表 5 - 8 可知,在 C5 信赖性评价方面,分值从高到低依次为案例 1、案例 2、案例 3。在对 D12 包容性的评分中,三个案例的分值均相似。在对评价指标 D13 亲和性的评分中,案例 2 和案例 3 相似,但均低于案例 1,但分值相差不大。在对评价指标 D14 责任性的评分中,案例 1 分值低于案例 2 和案例 3,说明案例

1 在 D14 责任性方面应提高服务设计水平。在评价指标 D15 高效性的评分中，三所海洋博物馆分值较为相似，可见，参观者对 D15 高效性较为满意。

表 5-8　C5 信赖性数据统计

C5 信赖性		案例 1		案例 2		案例 3	
评价指标	AHP结果值	平均值	加权平均	平均值	加权平均	平均值	加权平均
D12 包容性	0.027 9	5.691 4	0.158 8	5.675 6	0.158 3	5.594 1	0.156 1
D13 亲和性	0.043 8	5.988 8	0.262 3	5.698 5	0.249 6	5.608 9	0.245 7
D14 责任性	0.087 3	5.847 6	0.510 5	5.912 2	0.516 1	5.874 5	0.512 8
D15 高效性	0.066 9	5.847 6	0.391 2	5.813 0	0.388 9	5.786 0	0.387 1
和		23.375 5	1.322 8	23.099 2	1.313 0	22.863 5	1.301 7

（6）根据问卷调查，对评价指标模型的 C6 专业性的 3 个指标数据进行计算，结果如表 5-9 所示。

表 5-9　C6 专业性数据统计

C6 专业性		案例 1		案例 2		案例 3	
评价指标	AHP结果值	平均值	加权平均	平均值	加权平均	平均值	加权平均
D16 统一性	0.007 0	4.505 6	0.031 5	4.473 3	0.031 3	4.734 3	0.033 1
D17 优质性	0.030 0	3.728 6	0.111 9	3.729 0	0.111 9	3.963 1	0.118 9
D18 客观性	0.012 1	3.769 5	0.045 6	3.771 0	0.045 6	3.815 5	0.046 2
和		12.003 7	0.189 0	11.973 3	0.188 8	12.512 9	0.198 2

从表 5-9 显示，在 C6 专业性评价方面，案例 3 的评分最高，其次是案例 1 和案例 2。从评价指标 D16 统一性和 D17 优质性的评分来看，案例 3 明显高于案例 1 和案例 2，说明案例 3 在 D16 统一性和 D17 优质性等方面的服务设计较好，得到了参观者的认可。在对评价指标 D18 客观性的评分中，案例 3 的评分高于案例 1 和案例 2，说明案例 3 在 D18 客观性方面比案例 1 和案例 2 服务设计更好。

（7）根据问卷调查，对评价指标模型的 C7 场所性的 3 个指标数据进行计算，结果如表 5‐10 所示。

表 5‐10　C7 场所性数据统计

C7 场所性		案例 1		案例 2		案例 3	
评价指标	AHP 结果值	平均值	加权平均	平均值	加权平均	平均值	加权平均
D19 清洁性	0.006 6	5.903 3	0.031 9	5.675 6	0.030 6	5.428 0	0.029 3
D20 照明性	0.009 8	5.628 3	0.067 0	5.748 1	0.068 4	5.631 0	0.067 0
D21 冷暖性	0.014 9	5.695 2	0.184 5	5.805 3	0.188 1	5.682 7	0.184 1
和		17.226 8	0.283 4	17.229 0	0.287 1	16.741 7	0.280 4

从 5‐10 中可以看出，在有关 C4 沟通性评价中，案例 2 的评分最高，其次是案例 1 和案例 3。D19 清洁性的评分来看，案例 2 和案例 3 明显低于案例 1，因为在案例 2 和案例 3，公共休息区域儿童自由饮食的情况较多，造成了一定的饮食垃圾，清理又不及时，导致 D19 清洁性方面评分不高。对于 D20 照明性、D21 冷暖性方面，三所海洋博物馆分数相似，参观者的评分都较高。

（8）根据问卷调查，对评价指标模型的 C8 规范性的 3 个指标数据进行计算，结果如表 5‐11 所示。

表 5‐11　C8 规范性数据统计

C8 规范性		案例 1		案例 2		案例 3	
评价指标	AHP 结果值	平均值	加权平均	平均值	加权平均	平均值	加权平均
D22 秩序性	0.071 4	5.858 7	0.418 3	5.732 8	0.409 3	5.487 1	0.391 8
D23 安全性	0.041 5	5.814 1	0.241 3	5.828 2	0.241 9	5.800 7	0.240 7
D24 制度性	0.016 6	5.698 9	0.094 6	5.561 1	0.092 3	5.619 9	0.093 3
和		17.371 7	0.754 2	17.122 1	0.743 5	16.907 7	0.725 8

由表 5‐11 可知，在 C8 规范性评价中，评分最高的是案例 1，最低的是案例 3。发现 3 个评价指标的权重值最高的是 D23 安全性。案例 1 和案例 3 对评价

指标 D24 制度性评分相近,均高于案例 2,说明案例 2 在 D24 制度性方面的服务设计有待提高。另一方面,案例 2 和案例 3 中评价指标 D22 秩序性和的评分低于案例 1,说明案例 2 和案例 3 在 D22 秩序性方面有服务设计提升的要求。在 D23 安全性上,三所海洋博物馆分数相似,参观者的评分都较高。

(9) 根据问卷调查,对评价指标模型的 C9 教育性的 2 个指标数据进行计算,结果如表 5 – 12 所示。

表 5 – 12　C9 教育性数据统计

C9 教育性		案例 1		案例 2		案例 3	
评价指标	AHP 结果值	平均值	加权平均	平均值	加权平均	平均值	加权平均
D25 知识性	0.028 1	5.769 5	0.162 1	5.740 5	0.161 3	5.708 5	0.160 4
D26 主动性	0.018 0	5.516 7	0.099 3	5.542 0	0.099 8	5.612 5	0.101 0
和		11.286 2	0.261 4	11.282 4	0.261 1	11.321 0	0.261 4

由表 5 – 12 可知,在 C9 教育性评价,分值从高到低依次为案例 3、案例 1、案例 2,但分值相差不大。案例 1 和案例 2 对评价指标 D25 知识性评分相近,稍微高于案例 3,说明案例 3 在知识性方面的服务设计有待提高。另一方面,案例 1 中评价指标 D26 主动性的评分低于案例 2 和案例 3,说明案例 1 在 D26 主动性方面的服务设计存在不足。

(10) 根据问卷调查,对评价指标模型的 C10 休闲性的 2 个指标数据进行计算,结果如表 5 – 13 所示。

表 5 – 13　C10 休闲性数据统计

C10 休闲性		案例 1		案例 2		案例 3	
评价指标	AHP 结果值	平均值	加权平均	平均值	加权平均	平均值	加权平均
D27 旅游性	0.052 1	5.698 9	0.296 9	5.660 3	0.294 9	5.605 2	0.292 0
D28 愉悦性	0.139 0	5.847 6	0.812 8	5.832 1	0.810 7	5.800 7	0.806 3
和		11.546 5	1.109 7	11.492 4	1.105 6	11.405 9	1.098 3

由表 5 – 13 可知,在 C10 休闲性评价中,评分高到低依次为案例 1、案例 2、案例 3,分值差别不大。在对 D27 旅游性、D28 愉悦性的评分中,三个案例的分

值也较为相似。可见,参观者对三所博物馆的C10休闲性普遍是比较满意的。

（11）根据问卷调查,对评价指标模型的C11公平性的3个指标数据进行计算,结果如表5－14所示。

表 5 - 14   C11 公平性数据统计

C11 公平性		案例 1		案例 2		案例 3	
评价指标	AHP 结果值	平均值	加权平均	平均值	加权平均	平均值	加权平均
D29 针对性	0.012 7	4.613 4	0.058 6	4.591 6	0.058 3	4.568 3	0.058 0
D30 提前性	0.008 2	4.130 1	0.033 9	3.751 9	0.030 8	3.974 2	0.032 6
D31 平等性	0.027 6	4.293 7	0.118 5	3.809 2	0.105 1	3.981 5	0.109 9
和		13.037 2	0.211 0	12.152 7	0.194 2	12.524 0	0.200 5

由表5－14可知,在C11公平性评价中,评分最高的是案例1,最低的是案例2。第一,3个案例对D29针对性的评分相近,说明参观者对针对性方面的服务设计较为满意。第二,案例2中评价指标D30提前性和D31平等性的评分低于案例1和案例3,说明案例2在提前性方面的服务设计需要提升。第三,在D31平等性评分中,案例2低于案例1和案例3,说明案例2在D31平等性方面的服务设计存在不足。

（12）根据问卷调查,对评价指标模型的C12交通性的2个指标数据进行计算,结果如表5－15所示。

表 5 - 15   C12 交通性数据统计

C12 交通性		案例 1		案例 2		案例 3	
评价指标	AHP 结果值	平均值	加权平均	平均值	加权平均	平均值	加权平均
D32 专门性	0.003 6	5.605 9	0.020 2	5.549 6	0.020 0	4.398 5	0.015 8
D33 综合性	0.004 7	5.613 4	0.026 4	5.599 2	0.026 3	5.564 6	0.026 2
和		11.219 3	0.046 6	11.148 9	0.046 3	9.963 1	0.042 0

由表5－15可知,在C12交通性评价中,评分从高到低依次为案例1、案例2、案例3,分值差别还是比较明显的。分值差主要体现在D32专门性的评分,案例1、案例2均有足够的经过硬化处理的停车场,而案例3大部分参观者使用的

环湖西二路临时停车场并未进行路面硬化。在 D33 综合性的评分中,三个案例的分值均相似。

(13)根据问卷调查,对评价指标模型的 C13 海洋性的 3 个指标数据进行计算,结果如表 5‑16 所示。

表 5‑16　C13 海洋性数据统计

C13 海洋性		案例 1		案例 2		案例 3	
评价指标	AHP 结果值	平均值	加权平均	平均值	加权平均	平均值	加权平均
D34 美观性	0.005 4	5.706 3	0.030 8	5.706 1	0.030 8	5.690 0	0.030 7
D35 海洋文化性	0.011 9	5.721 2	0.068 1	5.721 4	0.068 1	5.693 7	0.067 8
D36 海洋环境性	0.032 4	5.724 9	0.185 5	5.732 8	0.185 7	5.701 1	0.184 7
和		17.152 4	0.284 4	17.160 3	0.284 6	17.084 9	0.283 2

由表 5‑16 可知,在 C13 海洋性评价中,三个案例中的 D34 美观性、D35 海洋文化性、D36 海洋环境性的评分分值差别不大,均较高。可见,参观者对三所海洋博物馆的海洋性是非常满意的。

(14)根据问卷调查,对评价指标模型的 C14 展示性的 4 个指标数据进行计算,结果如表 5‑17 所示。

表 5‑17　C14 展示性数据统计

C14 展示性		案例 1		案例 2		案例 3	
评价指标	AHP 结果值	平均值	加权平均	平均值	加权平均	平均值	加权平均
D37 丰富性	0.003 9	4.197 0	0.016 4	4.427 5	0.017 3	4.837 6	0.018 9
D38 完整性	0.003 4	4.397 8	0.015 0	4.339 7	0.014 8	4.321 0	0.014 7
D39 趣味性	0.008 8	4.085 5	0.036 0	3.847 3	0.033 9	3.996 3	0.035 2
D40 时效性	0.006 2	4.052 0	0.025 1	3.851 1	0.023 9	4.025 8	0.025 0
和		16.732 3	0.092 4	16.465 6	0.089 8	17.180 8	0.093 7

由表 5-17 可知,在 C14 展示性评价中,评分从高到低依次为案例 3、案例 1、案例 2。三个案例在 D37 丰富性方面分值最高的是案例 3,最低的是案例 1,分值相差较大,说明案例 1 在全球海洋遗产丰富性方面需要提升。在完整性方面,三个案例分值较为相似。三个案例在 D39 趣味性方面分值均较低,说明三所海洋博物馆在趣味性方面的服务设计存在不足。在 D40 时效性方面,参观者对三个案例评分都不高,说明展品及时更新和补充方面需要进行提升。

(15)根据问卷调查,对评价指标模型的 C15 设施性的 3 个指标数据进行计算,结果如表 5-18 所示。

表 5-18　C15 设施性数据统计

C15 设施性		案例 1		案例 2		案例 3	
评价指标	AHP 结果值	平均值	加权平均	平均值	加权平均	平均值	加权平均
D41 齐全性	0.002 7	5.620 8	0.015 2	5.641 2	0.015 2	5.605 2	0.015 1
D42 适用性	0.004 3	5.635 7	0.024 2	5.675 6	0.024 4	5.627 3	0.024 2
D43 应急处理性	0.006 4	5.658 0	0.036 2	5.687 0	0.036 4	5.645 8	0.036 1
和		16.914 5	0.075 6	17.003 8	0.076 0	16.878 2	0.075 5

由表 5-18 可知,在 C15 设施性评价中,评分从高到低依次为案例 2、案例 1、案例 3。在 D41 齐全性、D42 适用性、D43 应急处理性评分分值方面较为相似,差别不大,说明参观者对三所海洋博物馆的设施性是非常满意的。

4)二级指标的加权平均

通过对以上各指标的计算分析,二级指标的数据加权统计结果,如表 5-19。

表 5-19　评价指标的加权平均

评价指标			案例 1		案例 2		案例 3	
一级指标	二级指标	AHP 结果值	平均值	加权平均	平均值	加权平均	平均值	加权平均
B1 可靠性	C1 管理性	0.016 6	5.585 5	0.092 7	5.555 3	0.092 2	5.618 1	0.093 3
	C2 宣传性	0.036 6	4.463 8	0.163 4	4.303 4	0.157 5	4.404 1	0.161 2
	C3 参与性	0.094 0	5.224 9	0.491 1	5.855 0	0.550 4	5.269 4	0.495 3

评价指标			案例 1		案例 2		案例 3	
一级指标	二级指标	AHP结果值	平均值	加权平均	平均值	加权平均	平均值	加权平均
B2 响应性	C4 沟通性	0.037 7	5.091 7	0.192 0	4.395 7	0.165 7	4.658 1	0.175 6
	C5 信赖性	0.225 8	5.843 9	1.319 5	5.774 8	1.304 0	5.715 9	1.290 6
B3 保证性	C6 专业性	0.049 1	4.001 2	0.196 5	3.991 1	0.196 0	4.171 0	0.204 8
	C7 场所性	0.031 3	5.742 3	0.179 7	5.743 0	0.179 8	5.580 6	0.174 7
	C8 规范性	0.129 5	5.790 6	0.749 9	5.707 4	0.739 1	5.635 9	0.729 9
B4 移情性	C9 教育性	0.046 1	5.643 1	0.260 1	5.641 2	0.260 1	5.660 5	0.260 9
	C10 休闲性	0.191 1	5.773 2	1.103 3	5.746 2	1.098 1	5.703 0	1.089 8
	C11 公平性	0.048 4	4.345 7	0.210 4	4.050 9	0.196 1	4.174 7	0.202 1
B5 有形性	C12 交通性	0.008 4	5.609 7	0.047 1	5.574 4	0.046 8	4.981 5	0.041 8
	C13 海洋性	0.049 7	5.717 5	0.284 2	5.720 1	0.284 3	5.695 0	0.283 0
	C14 展示性	0.022 3	4.183 1	0.093 3	4.116 4	0.091 8	4.295 2	0.095 8
	C15 设施性	0.013 4	5.638 2	0.075 6	5.667 9	0.076 0	5.626 1	0.075 4
和			5.465 3		5.435 3		5.377 4	

通过对三所海洋博物馆服务设计的数据进行统计分析,加权平均值分别为 5.465 3、5.435 3、5.377 4,说明三所海洋博物馆服务设计均较为出色。但通过对表 5 - 19 中数据进行分析,仍然可以发现服务设计中存在的问题。

5.3　基于实证结果的问题点分析

本书构建的海洋博物馆服务设计评价指标模型为全面评估和分析博物馆的服务设计提供了科学的评价工具,能够帮助海洋博物馆全面评估和改进其服务。通过对韩国国立海洋博物馆、中国国家海洋博物馆、中国航海博物馆的参观者问卷调查数据进行统计与分析后发现,各自的服务设计仍然存在问题,经梳理归纳,共同的问题有以下五类。

5.3.1　C6 专业性不足

专业性是指海洋博物馆工作人员拥有较好的职业素养,专业知识丰富,讲解员拥有专业的讲解技能,工作人员均有整洁的服装,服务语言规范等。参观者对三所海洋博物馆专业性满意度不高。根据笔者现场观察,工作人员在解答参观者专业性询问时,存在很难熟练运用专业词汇的情况;讲解员虽能够对大部分展品进行清晰深入的讲解,但对部分展品,仍存在讲解内容与实际不符的情况。专业性不足一定会影响文化和教育功能的发挥。工作人员对海洋知识灵活掌握,讲解员对展品理解更深入更客观,能够有效提升海洋博物馆的专业性。

专业性不足的原因在于:一方面,部分工作人员和讲解员在入职前所学专业与海洋领域关联不大,缺乏扎实的专业基础;另一方面,随着海洋领域研究的不断深入以及新知识的涌现,部分工作人员和讲解员若未能及时跟进学习,知识储备便容易出现短板。而这种专业性不足的情况,会直接影响海洋博物馆教育功能的发挥,削弱文化传播效果。例如,在为参观者讲解海洋生物知识时,若工作人员和讲解员自身一知半解,就很难让参观者深入理解,更无法达到良好的文化传播目的。

5.3.2　C11 公平性不足

公平性是指参观者能够接受个性化服务,能够及时获取需求,及时告知服务事项。参观者对三所海洋博物馆公平性的满意度不高。韩国国立海洋博物馆会不定期主动对参观者进行纸质的满意度问卷调查,但受制于工作人员数量较少的缘故,难以保证对参观者进行广泛且细致的问卷调查,这也导致在针对不同群体提供个性化服务方面存在明显不足。天津国家海洋博物馆在微信公众号上设置了满意度问卷调查,为了解参观者的意见和需求提供了一个有效渠道,但参观者基本不会主动进行线上填写,这导致了获取参观者需求方面存在信息滞后、不够全面的问题,难以快速、准确地掌握参观者多样化的需求。中国航海博物馆在馆内虽设置了智能服务台供参观者进行服务及设施评价,然而从现场情况来看,参观者基本不会选择使用这一调查途径,这必然会导致馆方难以借助该渠道收集到有效的反馈信息,在了解参观者需求、获取评价数据方面存在一定阻碍。在实际的海洋博物馆运营中,各馆都能够在醒目位置提醒参观者游览的注意事项,主动张贴各种设备、设施的使用方法,方便了参观者。但不可忽视的是,参观者群体本身具有高度的复杂性,他们有着不同年龄、地域、文化背景和身体状况,有着各种各样的个性化需求,然而当前三所海洋博物馆受制于各种条件限制,往往难以完全顾及这些差异化情况。例如,老年参观者可能希望讲解语速更慢些、有更多休息区域,而亲子家庭,他们更希望馆内设置更多互动体验区,方便家长和孩子一同参与,增进亲子间的情感交流。

5.3.3　C14 展示性不足

展示性是指海洋博物馆展品通过不同展示方式来体现多元化、细节、趣味等。参观者对三所海洋博物馆的展示性满意度不高。第一,各个海洋博物馆均展现了全球海洋遗产丰富性,但韩国国立海洋博物馆受制于场馆限制,丰富性稍弱一些,导致展览吸引力和感染力未达到理想状态。第二,三所海洋博物馆在展览信息传达的趣味性方面,都采用了诸如讲解导览、互动体验、多媒体展示等丰富多样的形式来呈现,但部分展品更新和补充不及时,无法反映最新的海洋研究成果和文化动态,在吸引参观者反复参观和深入了解方面存在明显不足。值得注意的是,中国航海博物馆相比较另外两所博物馆,展示性方面稍好,这是因为该馆离上海主城区较远,为了吸引更多的市民现场参观,该馆主动走进主城区学校、社区、交通枢纽、商业场所进行展览,一定程度上弥补了该馆地理位置远离上海主城区导致的展示性上的缺陷。

5.3.4　C2 宣传性不足

宣传性涵盖了线上线下服务的宣传,宣传和讲解的多语言性等多个方面。参观者对三所海洋博物馆的宣传性满意度不高。这三所海洋博物馆均有自己专门的网站,其中中国国家海洋博物馆、中国航海博物馆拥有自己的官方微信公众号,都已经成为向公众展示自身特色、传播海洋文化的窗口。参观者可以提前通过网站或官方微信公众号了解诸如馆藏珍品、展览安排、研学活动等相关资料信息。三所海洋博物馆网站都能通过多语言进行查阅,但存在非本国语言查询情况下信息翻译不完整、不准确的情况,影响了外国参观者对网站的使用体验。最为关键的是,三所海洋博物馆在网站的推广和宣传方面力度不足,知晓度不高,本国参观者、外国参观者通过网站来获取信息的频率均较低,导致网站的信息传递、多语言优势未能充分发挥。通过对三所海洋博物馆进行现场调查,发现中国国家海洋博物馆和中国航海博物馆提供的纸质导览资料只有中文和英文版,韩国国立海洋博物馆只有韩文版,这不利于小语种国家的参观者通过宣传资料来了解海洋博物馆实际情况,也不利于所代表的海洋文化在国际范围内更广泛、更有效地传播,增加了外国参观者了解海洋博物馆实际情况的难度,限制了海洋博物馆走向国际舞台的步伐。

5.3.5　C4 沟通性不足

沟通性是指海洋博物馆工作人员服务积极主动,线上线下都可以提供服务。对于海洋博物馆而言,积极主动的参观者服务极为重要,其不仅能营造友好且具吸引力的环境,让参观者得到个性化帮助,提升整体参观体验,还有助于吸引参观者再次游览,提升博物馆的形象与口碑。三所海洋博物馆的工作人员能够乐意帮助参观者,但是在较忙的情况下,会有延迟回应参观者的情况。参观者如果参观韩国国立海洋博物馆,无需进行预约,但 30 人以上的团体参观和解说预约需要在官方网站提前预约。参观者如果参观中国国家海洋博物馆,须提前在官方微信公众号上免费实名制预约,免费参观,70 周岁(含)以上老人可以免预约入馆,入馆须查验有效身份证件。参观者如果参观中国航海博物馆,成人须提前通过官方微信公众号或携程、大众点评(美团)等渠道在线实名付费购票,入馆需核验本人身份证;1.4 米(含)以下或 6 周岁及以下儿童入馆须跟随家人入馆;65 周岁及以上老人免费,但需提前在官方微信公众号预约。三个案例中,成人参观者若想进入中国航海博物馆参观,不仅需要提前预约还必须付费购票才能进馆,导致部分参观者对其沟通性较为不满意。

这些问题点是使用评价指标模型对三所海洋博物馆服务设计进行实证研究的分析结果。这些结果揭示了目前三所海洋博物馆在服务设计方面存在的共性问题,为未来的改进和优化提供了具体的方向。

5.4　提升海洋博物馆服务设计的提案

本章使用海洋博物馆服务设计评价指标模型,对韩国国立海洋博物馆、中国国家海洋博物馆、中国航海博物馆的服务设计进行了实证研究。结合锚设计流程模型,本小节针对性地对问卷调查结果反映出的问题提出改善提案。

5.4.1　加强海洋博物馆工作人员的服务专业性建设

海洋博物馆工作人员的服务专业性建设是海洋博物馆保持竞争优势的重要保障,服务专业性的核心在于工作人员的专业化建设,要做到以下三点:

第一,为工作人员提供职业素养培训,并为工作人员的专业发展设定计划和时间表,以提高他们的职业素养。具体来说,职业素养培训包括两方面内容:一方面是为工作人员提供海洋生物、海洋科技、海洋历史、文物保护等方面的专业知识培训,确保工作人员有一定的知识积累;另一方面是为工作人员提供服务和沟通技巧培训。这两种培训,有助于培养工作人员提升服务能力,确保工作人员具备必要的知识和技能来提供优质服务。

第二,实施定期工作人员专业发展绩效评估和反馈,通过科学合理地开展此项工作,能够确定工作人员在专业方面需要改进的具体领域。并有针对性地提升工作人员专业化水平,保障海洋博物馆团队可以实现持续的专业发展。

第三,海洋博物馆还应加强馆内专家团队与馆外专家力量的深度合作,合力完善服务专业性建设。例如,可以共同策划并合力举办各类精彩纷呈的互动活动。知识竞赛凭借趣味性,能够激发参观者主动求知的热情;学术论坛汇聚多元思想,可以拓宽认知视野;文化沙龙的浓厚氛围,有利于增进文化感悟;专家现场讲解,答疑解惑,确保知识准确传递,更能提升服务的专业性。

5.4.2　建立海洋博物馆参观者需求研究机制

由于海洋博物馆自身的特殊性,决定了其必须充分了解参观者需求,才能为参观者提供优质的服务。为此,应建立海洋博物馆参观者需求研究机制,以更好地了解参观者的需求,并据此进行必要的服务改进,为海洋博物馆优化服务设计提供重要参考。建立海洋博物馆参观者需求研究机制,要做到以下两点。

第一,定期通过问卷调查、访谈、实地考察等方式收集参观者需求信息,深入调研、分析各类参观者群体的诉求,据此针对性地优化服务、完善设施设备,以更好地满足参观者的个性化需求,推动海洋博物馆在社会文化传播中发挥更积极的作用,让每一位参观者都能拥有良好的参观体验。其中,问卷调查可以覆盖更广泛的参观者群体,获取大量具有普遍性的数据反馈;访谈则能深入了解参观者个体的真实想法与感受,挖掘细节性意见;实地考察更是能站在参观者视角,切身感受各个服务环节。通过这些途径,了解参观者对海洋博物馆服务的满意度,促使服务不断贴合参观者期待,提升整体服务质量。

第二,借助不定期的服务优化论坛、在线反馈机制收集参观者的意见,保障参观者对海洋博物馆服务设计的评价权。服务优化论坛能汇聚各方声音,大家各抒己见,让不同的看法充分交流碰撞;在线反馈机制更是打破了时空限制,方便参观者随时线上表达想法。由于海洋博物馆作为公共机构,具有很强的公共属性,所以除参观者外,像政府部门从管理角度、社区从周边影响层面、旅游公司从行业视角等,都有权参与到对其服务的评价当中,共同推动服务优化升级。

5.4.3 推进海洋博物馆展品资源共享和优势互补

海洋博物馆作为教育和传播海洋知识的重要平台,其在促进海洋文化传播、推动海洋科技进步、保护海洋生态环境等维度,发挥着不可替代的学术价值。当前海洋博物馆若要解决展示性不足的问题,需要推进展品资源共享和优势互补,要做到以下两点:

第一,多途径探索和实现现有展品价值。将丰富的馆藏资源转化为生动有趣的展览,充分使用虚拟现实、增强现实等数字互动多媒体设备,展示更多的展品细节。互动多媒体设备同时能够对展品本身进行更多方位的展示,相比展品实物本身能够承载更多的信息内容,也易于参观者接受,从而辅助教育功能的实现。

第二,建立海洋博物馆之间的合作机制。目前沿海地区海洋博物馆数量总体较少,交流和合作受到限制,这使得海洋博物馆之间没有形成资源共享和优势互补,阻碍了海洋博物馆展示性的充分发挥。要解决这一问题,就要主动建立现有海洋博物馆之间的合作机制,通过定期合作举办展览、学术交流等活动来促进不同海洋博物馆之间的相互合作和交流,从而使不同地域海洋博物馆之间相互学习、相互借鉴、共同进步。

5.4.4 创新海洋博物馆的文化展示和宣传方式

海洋博物馆作为一种海洋文化的宣传平台,应综合运用多样化手段,创新文化展示和宣传方式,高效地向公众传播海洋科学知识,从而为参观者营造更为丰富多彩且极具深度的文化体验,推动海洋文化的广泛传播与深入发展。

第一,丰富现有海洋文化展示方式。在海洋科学实验室、海洋生物标本实验室等场所设置一定的开放区域,为参观者打造出沉浸式的学习体验空间,有助于打破传统展示的局限性。当参观者走进海洋科学实验室,可亲眼目睹科研人员对海洋奥秘的探索过程;在海洋生物标本实验室,能近距离观察各类精美的标本,直观了解海洋生物的多样性。通过这样的方式,让更多参观者深入知晓海洋历史文化以及生态环境现状,进而从心底唤起对海洋的保护意识,切实增强人们守护海洋的责任感。

第二,及时更新网站信息,丰富网络服务功能。海洋博物馆应主动推广和宣传官方网站,提高知晓度。参观者可以通过海洋博物馆网站方便及时地了解相关信息。比如,海洋博物馆网站上可以定期举办以海洋科普为主题的线上讲座,这些讲座支持回放功能,方便未能及时观看直播的参观者随时进行学习,还可以定期在网站上发布有关海洋科普知识的文章;在网站上,视频是最为直观、简单的一种宣传方式,通过视频可以使参观者更加方便地了解海洋博物馆,丰富现有海洋文化展示方式。

第三,创新文化展示和宣传方式。利用现代网络和多媒体技术,有效扩大海洋博物馆的影响范围和受众群体。如今,短视频已深度融入人们生活,借助短视频平台,海洋博物馆可制作趣味科普短视频,展示海洋生物的奇妙、航海历史的波澜壮阔,吸引众多线上用户关注。让无法亲临现场的人们也能感受海洋文化魅力。

第四,海洋博物馆可以主动赴社区、学校进行移动式展览,在展览的同时,也进行了宣传。透过开放博物馆理念,经由提供资源箱的方式,博物馆除了静待吸引参观游客的教育模式,也可以主动走入学校、小区推广科普教育。社区作为居民生活聚集的场所,海洋博物馆在这里举办移动式展览,能让不同年龄段、不同职业的居民近距离接触海洋文化,拓宽他们的海洋视野。而走进学校开展展览,可以引导学生从小培养对海洋的兴趣,激发他们探索海洋奥秘的热情,让海洋文化的宣传覆盖面得以进一步扩大。

5.4.5　加强海洋博物馆多元化服务设计建设

海洋博物馆作为海洋文化传播的重要载体,在促进海洋文化发展、推动海洋科技进步、保护海洋生态环境等方面具有不可替代的作用。因此,为更充分实现其价值,进一步强化海洋文化的传播与传承,推动相关领域的持续进步,应加强海洋博物馆多元化服务设计建设,解决沟通性不足的问题。这将顺应当下可持续发展的迫切需求,能够发挥海洋博物馆的功能,使其更好地服务于社会大众与海洋事业。

第一,提高海洋博物馆工作人员的人文服务素养,这种素养不仅体现在热情友好的态度上,更在于能够敏锐洞察参观者的情绪与需求,让参观者感受到人文关怀。帮助工作人员更好地了解如何有效地与参观者沟通,预测参观者需求,培养工作人员的人文关怀意识。人文关怀必不可少,服务到位和主动提供帮助能够获得游客的好感,产生宾至如归和不虚此行的感觉,提高游客的重游率。

第二,海洋博物馆要对参观者进行参观引导,增加必要的导览服务。海洋博物馆可以与科技公司合作开发智慧导览系统,参观者只需要依靠智慧导览设备就可以自由游览博物馆。智慧导览系统还应从各种不同的语言着手,将相关的导览设备进行语种的丰富和完善,涵盖中、英、日、韩等多国语言,甚至以人性化为基准,适时加入一些方言版和青少年儿童版,抑或专家版。

第三,海洋博物馆网站信息应及时和准确,电话服务应保持热情和耐心,预约程序要便捷流畅。海洋博物馆网站应定期信息更新和维护,比如及时发布新增展品的亮点、活动具体安排以及开闭馆时间变更等内容,确保参观者在访问之前获得积极体验和充分信息。电话服务方面,工作人员应始终以热情文明的态度,耐心准确答疑,认真记录投诉等。海洋博物馆还应简化预约程序,让参观者能轻松预约进馆。

5.5　小结

为了验证上一章确定的海洋博物馆服务设计评价指标模型的有效性和适用性,本章选取了韩国国立海洋博物馆、中国国家海洋博物馆、中国航海博物馆等三所海洋博物馆进行问卷调研,以了解参观者对三所海洋博物馆服务设计的评价情况。问卷数据统计分析仍然采用 AHP 法。通过数据统计和分析,证明评价指标模型具有有效性和适用性,并能够作为评价海洋博物馆服务设计的工具。

根据对数据统计结果的分析,三所海洋博物馆在服务设计方面各自具有独特的特色,都通过精心策划的展览和互动体验,为参观者提供了丰富而深入的体验。但数据统计结果也揭示了这三所海洋博物馆在服务设计方面存在的一些需要改进的问题点,在专业性、公平性、展示性、宣传性、沟通性等方面有待进一步提高。本章针对这些问题点,结合锚设计流程模型,提出改善提案。这些提案包括:加强海洋博物馆工作人员对参观者服务的专业性建设,建立海洋博物馆参观者需求研究机制,推进海洋博物馆展品资源共享和优势互补,创新海洋博物馆的文化展示和宣传方式,加强海洋博物馆多元化服务设计建设等。

第6章　结论及展望

本章总结了本书关于海洋博物馆服务设计评价的主要研究成果,分析了研究过程中存在的局限性,并对未来研究方向进行了展望。通过系统构建和验证评价指标模型,结合实证研究,本文为海洋博物馆服务设计的优化与提升提供了理论支持和实践指导。展望部分则聚焦服务设计评价指标的持续完善、数字技术应用、国际视野拓展及数据安全保障,旨在推动海洋博物馆服务设计评价体系的科学发展和可持续创新。

6.1　研究结果总结

随着社会经济的快速发展,服务经济时代已经来临,人们对文化旅游的需求不断增加,海洋博物馆作为文化旅游场所的角色愈加突出。海洋博物馆为了增强吸引力和竞争力,需要提升参观者体验,海洋博物馆服务设计应运而生。当前,各海洋博物馆虽然开展了多种多样的服务设计实践,但未形成系统的理论和实践体系,这已经阻碍了海洋博物馆服务设计水平的提升。单从理论研究方面来看,虽然对服务设计的研究不少,但并没有专门的海洋博物馆服务设计评价的研究。

为了评估海洋博物馆服务设计质量和效果,进行海洋博物馆服务设计评价是十分必要的。这种评价能够帮助海洋博物馆识别自身服务设计的优势和不足,为改进和提升服务质量提供具体指导。同时,评价有助于促进不同地区海洋博物馆之间比较和经验交流,从而推动行业的整体发展。因此,科学合理的服务设计评价不仅能够优化海洋博物馆服务资源配置,提高参观者体验,还能促进海洋博物馆服务设计的可持续发展。

本书介绍了服务设计、海洋博物馆服务设计、海洋博物馆服务设计评价等相关的理论,奠定了本书研究的理论基础。本书还在国内外学者研究的基础上,构建了锚设计流程模型。本书还应用 SERVQUAL 模型和模糊德尔斐法,选定了评价指标,最终构建了海洋博物馆服务设计评价指标模型,并使用 AHP 法验证了评价指标权重。海洋博物馆服务设计评价指标模型为海洋博物馆服务设计的评价和优化提供了一种系统性框架。本书研究的具体内容总结如下:

第一,对相关理论进行了梳理与探究,夯实了海洋博物馆服务设计的理论基础。在服务设计理论部分,对服务设计的概念、核心点、基本特征进行了研究。在海洋博物馆服务设计理论部分,着重对海洋博物馆的特征加以阐述,同时围绕海洋博物馆服务设计的概念与基本特征进行了深入探讨。在海洋博物馆服务设计评价理论部分,对其进行了定义,并从评价目标与维度的确定、评价主体的确定、评价指标的科学选定、评价方法的合理使用等角度分析了其内涵。

第二,构建了海洋博物馆服务设计流程模型——锚设计流程模型(ADPM)。基于锚的形态和结构构建的锚设计流程模型,丰富了海洋博物馆服务设计研究。锚设计流程模型由调查研究、定义、规划、实现、综合评价等五个阶段组成。调查研究阶段包括:海洋博物馆服务设计目标和问题的确定、安排调查研究、数据收集、数据验证及可靠性检查、数据分析及总结、洞察和发现提炼。定义阶段包括:海洋博物馆服务设计的问题点分析、相关概念与特征分析、海洋博物馆服务设计评价的内涵分析。规划阶段包括:现有人力资源、展品资源和服务设施评估,确定目标参观者及其具体需求和偏好,进行市场研究以评估对不同类型服务的需求,服务原型开发与测试及试点方案确定。实现阶段包括:试点方案的实施,评价指标的选定,试点方案实施效果评估、设计方案发布。综合评价阶段包括:对象地的选定、参观者问卷调查的进行、问题点分析、提出改善提案。这一流程模型与服务设计评价相互关联,以实现海洋博物馆服务设计的持续优化与完善。

第三,构建了海洋博物馆服务设计评价指标模型。本书将评价指标选定过程分为指标提取阶段和指标筛选阶段。在指标提取阶段使用 SERVQUAL 模型,在对与海洋博物馆相关的文献分析基础之上,总结出评价预备指标,并对预备指标加以详细说明。在指标筛选阶段,使用模糊德尔斐法邀请专家打分,对预备指标项进行筛选,最终选定评价指标,最后确立了由 5 个一级指标、15 个二级指标、43 个三级指标构成的海洋博物馆服务设计评价指标模型。为了准确确定各指标之间的相对重要性,使用 AHP 法对评价指标进行了权重验证,并在数据结果基础上对评价指标的权重值进行了排序。

第四,对海洋博物馆服务设计评价指标模型进行实证研究。为了验证该评价指标模型的有效性和适用性,本书选取了中国国家海洋博物馆、中国航海博物馆、韩国国立海洋博物馆等三所海洋博物馆进行问卷调研,了解参观者对海洋博物馆服务设计的评价情况。问卷数据统计分析采用 AHP 法。通过对数据统计的结果进行分析,三所海洋博物馆在服务设计方面各自具有独特的特色。本书构建的海洋博物馆评价指标模型具有有效性和适用性,能够作为海洋博物馆服务设计评价的工具。根据数据统计结果,三所海洋博物馆服务设计存在共同的问题点,比如专业性、公平性、展示性、宣传性、沟通性方面仍有待进一步提高。本书针对这些问题点,结合锚设计流程模型,提出了改善提案。这些提案包括:加强海洋博物馆工作人员的服务专业性建设,建立海洋博物馆参观者需求研究机制,推进海洋博物馆展品资源共享和优势互补,创新海洋博物馆的文化展示和宣传方式,加强海洋博物馆多元化服务设计建设等。

本书构建的海洋博物馆服务设计评价指标模型可以为海洋博物馆服务设计方案的规划、实施和评价提供有效依据,能够助力锚设计流程模型的科学应用,促进中韩海洋博物馆服务设计的优化,推进两国海洋博物馆服务设计的可持续发展。根据实证研究总结出的服务设计问题点,相应提出了五个改善提案,这些提案可以使两国的海洋博物馆确保其长期的服务可持续性,吸引更广泛的参观者,最终促进中韩两国海洋博物馆服务设计的更好发展。

6.2 研究的局限性

尽管本书在整个研究过程中力求客观严谨,从研究思路的规划到具体方法的运用,都秉持着科学、审慎的态度,尽力确保每一个环节的准确性。但是,由于笔者学识和科研水平有限,研究过程和结果仍存在以下几方面的局限性:

第一,在理论和实践层面:海洋博物馆服务设计评价研究涉及众多学科理论,但缺乏专门的海洋博物馆服务设计理论和系统性评价指标作为参考,同时由于笔者理论水平所限,在相关理论的拓展方面受到诸多限制,从而制约了研究的深度和广度。构建的海洋博物馆服务设计流程模型,在科学性上具备可靠性,但在实际适用性上尚有完善的空间。

第二,评价指标选定方面:由于专业领域的不同,专家们对海洋博物馆服务设计评价指标的理解角度是多种多样的,选择评价指标时的倾向性是有差异的,本书无法对专家专业领域所影响的范围及比例进行测定。此外,没有从参观者角度来选定评价指标,这也导致海洋博物馆服务设计评价指标的选定有一定的局限性。

第三，数据样本方面：在评价指标模型实证研究阶段采用了问卷调查法，由于不同国家的问卷调查对象在填写问卷时，对评价指标所对应服务设计实际情况的心理接纳区间存在差异，且调查结果受调查对象主观意识的影响，容易导致对指标的理解和判断会造成偏倚。另外，在现场调查中，调查时间及问卷发放量会受到限制，这同样会对结果产生影响，以后在条件允许的情况下应尽可能延长问卷调查时间、增加问卷样本数量和提升样本的多样性。

第四，案例选择方面：考虑到时间和资源的局限性，在评价指标模型实证研究阶段，只选择韩国国立海洋博物馆、中国国家海洋博物馆、中国航海博物馆等三所海洋博物馆进行研究。案例虽然具有一定的代表性，但案例的地域多样性方面仍然欠缺。在未来的研究中，可以补充除中国、韩国之外的海洋博物馆，进行更广泛、更全面的研究，以进一步验证海洋博物馆服务设计评价指标模型的有效性和适用性。

6.3　研究的展望

海洋博物馆服务设计会给参观者带来精神的享受，同时也是城市文明的一大亮点，同时也会提升城市的文化品位。海洋博物馆服务设计评价模型不仅能够衡量海洋博物馆各项服务举措的成效，为海洋博物馆服务的发展提供极具针对性的决策依据，在行业内搭建起对比框架，促进各馆相互借鉴、共同进步，而且助力锚设计流程模型的科学应用，优化多样化的海洋博物馆服务，引领中韩两国海洋博物馆服务设计的发展。

未来海洋博物馆服务设计评价的研究，可突破中韩两国的地域限制，将研究范围拓展至更广泛的国家。通过对不同国家海洋博物馆服务设计的深入研究，如欧美国家在科技融合、互动体验方面的创新，东南亚国家在海洋文化特色挖掘上的实践，能够获取更丰富的研究样本，为海洋博物馆服务设计评价注入多元视角，推动该领域的研究向纵深发展，进一步完善服务设计评价体系。不仅如此，随着海洋博物馆事业的发展及新思想、新技术和新方法的应用，未来海洋博物馆服务设计评价的研究，还可以包括以下几个方面：

第一，服务设计评价指标的持续完善。在当今社会快速发展的大背景下，参观者需求处于动态变化之中，这就要求海洋博物馆与时俱进，持续对服务设计评价指标加以更新与完善，以此保障其动态性。例如，考虑到环境保护与可持续发展在当今社会的重要性，未来的评价指标可以引入参观者海洋环保素养提升、展示理念注重环保可持续性等指标，用以衡量海洋博物馆在推动环境保护与可持续发展进程中所作出的努力。如此一来，服务设计评价指标将更加全面且贴合时代发展需求，促使海洋博物馆更好地履行自身使命。

第二，数字化技术与服务设计的深度结合。在当今数字化浪潮席卷的时代背景下，虚拟现实（Virtual Reality：VR）和增强现实（Augmented Reality：AR）等数字化技术与服务设计的结合为参观者营造了更为丰富、极具个性化且充满互动性的参观体验，推动了海洋博物馆服务设计的发展与创新。未来，海洋博物馆需要进一步深化 VR 和 AR 数字化技术应用于沉浸式体验设计的实践，持续更新 VR 场景，优化 AR 互动功能，让参观者能从更多维度身临其境般深入领略海洋博物馆的独特魅力。对于具备条件的海洋博物馆来说，可以与高科技公司合作进一步引入混合现实（Mixed Reality：MR）技术，通过在海洋博物馆内现实场景中呈现虚拟场景信息，实现参观者与现实世界、虚拟世界之间的信息交互反馈，进一步增强参观者体验的真实感。在展示设计方面应用数字化技术，通过拓展 VR、AR、MR 的应用场景，可以使展示内容更加生动形象，提供更易于理解的多媒体展示和互动体验。同时，大数据和人工智能技术为个性化服务设计提供了有力支撑，海洋博物馆可根据参观者的浏览偏好和行为习惯，精准推送服务内容，提升服务匹配度。最后，借助网络和远程通信技术，海洋博物馆能够实现远程参观和在线教育服务，进一步拓宽服务边界，使更多人有机会接触和了解海洋，促进海洋文化的广泛传播。

第三，国际化视野的拓展。当前世界面临逆全球化现象，但全球化的进程仍在持续推进，作为文化传播与交流的重要平台，海洋博物馆通过丰富的藏品和多样的交流活动，能够促进国际的文化交流。因此，海洋博物馆仍然需要拓展国际化视野，关注全球化背景下的服务设计和评价。例如，跨文化体验和多语言服务设计等，都是值得深入探究的方向。海洋博物馆可以通过与国际知名海洋博物馆及相关机构建立合作关系，借助与国际同行的交流与合作，了解不同文化背景下的服务设计实践与评价标准，推动服务设计评价的持续完善，使其更好地顺应国际发展趋势，在全球海洋文化传播中发挥更大的作用。

第四，数据安全和隐私保护。在当今数字化飞速发展的时代背景下，大数据已广泛应用于众多领域。对于未来的海洋博物馆服务设计评价而言，必须重视参观者数据安全问题。从技术层面看，可以综合运用前沿技术手段，加强数据的加密及全方位保护，做到数据从收集、存储到使用、共享各环节都具备高度的合规性和透明度，确保数据应用符合道德准则，保障参观者数据安全。

总之,海洋博物馆服务设计评价的研究前景广阔,未来的海洋博物馆可以建立更加完善、能够持续改进和优化的服务设计评价指标模型。期待本书能够为中国、韩国以及世界其他国家海洋博物馆服务优化提供更有益的参考,进一步提升参观者体验。除了促进海洋博物馆自身发展外,本书的研究还具备良好的迁移性,为其他主题的博物馆构建科学评价体系提供了切实可行的思路与参照。例如,在海洋博物馆服务设计评价指标模型中,与 C3 参与性有关展品呈现与互动体验深度融合的相关指标,对于自然科学类博物馆而言,它们可以参照该思路,依据自身特色展品,如地质化石、动植物标本等,巧妙设计互动环节,使参观者在了解科学知识的同时增强参与感;而文化艺术类博物馆,可以围绕艺术作品展示,借鉴模型里 C14 展示性有关的引导参观者体验趣味以及营造氛围的相关指标,打造出别具一格的观展环境。同时,在学术交流层面,本书研究能成为跨地域、跨领域博物馆专业人员共同探讨的焦点话题,促进知识共享与思想碰撞,催生出更多创新理念与方法。而且,其对于培养相关专业人才也有着积极意义,学生可借此深入了解服务设计评价的核心要点,提升理论与实践结合的能力,为文博行业源源不断输送高质量人才,进一步夯实行业发展基础,让服务设计的优化辐射到更广泛的范围之中,全方位彰显本书研究的重要价值。

附　录

附录1

2024 韩国国立釜庆大学一般大学院
第一次专家组意见汇总表（中文）

海洋博物馆服务设计评价指标选择专家组问卷调查

您好！

感谢您在百忙之中抽出宝贵的时间。

本问卷涉及海洋博物馆服务设计评价指标的选择,想了解海洋博物馆服务设计评价指标。通过您对初步筛选的 5 项一级预备指标和 15 项二级预备指标以及 60 项三级预备指标的宝贵意见,以期使评价指标具有客观性和科学性。应答以无记名方式进行统计处理,并承诺只用于学术目的。请在百忙之中诚实地回答您对问卷的各项感受,不胜感激。

指导教授：韩国国立釜庆大学海洋融合设计工学系主任教授　曹祯焖

研 究 者：韩国国立釜庆大学海洋融合设计工学系博士生　　　郑宪恒

▶ 以下是关于您的人口统计属性的问题。请在该项目的□里填写√。

1. 您的性别?

① □ 男士　　　② □ 女士

2. 您的年龄是?

① □ 30—39 岁　② □ 40—49 岁　③ □ 50—59 岁　④ □ 60 岁以上

3. 您的职业是?

① □ 管理者　　② □ 研究员　　③ □ 大学教师　　④ □ 设计师

4. 您的专业领域是?

① □ 展示设计　② □ 设计理论　③ □ 环境设计

④ □ 视觉设计　⑤ □ 公共设计　⑥ □ 海洋设计

⑦ □ 交互设计　⑧ □ 体验设计　⑨ □ 其他(　　　　　)

5. 您的工作经历?

① □ 5—10 年　② □ 11—15 年　③ □ 16—20 年　④ □ 21 年以上

▶ 以下是关于评价指标选择的问题。

采访说明:

请从专家的角度提出意见和建议。访谈的结果会更加科学地整理,并带来结果。咨询人将对相关内容进行说明,并如实记录您的答复。

一级 评价预备指标	二级 评价预备指标	三级 评价预备指标	专　家　建　议
B1 可靠性	C1 管理性	D1 合法性	
		D2 保管性	
		D3 纪念性	
		D4 合理性	
	C2 宣传性	D5 便利性	
		D6 交流性	
		D7 视觉性	
		D8 复合性	
		D9 多语言性	
		D10 可读性	
		D11 补充性	
	C3 参与性	D12 交互性	
		D13 智能性	
		D14 互动性	
B2 响应性	C4 沟通性	D15 积极性	
		D16 即时性	

一级 评价预备指标	二级 评价预备指标	三级 评价预备指标	专 家 建 议
B2 响应性	C4 沟通性	D17 及时性	
		D18 预约性	
	C5 信赖性	D19 包容性	
		D20 亲切性	
		D21 责任性	
		D22 高效性	
B3 保证性	C6 专业性	D23 统一性	
		D24 优质性	
		D25 熟练性	
		D26 客观性	
	C7 场所性	D27 清洁性	
		D28 照明性	
		D29 冷暖性	
	C8 规范性	D30 秩序性	
		D31 安全性	
		D32 完善性	
		D33 承诺性	
B4 移情性	C9 教育性	D34 知识性	
		D35 怀旧性	
		D36 历史性	
		D37 主动性	
	C10 休闲性	D38 旅游性	
		D39 陪伴性	

一级 评价预备指标	二级 评价预备指标	三级 评价预备指标	专　家　建　议
B4 移情性	C10 休闲性	D40 唯一性	
		D41 休闲性	
		D42 逃避性	
	C11 公平性	D43 针对性	
		D44 提前性	
		D45 平等性	
B5 有形性	C12 交通性	D46 快速性	
		D47 专门性	
		D48 综合性	
	C13 海洋性	D49 识别性	
		D50 美观性	
		D51 海洋文化性	
	C14 展示性	D52 多元性	
		D53 丰富性	
		D54 多样性	
		D55 完整性	
		D56 趣味性	
		D57 时间性	
	C15 设施性	D58 齐全性	
		D59 适用性	
		D60 必要性	

＊ 海洋博物馆服务设计评价预备指标的说明

1. 一级评价预备指标的说明

一级评价 预备指标	一级评价预备指标简要说明
B1 可靠性	海洋博物馆服务设计的可靠性是海洋博物馆服务设计的一项重要评价指标。该指标评估海洋博物馆展品的管理程度,宣传渠道的有效性,智能设施设备使用的便利性,互动体验的参与性等。具体来说,影音、图像、照片的著作权合法性,发放和售卖有纪念意义的商品,网站使用的便利性,线上和线下宣传和讲解的多语言性,使用智能化设备和互动设施与海洋对话的便利性,所售商品质量和价格的合理性等都是可靠性指标需要关注的方面
B2 响应性	海洋博物馆服务设计的响应性是指海洋博物馆愿意倾听和与参观者互动,及时解决参观者询问、关注和反馈的能力。评估响应性涉及工作人员服务的积极性和及时性,线上、线下提供服务的及时性,博物馆相关服务的预约性,工作人员服务的包容性和亲切性,持续兑现服务承诺的能力,解决问题的责任性和时效性等
B3 保证性	海洋博物馆服务设计的保证性体现在工作人员服务的专业性,场所的清洁、照明和冷暖,对参观者服务的规范性等。这首先表现在工作人员知识丰富、熟练和服装统一,有良好的沟通表达能力,能够为参观者提供准确的信息和帮助等。第二表现在空间的清洁、照明、冷暖能够满足参观者需要。第三表现在观看秩序、安全能够保证,会员体验服务完善,能完成服务承诺等
B4 移情性	海洋博物馆服务设计的移情性是指博物馆可以创造一个具有教育性的热情和包容的环境,工作人员能够让参观者感到被倾听和理解,促进参观者情感参与,并提升参观者游览体验。移情性还可以通过博物馆工作人员在多大程度上积极与参观者互动、预测他们的需求、参观过程中提供个性化帮助来衡量
B5 有形性	海洋博物馆服务设计的有形性是指对海洋博物馆物理方面和特征方面对参观者的影响进行评估,包括评估到达海洋博物馆的交通快速程度,展示空间的海洋氛围营造,展品的质量和状况,各种设施的完备和适用等。有形性还可以体现在对参观者是否能够轻松便捷地游览馆内各个区域,参观者在馆内是否可以享受到餐饮服务,展品或者展示空间的美观,展品的多样性和真实性等进行评估

2. 二级、三级评价预备指标的说明

一级 指标	二级 指标	二级指标 简要说明	三级指标	三级指标简要说明
B1 可靠性	C1 管理性	对影音、图像、照片、展品、纪念品、售卖商品等有正规的管理	D1 合法性	影音、图像、照片的著作权的合法性
			D2 保管性	展品中不应有易碎、易损物品
			D3 纪念性	有很多有意义和趣味性的纪念品
			D4 合理性	所售商品质量有保证、价格合理

一级指标	二级指标	二级指标简要说明	三级指标	三级指标简要说明
B1 可靠性	C2 宣传性	线上线下服务的宣传，宣传和讲解的多语言性	D5 便利性	网站有良好的视觉、阅读、信任、互动体验
			D6 交流性	提供文化体验、交流等在线活动
			D7 视觉性	网站界面设计符合视觉设计要求
			D8 复合性	通过线上、线下等多途径宣传
			D9 多语言性	使用多种语言宣传和讲解，有助于吸引外国参观者参与
			D10 可读性	不同参观者对文字、图片、视频的理解度和可读性
			D11 补充性	展览或展品有语音讲解服务
	C3 参与性	参观者可以参与各种活动，使用智能化设备和互动设施与海洋对话	D12 交互性	使用科技平台与互动设施，让参观者身临其境体验海洋
			D13 智能性	通过智能化设备了解海洋博物馆
			D14 互动性	博物馆通过面对面、传统媒体、网络媒体与公众互动
B2 响应性	C4 沟通性	工作人员服务积极主动，线上线下都可以提供服务	D15 积极性	工作人员总是乐意帮助参观者
			D16 即时性	工作人员无论多忙都会及时回应参观者的要求
			D17 及时性	工作人员线上、线下能够提供迅速及时的服务
			D18 预约性	参观者和团体可以通过网络或电话提前预约博物馆相关服务
	C5 反馈性	能够及时处理游客询问的问题，及时进行反馈	D19 包容性	工作人员与各种群体的参观者都能保持良好关系
			D20 亲切性	工作人员总是热情、友好地接待参观者
			D21 责任性	对参观者投诉可及时处理
			D22 高效性	对参观者的意见及时进行反馈

一级指标	二级指标	二级指标简要说明	三级指标	三级指标简要说明
B3 保证性	C6 专业性	工作人员拥有较好的职业素养,专业知识丰富,讲解员拥有专业的讲解技能	D23 统一性	工作人员有整洁的服装,服务语言规范
			D24 优质性	工作人员拥有丰富的专业知识
			D25 熟练性	工作人员具有良好的沟通表达能力
			D26 客观性	讲解员对展品知识的讲解客观,不带主观感情
	C7 场所性	博物馆空间清洁、照明、冷暖能够满足参观者需要	D27 清洁性	展示空间、户外空间的清洁性
			D28 照明性	室内、户外设施的照明性
			D29 冷暖性	展示空间、大厅的冷暖性
	C8 规范性	观看秩序、安全能够保证,会员体验服务完善	D30 秩序性	服务人员组织参观者观看秩序井然
			D31 安全性	保证参观者参观的安全
			D32 完善性	参观者可以通过加入会员体验更多服务
			D33 承诺性	有完成服务承诺的制度,服务能够保质保量完成
B4 移情性	C9 教育性	参观者在游览过程中学到了海洋知识,博物馆可以走进社区、学校,宣传海洋知识	D34 知识性	参观者在轻松的观览氛围中,在不知不觉中增长了知识,扩大了视野,继而受到教育
			D35 怀旧性	展品能够展现丰富的海洋历史,产生对过去的怀念
			D36 历史性	通过观看展览,可以知道丰富的海洋历史
			D37 主动性	博物馆主动走入学校、小区推广海洋教育
	C10 休闲性	参观者在馆内沉浸在海洋氛围中,身心得到放松	D38 旅游性	海洋博物馆为参观者提供了独特的身临其境的旅游体验
			D39 陪伴性	参观者感受到了海洋博物馆亲切、多元、包容的体验

一级指标	二级指标	二级指标简要说明	三级指标	三级指标简要说明
B4 移情性	C10 休闲性	参观者在馆内沉浸在海洋氛围中,身心得到放松	D40 唯一性	在海洋博物馆的体验是唯一的,不可替代的
			D41 休闲性	不同年龄的参观者可以在轻松的氛围中享受海洋的乐趣
			D42 逃避性	参观者可以摆脱现实的劳累,沉浸在海洋氛围中
	C11 公平性	参观者能够接受个性化服务,能够及时获取需求,及时告知服务事项	D43 针对性	针对不同群体提供个性化服务
			D44 提前性	事先告知参观者服务时间的长短与应注意事项,主动告知参观者各种设备、设施的使用方法
			D45 平等性	对参观者需求调查的努力程度
B5 有形性	C12 交通性	各种道路使参观者感到便利	D46 快速性	到达博物馆的交通便利程度
			D47 专门性	有专门的汽车停车场供参观者使用
			D48 综合性	不同人群能够轻松识别导行(标志)
	C13 海洋性	让参观者感受到建筑内外空间的海洋特点	D49 识别性	通过建筑能够很快辨认出是海洋博物馆
			D50 美观性	展品或者展示空间的海洋美
			D51 海洋文化性	博物馆空间有海洋文化氛围
	C14 展示性	展品通过不同展示方式来体现多元化、细节、趣味等	D52 多元性	展示方式多元
			D53 丰富性	展示丰富的全球海洋遗产
			D54 多样性	参观者可以参与各种展览,看到各种各样的海洋展品
			D55 完整性	展品展示过程中能看到细节
			D56 趣味性	展览信息传达的趣味性
			D57 时间性	展品应及时更新和补充

一级指标	二级指标	二级指标简要说明	三级指标	三级指标简要说明
B5 有形性	C15 设施性	各种服务设施完备和适用	D58 齐全性	服务、休闲设施的齐全
			D59 适用性	老弱者（老人、残疾人、孕妇、儿童等）设施的适用性
			D60 必要性	参观者在馆内可以享受到餐饮服务，还应包含一些特殊化的必要的要求，以及急救设施设备等

再次感谢您在百忙之中填写问卷！

祝您度过美好的一天！

附录 2

2024 국립부경대학교 일반대학원 제1차 전문가집단 의견 수렴표(한국어)

□ 해양박물관의 서비스디자인 평가지표 선택을 위한
전문가 집단 설문조사

안녕하십니까?

바쁘신 가운데 소중한 시간을 내어주셔서 감사합니다.

본 설문지는 해양박물관 서비스디자인 평가지표 선택에 관한 것으로써 해양박물관 서비스디자인 평가지표에 대해 알아보고자 합니다. 기초자료로 선택한 5개 일급 예비지표와 15개 이급 예비지표와 60개 삼급 예비지표에 대한 귀하의 소중한 의견을 통해 평가지표의 객관성과 과학적인 결과를 도출하고자 합니다. 응답은 무기명에 의해 통계 처리되며 오로지 학문적인 목적을 위해서만 사용될 것을 약속드립니다. 바쁘신 중이라도 설문지의 각 항목에 대해서 귀하가 느끼는 바를 성실하고 솔직하게 답변해 주시면 감사하겠습니다.

지도교수: 국립부경대학교 마린융합디자인공학과 주임교수　조정형
연 구 자: 국립부경대학교 마린융합디자인공학과 박사과정　정호남

▶ 다음은 귀하의 인구통계학적 속성에 관한 질문입니다. 해당 항목의 □ 안에 √표를 해주시기 바랍니다.

1. 귀하의 성별은?

① □ 남성　　　　　② □ 여성

2. 귀하의 연령은?

① □ 30 대　　　　② □ 40 대　　　　③ □ 50 대

④ □ 60 대

3. 귀하의 직업은?

① □ 관리자　　　　② □ 연구원　　　　③ □ 대학교수

④ □ 디자이너

4. 귀하의 전공 분야는?

① □ 전시디자인　　② □ 디자인 이론　　③ □ 환경디자인

④ □ 시각디자인　　　⑤ □ 공공디자인　　⑥ □ 해양디자인

⑦ □ 인터 랙티브 디자인 ⑧ □ 체험디자인　　⑨ □ 기타(　　　　　)

5. 귀하의 근무경력은?

① □ 5—10 년　　　　② □ 11—15 년　　③ □ 16—20 년

④ □ 21 년 이상

▶ 다음은 평가지표의 선택에 관한 질문입니다.

인터뷰에 대한 설명:

전문가의 관점에서 다음 질문에 답변하고 전문 분야의 견해와 의견을 부탁드립니다. 인터뷰 결과는 더욱 과학적으로 정리하고 결과로 이어질 것입니다. 상담자는 해당 내용에 대해 설명하고 귀하의 답변을 성실하게 기록할 것입니다.

1급 예비지표	2급 예비지표	3급 예비지표	전문가의 건의
B1 믿음성	C1 관리성	D1 합법성	
		D2 보관성	
		D3 기념성	
		D4 합리성	
	C2 홍보성	D5 편의성	
		D6 교류성	
		D7 시각성	
		D8 복합성	
		D9 다국어성	
		D10 가독성	
		D11 보충성	
	C3 참여성	D12 인터랙티브성	
		D13 지능성	
		D14 상호작용성	

1급 예비지표	2급 예비지표	3급 예비지표	전문가의 건의
B2 응답성	C4 소통성	D15 적극성	
		D16 즉시성	
		D17 적시성	
		D18 예약성	
	C5 신뢰성	D19 포용성	
		D20 친절성	
		D21 책임성	
		D22 고효율성	
B3 보증성	C6 전문성	D23 객관성	
		D24 양질성	
		D25 숙달성	
		D26 통일성	
	C7 장소성	D27 청결성	
		D28 조명성	
		D29 냉난성	
	C8 규범성	D30 질서성	
		D31 안전성	
		D32 완벽성	
		D33 승낙성	
B4 공감성	C9 교육성	D34 지식성	
		D35 향수성	
		D36 역사성	
		D37 주동성	

1급 예비지표	2급 예비지표	3급 예비지표	전문가의 건의
B4 공감성	C10 레저성	D38 관광성	
		D39 동반성	
		D40 유일성	
		D41 오락성	
		D42 도피성	
	C11 공평성	D43 목표성	
		D44 사전성	
		D45 평등성	
B5 유형성	C12 교통성	D46 신속성	
		D47 전문성	
		D48 종합성	
	C13 해양성	D49 식별성	
		D50 미관성	
		D51 해양문화성	
	C14 전시성	D52 다원성	
		D53 풍부성	
		D54 다양성	
		D55 완정성	
		D56 흥미성	
		D57 시간성	
	C15 시설성	D58 완비성	
		D59 적용성	
		D60 필요성	

* 해양박물관의 서비스디자인 평가지표에 대한 해석

189

1. 1 급 예비지표에 대한 해석

1급 예비지표	1급 예비 지표 간단 설명
B1 믿음성	해양박물관의 서비스디자인의 믿음성은 해양박물관의 서비스디자인의 중요한 평가지표이다. 이 지표는 해양박물관 전시물의 관리 정도, 홍보 채널의 효율성, 스마트 시설과 장비를 사용의 편의성, 상호작용성 체험의 참여도를 평가한다. 구체적으로 영상, 이미지, 사진 저작권의 적법성, 기념적인 의미가 있는 상품의 발행 및 판매, 웹사이트 사용의 편의성, 온·오프라인 홍보 및 설명의 다국어성, 지능화 장비와 인터랙티브 시설을 이용하여 해양과 대화의 편의성, 판매하는 상품의 품질과 가격의 합리성 등은 모두 믿음성 지표에서 주목해야 할 부분이다.
B2 응답성	해양박물관의 서비스디자인의 응답성이란 해양박물관이 관람객의 문의에 귀를 기울이고 관람객과 상호 교류하며 관람객의 문의와 관심, 피드백에 신속히 대처하는 능력을 말한다. 응답성 평가는 직원 서비스의 적극성과 적시성, 온·오프라인 서비스 제공의 적시성, 해양박물관 관련 서비스의 예약성, 직원 서비스의 포용성과 친절성, 서비스 약속의 지속적인 이행 능력, 문제해결의 책임성과 고효율성 등을 포함한다.
B3 보증성	해양박물관의 서비스디자인의 보증성은 직원 서비스의 전문성, 장소의 청소, 조명 및 냉난방, 관람객의 관람 규범화 등으로 나타난다. 첫 번째는 직원의 지식이 풍부하고, 숙련되고, 복장이 통일되고, 의사소통 능력이 뛰어나고, 관람객에게 정확한 정보와 도움을 제공하는 것이다. 두 번째는 공간의 청결, 조명, 냉난방이 관람객의 요구를 충족시킬 수 있다는 것이다. 세 번째는 관람 질서와 안전을 보장하고 완벽한 회원 체험 서비스를 제공하는 것이다.
B4 공감성	해양박물관의 서비스디자인의 공감성이란 박물관이 관람객에게 교육적인 열정과 포용을 느낄 수 있는 환경을 조성하고, 직원이 관람객이 경청하고 이해하며, 관람객의 정서적 참여를 촉진하고, 관람객의 관람 체험을 증진시키는 것을 말한다. 공감성은 해양박물관 직원들이 관람객과 교류하고 관람객의 수요를 예측하며 관람 전 과정에 걸쳐 관람객에게 맞춤형 도움을 주려는 적극성의 정도로 측정할 수 있다.
B5 유형성	해양박물관의 서비스디자인의 유형성은 해양박물관의 물리적, 특징적 측면이 방문객에게 미치는 영향에 대해 평가하는 것을 의미한다. 여기에는 박물관까지의 교통의 신속성 평가, 전시공간의 해양분위기 조성, 전시물의 품질과 상태, 각종 시설의 완비 및 적용 등 가늠할 수 있는 결과가 포함된다. 유형성은 방문객이 다양한 구역을 쉽고 편리하게 방문할 수 있는지, 방문객이 식당에서 케이터링 서비스를 받을 수 있는지, 전시품 또는 전시 공간의 아름다움, 전시품의 다양성과 진정성 등을 평가하는 데에도 반영될 수 있다.

2. 2급, 3급 예비지표에 대한 해석

1급 예비지표	2급 예비지표	지표 간단 설명	3급 예비지표	지표 간단 설명
B1 믿음성	C1 관리성	영화, 이미지, 사진, 전시품, 기념품, 판매상품 등에 대해 정규적인 관리가 있음.	D1 합법성	영상, 이미지, 사진 저작권의 합법성
			D2 보관성	전시품 중에는 깨지기 쉽고 파손되기 쉬운 물품이 있어서는 안 됨.
			D3 기념성	의미가 있고 재미있는 기념품이 많이 있음.
			D4 합리성	판매하는 상품의 품질은 보증되고 가격은 합리적임.
	C2 홍보성	온·오프라인 서비스의 홍보, 홍보와 해설의 다국어성.	D5 편의성	웹사이트는 좋은 시각, 읽기, 신뢰, 상호작용 체험을 제공함.
			D6 교류성	문화체험, 교류 등 온라인 활동 제공
			D7 시각성	웹사이트 인터페이스 디자인은 시각 디자인의 요구에 부합함.
			D8 복합성	온·오프라인 등 다채널을 통해 홍보함.
			D9 다국어성	다양한 언어로 홍보 및 설명, 외국인 관람객 유치에 도움이 됨.
			D10 가독성	관람객에 따라 문자, 그림, 동영상에 대한 이해도와 가독성
			D11 보충성	전시 또는 전시품에는 음성 안내 서비스가 있음.
	C3 참여성	관람객들은 다양한 행사에 참여할 수 있고, 지능화 장비와 인터랙티브 시설을 이용하여 해양과 대화할 수 있음.	D12 인터랙티브성	과학기술 플랫폼과 인터랙티브 설비를 이용하여 관중들이 직접 바다를 체험할 수 있도록 함.
			D13 지능성	지능화 장비로 보는 해양박물관
			D14 상호작용성	박물관은 대면, 전통 매체, 인터넷 매체를 통해 대중과 교류함.

1급 예비지표	2급 예비지표	지표 간단 설명	3급 예비지표	지표 간단 설명
B2 응답성	C4 소통성	직원들이 적극적으로 서비스를 제공 하면, 온·오프라인에서 모두 서비스를 제공할 수 있음.	D15 적극성	직원들은 늘 적극적으로 관람객을 도움.
			D16 즉시성	직원들은 아무리 바빠도 관람객의 요구에 제때 응함.
			D17 적시성	직원들은 온·오프라인에서 신속하고 신속한 서비스를 제공함.
			D18 예약성	관람객과 단체는 인터넷이나 전화로 박물관 관련 서비스를 미리 예약할 수 있음.
	C5 신뢰성	관람객 들 이 문의하는 문제를 제때에 처리하고 제때에 피드백을 할 수 있음.	D19 포용성	직원들은 다양한 그룹의 관람객들과 좋은 관계를 유지할 수 있음.
			D20 친절성	직원은 항상 친절하고 우호적으로 관람객 들을 접대함.
			D21 책임성	관람객들이 고소하면 즉시 처리할 수 있음.
			D22 고효율성	관람객들의 의견에 대해 제때에 피드백함.
B3 보증성	C6 전문성	직원은 직업 소양이 좋고 전문지식이 풍부하며 해설자는 전문적인 해설 기술을 가지고 있음.	D23 통일성	직원의 복장이 단정하고, 서비스 언어가 규범적임.
			D24 양질성	직원은 풍부한 전문 지식을 가지고 있음.
			D25 숙달성	직원은 좋은 의사소통 능력을 가지고 있음.
			D26 객관성	전시품 지식에 대한 해설자의 설명은 객관 적이며 주관적인 감정이 없음.
	C7 장소성	박물관 공간 의 청결, 조명, 냉난방은 관람객의 요구를 충족시킬 수 있음.	D27 청결성	전시공간, 옥외공간의 청결성
			D28 조명성	실내, 옥외 시설의 조명 기능
			D29 냉난방성	전시공간, 로비의 냉난방 기능

1급 예비지표	2급 예비지표	지표 간단 설명	3급 예비지표	지표 간단 설명
B3 보증성	C8 규범성	관람 질서와 안전을 보장하고 회원 체험 서비스가 완벽함.	D30 질서성	서비스 인원이 관람객들을 조직하여 질서 정연하게 관람함.
			D31 안전성	관람객의 참관 안전을 보증함.
			D32 완벽성	관람객들은 회원 가입을 통해 더 많은 서비스를 체험할 수 있음.
			D33 승낙성	서비스 약속을 완수하는 제도가 있으면, 서비스는 질과 양을 보증하여 완수할 수 있음.
B4 공감성	C9 교육성	관람객들은 관광 과정에서 해양 지식을 배우고 박물관은 지역 사회와 학교에 들어가 해양 지식을 홍보할 수 있음.	D34 지식성	관람객들은 편안한 관람 분위기 속에서 부지불식간에 지식을 늘리고 시야를 넓혀 교육을 받게 됨.
			D35 향수성	전시품은 풍부한 해양 역사를 드러내어, 과거에 대한 향수를 불러일으킬 수 있음.
			D36 역사성	전시를 통해 풍부한 해양 역사를 알 수 있음.
			D37 주동성	박물관이 주동적으로 학교와 구역에 들어가 해양교육을 보급함.
	C10 레저성	관람객들은 박물관 안에서 바다 분위기에 젖으면서 몸과 마음을 편안해질 수 있음.	D38 관광성	해양 박물관은 관람객들에게 직접 체험할 수 있는 독특한 관광 경험을 제공함.
			D39 동반성	관람객들은 해양 박물관의 친근하고 다양하며 포용적인 체험을 느꼈음.
			D40 유일성	해양박물관에서의 체험 유일하고 대체불가능한 것.
			D41 오락성	다양한 연령대의 관람객들이편안한 분위기에서 바다를 즐길 수 있음.
			D42 도피성	관람객들은 현실의 피로를 벗고 바다 분위기에 빠져들 수 있음.

1급 예비지표	2급 예비지표	지표 간단 설명	3급 예비지표	지표 간단 설명
B4 공감성	C11 공평성	관람객들은 맞춤형서비스를 받을 수 있고, 적시에 수요를 얻을 수 있으며, 적시에 서비스 사항을 알릴 수 있음.	D43 목표성	서로 다른 그룹에 맞추어 개성화 서비스를 제공함.
			D44 사전성	관람객들에게 서비스 시간의 길이와 주의 사항을 사전에 알려주고, 각종 설비, 시설의 사용방법을 주동적으로 알려줌.
			D45 평등성	관람객들의 수요 조사에 대한 노력.
B5 유형성	C12 교통성	각종 도로는 관람객들에게 편리함을 느끼게 함.	D46 신속성	박물관에 가는 교통의 편리함
			D47 전문성	관람자들이 이용할 수 있도록 전용 주차장 이 있음.
			D48 종합성	다양한 사람들은 쉽게 표지를 식별할 수 있음.
	C13 해양성	건물 내외부 공간의 해양적 특성을 느낄 수 있도록 함.	D49 식별성	건축을 통해 해양 박물관을 빠르게 식별할 수 있음.
			D50 미관성	전시품이나 전시 공간은 바다의 아름다움 을 표현함.
			D51 해양문화성	박물관 공간은 해양문화 분위기가 있음.
	C14 전시성	전시품은 다양한 전시방법을 통해 다양화, 세부사항, 흥미등을 구현함.	D52 다원성	전시 방식이 다양함.
			D53 풍부성	풍부한 세계 해양 유산을 전시함.
			D54 다양성	관람객들은 다양한 전시에 참여하여 다양한 해양 전시물을 볼 수 있음.
			D55 완정성	전시품을 전시하는 동안 세부사항을 볼 수 있음.
			D56 흥미성	전시 정보 전달의 재미.
			D57 시간성	전시품은 제때에 갱신하고 보충해야 함.

1급 예비지표	2급 예비지표	지표 간단 설명	3급 예비지표	지표 간단 설명
B5 유형성	C15 시설성	각종 서비스 시설이 완비되어 적용 가능함.	D58 완비성	서비스·레저 시설의 완비.
			D59 적용성	노약자(노인, 장애인, 임산부, 어린이 등)시설의 적합성
			D60 필요성	관람객은 박물관내에서 필요한 음식 서비스를 받을 수 있으며, 또한 특화된 필요한 요구 사항, 응급구조시설 설비등을 포함해야 함.

바쁘신 와중에도 설문지를 작성해 주셔서 다시 감사드립니다 !
좋은 하루가 되시길 바랍니다 !

附录 3

2024 韩国国立釜庆大学 一般大学院
第 2—3 次专家组意见汇总表(中文)

海洋博物馆服务设计评价指标重要度优先顺序
排列的专家组问卷调查

您好!

感谢您在百忙之中抽出宝贵的时间。

本问卷涉及海洋博物馆服务设计评价指标的选择,想了解海洋博物馆服务设计评价指标。在第一次专家组意见征集表中,获得 52 项评价指标。通过您对这 52 个指标的评分,对各指标的重要性排序优先级,以期使本文确定的评价指标具有客观性和科学性。应答以无记名方式进行统计处理,并承诺只用于学术目的。请在百忙之中诚实地回答您对问卷的各项感受,不胜感激。

指导教授:韩国国立釜庆大学海洋融合设计工学系主任教授　　曹祯烱
研 究 者:韩国国立釜庆大学海洋融合设计工学系博士生　　　　郑宪恒

创建方法描述

本调查问卷的目的是确定海洋博物馆服务设计评价指标各评价指标之间的相对权重。问卷是根据模糊德尔斐法的格式设计的。请参考以下标准进行评价。

＊ 重要性——请评价该指标对上级指标的重要性,并填写单一整数值。

＊ 可接受范围——请评价该指标对上级指标重要性的可接受范围,分别填写可接受的最大值和最小值。

评价指标			重要程度水平	可接受范围	
一级指标	二级指标	三级指标	重要度水平的单一值 (1—9分)	可接受的最小值 (1—9分)	可接受的最大值 (1—9分)
B1 可靠性	C1 管理性	D1 合法性	①②③④⑤⑥⑦⑧⑨	①②③④⑤⑥⑦⑧⑨	①②③④⑤⑥⑦⑧⑨
		D2 保管性	①②③④⑤⑥⑦⑧⑨	①②③④⑤⑥⑦⑧⑨	①②③④⑤⑥⑦⑧⑨

评价指标			重要程度水平	可接受范围	
一级指标	二级指标	三级指标	重要度水平的单一值 （1—9分）	可接受的最小值 （1—9分）	可接受的最大值 （1—9分）
B1 可靠性	C2 宣传性	D3 便利性	①②③④⑤⑥⑦⑧⑨	①②③④⑤⑥⑦⑧⑨	①②③④⑤⑥⑦⑧⑨
		D4 交流性	①②③④⑤⑥⑦⑧⑨	①②③④⑤⑥⑦⑧⑨	①②③④⑤⑥⑦⑧⑨
		D5 视觉性	①②③④⑤⑥⑦⑧⑨	①②③④⑤⑥⑦⑧⑨	①②③④⑤⑥⑦⑧⑨
		D6 复合性	①②③④⑤⑥⑦⑧⑨	①②③④⑤⑥⑦⑧⑨	①②③④⑤⑥⑦⑧⑨
		D7 准确可读性	①②③④⑤⑥⑦⑧⑨	①②③④⑤⑥⑦⑧⑨	①②③④⑤⑥⑦⑧⑨
	C3 参与性	D8 拟真性	①②③④⑤⑥⑦⑧⑨	①②③④⑤⑥⑦⑧⑨	①②③④⑤⑥⑦⑧⑨
		D9 智能性	①②③④⑤⑥⑦⑧⑨	①②③④⑤⑥⑦⑧⑨	①②③④⑤⑥⑦⑧⑨
B2 响应性	C4 沟通性	D10 积极性	①②③④⑤⑥⑦⑧⑨	①②③④⑤⑥⑦⑧⑨	①②③④⑤⑥⑦⑧⑨
		D11 即时性	①②③④⑤⑥⑦⑧⑨	①②③④⑤⑥⑦⑧⑨	①②③④⑤⑥⑦⑧⑨
		D12 预约性	①②③④⑤⑥⑦⑧⑨	①②③④⑤⑥⑦⑧⑨	①②③④⑤⑥⑦⑧⑨
	C5 信赖性	D13 包容性	①②③④⑤⑥⑦⑧⑨	①②③④⑤⑥⑦⑧⑨	①②③④⑤⑥⑦⑧⑨
		D14 亲和性	①②③④⑤⑥⑦⑧⑨	①②③④⑤⑥⑦⑧⑨	①②③④⑤⑥⑦⑧⑨
		D15 责任性	①②③④⑤⑥⑦⑧⑨	①②③④⑤⑥⑦⑧⑨	①②③④⑤⑥⑦⑧⑨
		D16 高效性	①②③④⑤⑥⑦⑧⑨	①②③④⑤⑥⑦⑧⑨	①②③④⑤⑥⑦⑧⑨

评价指标			重要程度水平	可接受范围	
一级 指标	二级 指标	三级 指标	重要度水平的单一值 （1—9分）	可接受的最小值 （1—9分）	可接受的最大值 （1—9分）
B3 保证性	C6 专业性	D17 统一性	①②③④⑤⑥⑦⑧⑨	①②③④⑤⑥⑦⑧⑨	①②③④⑤⑥⑦⑧⑨
		D18 优质性	①②③④⑤⑥⑦⑧⑨	①②③④⑤⑥⑦⑧⑨	①②③④⑤⑥⑦⑧⑨
		D19 客观性	①②③④⑤⑥⑦⑧⑨	①②③④⑤⑥⑦⑧⑨	①②③④⑤⑥⑦⑧⑨
	C7 场所性	D20 清洁性	①②③④⑤⑥⑦⑧⑨	①②③④⑤⑥⑦⑧⑨	①②③④⑤⑥⑦⑧⑨
		D21 照明性	①②③④⑤⑥⑦⑧⑨	①②③④⑤⑥⑦⑧⑨	①②③④⑤⑥⑦⑧⑨
		D22 冷暖性	①②③④⑤⑥⑦⑧⑨	①②③④⑤⑥⑦⑧⑨	①②③④⑤⑥⑦⑧⑨
	C8 规范性	D23 秩序性	①②③④⑤⑥⑦⑧⑨	①②③④⑤⑥⑦⑧⑨	①②③④⑤⑥⑦⑧⑨
		D24 安全性	①②③④⑤⑥⑦⑧⑨	①②③④⑤⑥⑦⑧⑨	①②③④⑤⑥⑦⑧⑨
		D25 完善性	①②③④⑤⑥⑦⑧⑨	①②③④⑤⑥⑦⑧⑨	①②③④⑤⑥⑦⑧⑨
		D26 制度性	①②③④⑤⑥⑦⑧⑨	①②③④⑤⑥⑦⑧⑨	①②③④⑤⑥⑦⑧⑨
B4 移情性	C9 教育性	D27 知识性	①②③④⑤⑥⑦⑧⑨	①②③④⑤⑥⑦⑧⑨	①②③④⑤⑥⑦⑧⑨
		D28 历史性	①②③④⑤⑥⑦⑧⑨	①②③④⑤⑥⑦⑧⑨	①②③④⑤⑥⑦⑧⑨
		D29 主动性	①②③④⑤⑥⑦⑧⑨	①②③④⑤⑥⑦⑧⑨	①②③④⑤⑥⑦⑧⑨
	C10 休闲性	D30 旅游性	①②③④⑤⑥⑦⑧⑨	①②③④⑤⑥⑦⑧⑨	①②③④⑤⑥⑦⑧⑨

评价指标			重要程度水平	可接受范围	
一级指标	二级指标	三级指标	重要度水平的单一值（1—9分）	可接受的最小值（1—9分）	可接受的最大值（1—9分）
B4 移情性	C10 休闲性	D31 陪伴性	①②③④⑤⑥⑦⑧⑨	①②③④⑤⑥⑦⑧⑨	①②③④⑤⑥⑦⑧⑨
		D32 愉悦性	①②③④⑤⑥⑦⑧⑨	①②③④⑤⑥⑦⑧⑨	①②③④⑤⑥⑦⑧⑨
		D33 逃避性	①②③④⑤⑥⑦⑧⑨	①②③④⑤⑥⑦⑧⑨	①②③④⑤⑥⑦⑧⑨
	C11 公平性	D34 针对性	①②③④⑤⑥⑦⑧⑨	①②③④⑤⑥⑦⑧⑨	①②③④⑤⑥⑦⑧⑨
		D35 提前性	①②③④⑤⑥⑦⑧⑨	①②③④⑤⑥⑦⑧⑨	①②③④⑤⑥⑦⑧⑨
		D36 平等性	①②③④⑤⑥⑦⑧⑨	①②③④⑤⑥⑦⑧⑨	①②③④⑤⑥⑦⑧⑨
B5 有形性	C12 交通性	D37 快速性	①②③④⑤⑥⑦⑧⑨	①②③④⑤⑥⑦⑧⑨	①②③④⑤⑥⑦⑧⑨
		D38 专门性	①②③④⑤⑥⑦⑧⑨	①②③④⑤⑥⑦⑧⑨	①②③④⑤⑥⑦⑧⑨
		D39 综合性	①②③④⑤⑥⑦⑧⑨	①②③④⑤⑥⑦⑧⑨	①②③④⑤⑥⑦⑧⑨
	C13 海洋性	D40 识别性	①②③④⑤⑥⑦⑧⑨	①②③④⑤⑥⑦⑧⑨	①②③④⑤⑥⑦⑧⑨
		D41 美观性	①②③④⑤⑥⑦⑧⑨	①②③④⑤⑥⑦⑧⑨	①②③④⑤⑥⑦⑧⑨
		D42 海洋文化性	①②③④⑤⑥⑦⑧⑨	①②③④⑤⑥⑦⑧⑨	①②③④⑤⑥⑦⑧⑨
		D43 海洋环境性	①②③④⑤⑥⑦⑧⑨	①②③④⑤⑥⑦⑧⑨	①②③④⑤⑥⑦⑧⑨

评价指标			重要程度水平	可接受范围	
一级指标	二级指标	三级指标	重要度水平的单一值（1—9分）	可接受的最小值（1—9分）	可接受的最大值（1—9分）
B5 有形性	C14 展示性	D44 多元性	①②③④⑤⑥⑦⑧⑨	①②③④⑤⑥⑦⑧⑨	①②③④⑤⑥⑦⑧⑨
		D45 丰富性	①②③④⑤⑥⑦⑧⑨	①②③④⑤⑥⑦⑧⑨	①②③④⑤⑥⑦⑧⑨
		D46 完整性	①②③④⑤⑥⑦⑧⑨	①②③④⑤⑥⑦⑧⑨	①②③④⑤⑥⑦⑧⑨
		D47 趣味性	①②③④⑤⑥⑦⑧⑨	①②③④⑤⑥⑦⑧⑨	①②③④⑤⑥⑦⑧⑨
		D48 时效性	①②③④⑤⑥⑦⑧⑨	①②③④⑤⑥⑦⑧⑨	①②③④⑤⑥⑦⑧⑨
	C15 设施性	D49 齐全性	①②③④⑤⑥⑦⑧⑨	①②③④⑤⑥⑦⑧⑨	①②③④⑤⑥⑦⑧⑨
		D50 适用性	①②③④⑤⑥⑦⑧⑨	①②③④⑤⑥⑦⑧⑨	①②③④⑤⑥⑦⑧⑨
		D51 必要性	①②③④⑤⑥⑦⑧⑨	①②③④⑤⑥⑦⑧⑨	①②③④⑤⑥⑦⑧⑨
		D52 应急处理性	①②③④⑤⑥⑦⑧⑨	①②③④⑤⑥⑦⑧⑨	①②③④⑤⑥⑦⑧⑨

* 海洋博物馆服务设计评价指标的说明

1. 一级评价指标的说明

一级评价预备指标	一级评价预备指标简要说明
B1 可靠性	海洋博物馆服务设计的可靠性是海洋博物馆服务设计的一项重要评价指标。该指标评估海洋博物馆展品的管理程度,宣传渠道的有效性,智能设施设备使用的便利性,互动体验的参与性等。具体来说,影音、图像、照片的著作权合法性,发放和售卖有纪念意义的商品,网站使用的便利性,线上和线下宣传和讲解的多语言性,使用智能化设备和互动设施与海洋对话的便利性,所售商品质量和价格的合理性等都是可靠性指标需要关注的方面

一级评价预备指标	一级评价预备指标简要说明
B2 响应性	海洋博物馆服务设计的响应性是指海洋博物馆愿意倾听和与参观者互动,及时解决参观者询问、关注和反馈的能力。评估响应性涉及工作人员服务的积极性和及时性,线上、线下提供服务的及时性,博物馆相关服务的预约性,工作人员服务的包容性和亲切性,持续兑现服务承诺的能力,解决问题的责任性和时效性等
B3 保证性	海洋博物馆服务设计的保证性体现在工作人员服务的专业性,场所的清洁、照明和冷暖,对参观者服务的规范性等。这首先表现在工作人员知识丰富、熟练和服装统一,有良好的沟通表达能力,能够为参观者提供准确的信息和帮助等。第二表现在空间的清洁、照明、冷暖能够满足参观者需要。第三表现在观看秩序、安全能够保证,会员体验服务完善,能完成服务承诺等
B4 移情性	海洋博物馆服务设计的移情性是指博物馆可以创造一个具有教育性的热情和包容的环境,工作人员能够让参观者感到被倾听和理解,促进参观者情感参与,并提升参观者游览体验。移情性还可以通过博物馆工作人员在多大程度上积极与参观者互动、预测他们的需求、参观过程中提供个性化帮助来衡量
B5 有形性	海洋博物馆服务设计的有形性是指对海洋博物馆物理方面和特征方面对参观者的影响进行评估,包括评估到达海洋博物馆的交通快速程度,展示空间的海洋氛围营造,展品的质量和状况,各种设施的完备和适用等。有形性还可以体现在对参观者是否能够轻松便捷地游览馆内各个区域,参观者在馆内是否可以享受到餐饮服务,展品或者展示空间的美观,展品的多样性和真实性等进行评估

2. 二级、三级评价指标的说明

一级指标	二级指标	二级指标简要说明	三级指标	三级指标简要说明
B1 可靠性	C1 管理性	对影音、图像、照片、展品、纪念品、售卖商品等有正规的管理	D1 合法性	影音、图像、照片的著作权的合法性
			D2 保管性	展品中不应有易碎、易损物品
			D3 便利性	网站有良好的视觉、阅读、信任、互动体验
			D4 交流性	提供文化体验、交流等在线活动

一级指标	二级指标	二级指标简要说明	三级指标	三级指标简要说明
B1 可靠性	C2 宣传性	线上线下服务的宣传,宣传和讲解的多语言性	D5 视觉性	网站界面设计符合视觉设计要求
			D6 复合性	通过线上、线下等多途径宣传
			D7 准确可读性	不同参观者对文字、图片、视频的理解度和可读性
	C3 参与性	参观者可以参与各种活动,使用智能化设备和互动设施与海洋对话	D8 拟真性	使用科技平台与互动设施,让参观者身临其境体验海洋
			D9 智能性	通过智能化设备了解海洋博物馆
B2 响应性	C4 沟通性	工作人员服务积极主动,线上线下都可以提供服务	D10 积极性	工作人员总是乐意帮助参观者
			D11 即时性	工作人员无论多忙都会及时回应参观者的要求
			D12 预约性	参观者和团体可以通过网络或电话提前预约博物馆相关服务
	C5 反馈性	能够及时处理游客询问的问题,及时进行反馈	D13 包容性	工作人员与各种群体的参观者都能保持良好关系
			D14 亲切性	工作人员总是热情、友好地接待参观者
			D15 责任性	对参观者投诉可及时处理
			D16 高效性	对参观者的意见及时进行反馈
B3 保证性	C6 专业性	工作人员拥有较好的职业素养,专业知识丰富,讲解员拥有专业的讲解技能	D17 统一性	工作人员有整洁的服装,服务语言规范
			D18 优质性	工作人员拥有丰富的专业知识
			D19 客观性	讲解员对展品知识的讲解客观,不带主观感情

一级指标	二级指标	二级指标简要说明	三级指标	三级指标简要说明
B3 保证性	C7 场所性	博物馆空间清洁、照明、冷暖能够满足参观者需要	D20 清洁性	展示空间、户外空间的清洁性
			D21 照明性	室内、户外设施的照明性
			D22 冷暖性	展示空间、大厅的冷暖性
	C8 规范性	观看秩序、安全能够保证，会员体验服务完善	D23 秩序性	服务人员组织参观者观看秩序井然
			D24 安全性	保证参观者参观的安全
			D25 完善性	参观者可以通过加入会员体验更多服务
			D26 制度性	有完成服务承诺的制度，服务能够保质保量完成
B4 移情性	C9 教育性	参观者在游览过程中学到了海洋知识，博物馆可以走进社区、学校，宣传海洋知识	D27 知识性	参观者在轻松的观览氛围中，在不知不觉中增长了知识，扩大了视野，继而受到教育
			D28 历史性	通过观看展览，可知道丰富的海洋历史
			D29 主动性	博物馆主动走入学校、小区推广海洋教育
	C10 休闲性	参观者在馆内沉浸在海洋氛围中，身心得到放松	D30 旅游性	海洋博物馆为参观者提供了独特的身临其境的旅游体验
			D31 陪伴性	参观者感受到了海洋博物馆亲切、多元、包容的体验
			D32 愉悦性	不同年龄的参观者可以在轻松的氛围中享受海洋的乐趣
			D33 逃避性	参观者可以摆脱现实的劳累，沉浸在海洋氛围中

一级指标	二级指标	二级指标简要说明	三级指标	三级指标简要说明
B4 移情性	C11 公平性	参观者能够接受个性化服务,能够及时获取需求,及时告知服务事项	D34 针对性	针对不同群体提供个性化服务
			D35 提前性	事先告知参观者服务时间的长短与应注意事项,主动告知参观者各种设备、设施的使用方法
			D36 平等性	对参观者需求调查的努力程度
B5 有形性	C12 交通性	各种道路使参观者感到便利	D37 快速性	到达博物馆的交通便利程度
			D38 专门性	有专门的汽车停车场供参观者使用
			D39 综合性	不同人群能够轻松识别导行(标志)
	C13 海洋性	让参观者感受到建筑内外空间的海洋特点	D40 识别性	通过建筑能够很快辨认出是海洋博物馆
			D41 美观性	展品或者展示空间的海洋美
			D42 海洋文化性	博物馆空间有海洋文化氛围
			D43 海洋环境性	展示设计、装饰布置、展品材质等方面与海洋环境相关联,如展示海洋生物模型、采用环保材料等
	C14 展示性	展品通过不同展示方式来体现多元化、细节、趣味等	D44 多元性	展示方式多元
			D45 丰富性	展示丰富的全球海洋遗产
			D46 完整性	展品展示过程中能看到细节
			D47 趣味性	展览信息传达的趣味性
			D48 时效性	展品应及时更新和补充

一级 指标	二级 指标	二级指标 简要说明	三级指标	三级指标简要说明
B5 有形性	C15 设施性	各种服务设施完备 和适用	D49 齐全性	服务、休闲设施的齐全
			D50 适用性	老弱者(老人、残疾人、孕妇、儿童等)设施的适用性
			D51 必要性	参观者在馆内可以享受到餐饮服务,还应包含一些特殊化的必要的要求,必须急救设施设备等
			D52 应急处理性	有能力应对突发事件或危机,以确保在紧急情况下能够有效地保护参观者、员工的安全

再次感谢您在百忙之中填写问卷!

祝您度过美好的一天!

附录 4
2024 국립부경대학교 일반대학원 제2-3차
전문가집단 의견 수렴표 (한국어)

해양박물관 서비스디자인 평가지표 중요도 우선순위의
배열을 위한 전문가집단 설문조사

안녕하십니까?

바쁘신 가운데 소중한 시간을 내어주셔서 감사합니다.

본 설문지는 해양박물관의 서비스디자인 평가지표 선택에 관한 것으로써 해양박물관의 서비스디자인평가지표에 대해 알아보고자 합니다. 제1차 전문가집단 의견 수렴표에서 52개 평가지표를 얻었습니다. 이 52개 지표에 대한 귀하의 평점을 통해 각 지표의 중요도 우선순위를 배열하고 이를 통해 본 논문에서 확정한 평가지표가 객관성과 과학성을 가지게 하고자 합니다. 응답은 무기명에 의해 통계 처리되며 오로지 학문적인 목적을 위해서만 사용될 것을 약속드립니다. 바쁘신 중이라도 설문지의 각 항목에 대해서 귀하가 느끼는 바를 성실하고 솔직하게 답변해 주시면 감사하겠습니다.

지도교수 : 국립부경대학교 마린융합디자인공학과 주임교수 　조정형
연 구 자 : 국립부경대학교 마린융합디자인공학과 박사과정 　정호남

작성 방법에 대한 설명 :

본 설문지의 목적은 해양박물관의 서비스디자인 평가지표의 각 평가지표 간의 상대적 가중치를 확정하는 것입니다. 설문지는 퍼지 델파이 기법의 형식을 기반으로 설계되었습니다. 아래의 기준을 참고하여 평가해 주시기 바랍니다.

* 중요도—해당 지표가 상위 수준의 지표에 대한 중요도를 평가하고 단일 정수 값을 입력해 주시기 바랍니다.

* 허용 범위—해당 지표가 상위 수준의 지표에 대한 중요도의 허용 범위를 평가하고, 허용 가능한 최대값과 최소값을 각각 입력해 주시기 바랍니다.

평가지표			중요도 수준	허용 범위	
1급 지표	2급 지표	3급 지표	중요도 수준의 단일 값(1점-9점)	허용 가능한 최소치 (1점-9점)	허용 가능한 최대치 (1점-9점)
B1 믿음성	C1 관리성	D1 합법성	①②③④⑤⑥⑦⑧⑨	①②③④⑤⑥⑦⑧⑨	①②③④⑤⑥⑦⑧⑨
		D2 보관성	①②③④⑤⑥⑦⑧⑨	①②③④⑤⑥⑦⑧⑨	①②③④⑤⑥⑦⑧⑨
	C2 홍보성	D3 편의성	①②③④⑤⑥⑦⑧⑨	①②③④⑤⑥⑦⑧⑨	①②③④⑤⑥⑦⑧⑨
		D4 교류성	①②③④⑤⑥⑦⑧⑨	①②③④⑤⑥⑦⑧⑨	①②③④⑤⑥⑦⑧⑨
		D5 시각성	①②③④⑤⑥⑦⑧⑨	①②③④⑤⑥⑦⑧⑨	①②③④⑤⑥⑦⑧⑨
		D6 복합성	①②③④⑤⑥⑦⑧⑨	①②③④⑤⑥⑦⑧⑨	①②③④⑤⑥⑦⑧⑨
		D7 정확 가독성	①②③④⑤⑥⑦⑧⑨	①②③④⑤⑥⑦⑧⑨	①②③④⑤⑥⑦⑧⑨
	C3 참여성	D8 몰입성	①②③④⑤⑥⑦⑧⑨	①②③④⑤⑥⑦⑧⑨	①②③④⑤⑥⑦⑧⑨
		D9 지능성	①②③④⑤⑥⑦⑧⑨	①②③④⑤⑥⑦⑧⑨	①②③④⑤⑥⑦⑧⑨
B2 응답성	C4 소통성	D10 적극성	①②③④⑤⑥⑦⑧⑨	①②③④⑤⑥⑦⑧⑨	①②③④⑤⑥⑦⑧⑨
		D11 즉시성	①②③④⑤⑥⑦⑧⑨	①②③④⑤⑥⑦⑧⑨	①②③④⑤⑥⑦⑧⑨
		D12 예약성	①②③④⑤⑥⑦⑧⑨	①②③④⑤⑥⑦⑧⑨	①②③④⑤⑥⑦⑧⑨
	C5 신뢰성	D13 포용성	①②③④⑤⑥⑦⑧⑨	①②③④⑤⑥⑦⑧⑨	①②③④⑤⑥⑦⑧⑨
		D14 친화성	①②③④⑤⑥⑦⑧⑨	①②③④⑤⑥⑦⑧⑨	①②③④⑤⑥⑦⑧⑨

평가지표			중요도 수준	허용 범위	
1급 지표	2급 지표	3급 지표	중요도 수준의 단일 값(1점-9점)	허용 가능한 최소치(1점-9점)	허용 가능한 최대치(1점-9점)
B2 응답성	C5 신뢰성	D15 책임성	①②③④⑤⑥⑦⑧⑨	①②③④⑤⑥⑦⑧⑨	①②③④⑤⑥⑦⑧⑨
		D16 고효율성	①②③④⑤⑥⑦⑧⑨	①②③④⑤⑥⑦⑧⑨	①②③④⑤⑥⑦⑧⑨
B3 보증성	C6 전문성	D17 통일성	①②③④⑤⑥⑦⑧⑨	①②③④⑤⑥⑦⑧⑨	①②③④⑤⑥⑦⑧⑨
		D18 양질성	①②③④⑤⑥⑦⑧⑨	①②③④⑤⑥⑦⑧⑨	①②③④⑤⑥⑦⑧⑨
		D19 객관성	①②③④⑤⑥⑦⑧⑨	①②③④⑤⑥⑦⑧⑨	①②③④⑤⑥⑦⑧⑨
	C7 장소성	D20 청결성	①②③④⑤⑥⑦⑧⑨	①②③④⑤⑥⑦⑧⑨	①②③④⑤⑥⑦⑧⑨
		D21 조명성	①②③④⑤⑥⑦⑧⑨	①②③④⑤⑥⑦⑧⑨	①②③④⑤⑥⑦⑧⑨
		D22 냉난성	①②③④⑤⑥⑦⑧⑨	①②③④⑤⑥⑦⑧⑨	①②③④⑤⑥⑦⑧⑨
	C8 규범성	D23 질서성	①②③④⑤⑥⑦⑧⑨	①②③④⑤⑥⑦⑧⑨	①②③④⑤⑥⑦⑧⑨
		D24 안전성	①②③④⑤⑥⑦⑧⑨	①②③④⑤⑥⑦⑧⑨	①②③④⑤⑥⑦⑧⑨
		D25 완벽성	①②③④⑤⑥⑦⑧⑨	①②③④⑤⑥⑦⑧⑨	①②③④⑤⑥⑦⑧⑨
		D26 제도성	①②③④⑤⑥⑦⑧⑨	①②③④⑤⑥⑦⑧⑨	①②③④⑤⑥⑦⑧⑨
B4 공감성	C9 교육성	D27 지식성	①②③④⑤⑥⑦⑧⑨	①②③④⑤⑥⑦⑧⑨	①②③④⑤⑥⑦⑧⑨
		D28 역사성	①②③④⑤⑥⑦⑧⑨	①②③④⑤⑥⑦⑧⑨	①②③④⑤⑥⑦⑧⑨

평가지표			중요도 수준	허용 범위	
1급 지표	2급 지표	3급 지표	중요도 수준의 단일 값(1점-9점)	허용 가능한 최소치 (1점-9점)	허용 가능한 최대치 (1점-9점)
B4 공감성	C9 교육성	D29 주동성	①②③④⑤⑥⑦⑧⑨	①②③④⑤⑥⑦⑧⑨	①②③④⑤⑥⑦⑧⑨
	C10 레저성	D30 관광성	①②③④⑤⑥⑦⑧⑨	①②③④⑤⑥⑦⑧⑨	①②③④⑤⑥⑦⑧⑨
		D31 동반성	①②③④⑤⑥⑦⑧⑨	①②③④⑤⑥⑦⑧⑨	①②③④⑤⑥⑦⑧⑨
		D32 쾌락성	①②③④⑤⑥⑦⑧⑨	①②③④⑤⑥⑦⑧⑨	①②③④⑤⑥⑦⑧⑨
		D33 도피성	①②③④⑤⑥⑦⑧⑨	①②③④⑤⑥⑦⑧⑨	①②③④⑤⑥⑦⑧⑨
	C11 공평성	D34 목표성	①②③④⑤⑥⑦⑧⑨	①②③④⑤⑥⑦⑧⑨	①②③④⑤⑥⑦⑧⑨
		D35 사전성	①②③④⑤⑥⑦⑧⑨	①②③④⑤⑥⑦⑧⑨	①②③④⑤⑥⑦⑧⑨
		D36 평등성	①②③④⑤⑥⑦⑧⑨	①②③④⑤⑥⑦⑧⑨	①②③④⑤⑥⑦⑧⑨
B5 유형성	C12 교통성	D37 신속성	①②③④⑤⑥⑦⑧⑨	①②③④⑤⑥⑦⑧⑨	①②③④⑤⑥⑦⑧⑨
		D38 전문성	①②③④⑤⑥⑦⑧⑨	①②③④⑤⑥⑦⑧⑨	①②③④⑤⑥⑦⑧⑨
		D39 종합성	①②③④⑤⑥⑦⑧⑨	①②③④⑤⑥⑦⑧⑨	①②③④⑤⑥⑦⑧⑨
	C13 해양성	D40 식별성	①②③④⑤⑥⑦⑧⑨	①②③④⑤⑥⑦⑧⑨	①②③④⑤⑥⑦⑧⑨
		D41 미관성	①②③④⑤⑥⑦⑧⑨	①②③④⑤⑥⑦⑧⑨	①②③④⑤⑥⑦⑧⑨
		D42 해양문 화성	①②③④⑤⑥⑦⑧⑨	①②③④⑤⑥⑦⑧⑨	①②③④⑤⑥⑦⑧⑨

평가지표			중요도 수준	허용 범위	
1급 지표	2급 지표	3급 지표	중요도 수준의 단일 값(1 점- 9 점)	허용 가능한 최소치 (1 점- 9 점)	허용 가능한 최대치 (1 점- 9 점)
B5 유형성	C13 해양성	D43 해양환 경성	①②③④⑤⑥⑦⑧⑨	①②③④⑤⑥⑦⑧⑨	①②③④⑤⑥⑦⑧
	C14 전시성	D44 다원성	①②③④⑤⑥⑦⑧⑨	①②③④⑤⑥⑦⑧⑨	①②③④⑤⑥⑦⑧⑨
		D45 풍부성	①②③④⑤⑥⑦⑧⑨	①②③④⑤⑥⑦⑧⑨	①②③④⑤⑥⑦⑧⑨
		D46 완정성	①②③④⑤⑥⑦⑧⑨	①②③④⑤⑥⑦⑧⑨	①②③④⑤⑥⑦⑧⑨
		D47 홍미성	①②③④⑤⑥⑦⑧⑨	①②③④⑤⑥⑦⑧⑨	①②③④⑤⑥⑦⑧⑨
		D48 시효성	①②③④⑤⑥⑦⑧⑨	①②③④⑤⑥⑦⑧⑨	①②③④⑤⑥⑦⑧⑨
	C15 시설성	D49 완비성	①②③④⑤⑥⑦⑧⑨	①②③④⑤⑥⑦⑧⑨	①②③④⑤⑥⑦⑧⑨
		D50 적용성	①②③④⑤⑥⑦⑧⑨	①②③④⑤⑥⑦⑧⑨	①②③④⑤⑥⑦⑧⑨
		D51 필요성	①②③④⑤⑥⑦⑧⑨	①②③④⑤⑥⑦⑧⑨	①②③④⑤⑥⑦⑧⑨
		D52 응급처 리성	①②③④⑤⑥⑦⑧⑨	①②③④⑤⑥⑦⑧⑨	①②③④⑤⑥⑦⑧⑨

* 해양박물관의 서비스디자인 평가지표에 대한 해석

1. 1급 지표에 대한 해석

1급 지표	1급 지표 간단 설명
B1 믿음성	해양박물관의 서비스디자인의 믿음성은 해양박물관의 서비스디자인의 중요한 평가지표이다. 이 지표는 해양박물관 전시물의 관리 정도, 홍보채널 의

1급 지표	1급 지표 간단 설명
B1 믿음성	효율성,스마트 시설 및 장비를 사용의 편의성,상호작용성 체험의 참여도를 평가한다. 구체적으로 영상,이미지,사진 저작권의 적법성,기념적인 의미가 있는 상품의 발행 및 판매,웹사이트 사용의 편의성,온·오프라인 홍보 및 설명의 다국어성,지능화 장비와 인터랙티브 시설을 이용 하여 해양과 대화의 편의성,판매하는 상품의 품질과 가격의 합리성 등은 모두 믿음성 지표에서 주목해야 할 부분이다.
B2 응답성	해양박물관의 서비스디자인의 응답성이란 해양박물관이 관람객의 문의에 귀를 기울이고 관람객과 상호 교류하며 관람객의 문의와 관심,피드백에 신속히 대처하는 능력을 말한다. 응답성 평가는 직원 서비스의 적극성과 적시성,온·오프라인 서비스 제공의 적시성,해양박물관 관련 서비스의 예약성,직원 서비스의 포용성과 친절성,서비스 약속의 지속적인 이행 능력,문제해결의 책임성과 고효율성 등을 포함한다.
B3 보증성	해양박물관의 서비스디자인의 보증성은 직원 서비스의 전문성,장소의 청소,조명 및 냉난방,관람객의 관람 규범화 등으로 나타난다. 첫 번째는 직원의 지식이 풍부하고,숙련되고,복장이 통일되고,의사소통 능력이 뛰어나고,관람객에게 정확한 정보와 도움을 제공하는 것이다. 두 번째는 공간의 청결,조명,냉난방이 관람객의 요구를 충족시킬 수 있다는 것이다. 세 번째는 관람 질서와 안전을 보장하고 완벽한 회원 체험 서비스를 제공하는 것이다.
B4 공감성	해양박물관의 서비스디자인의 공감성이란 박물관이 관람객에게 교육적인 열정과 포용을 느낄 수 있는 환경을 조성하고,직원이 관람객이 경청하고 이해하며,관람객의 정서적 참여를 촉진하고,관람객의 관람 체험을 증진시키는 것을 말한다. 공감성은 해양박물관 직원들이 관람객과 교류하고 관람객의 수요를 예측하며 관람 전 과정에 걸쳐 관람객에게 맞춤형 도움을 주려는 적극성의 정도로 측정할 수 있다.
B5 유형성	해양박물관의 서비스디자인의 유형성은 해양박물관의 물리적,특징적 측면이 방문객에게 미치는 영향에 대해 평가하는 것을 의미한다. 여기에는 박물관까지의 교통의 신속성 평가,전시공간의 해양분위기 조성,전시물의 품질과 상태,각종 시설의 완비 및 적용 등 가늠할 수 있는 결과가 포함된다. 유형성은 방문객이 다양한 구역을 쉽고 편리하게 방문할 수 있는지, 방문객이 식당에서 케이터링 서비스를 받을 수 있는지, 전시품 또는 전시 공간의 아름다움, 전시품의 다양성과 진정성 등을 평가하는 데에도 반영될 수 있다.

2. 2급·3급 지표에 대한 해석

1급 지표	2급 지표	지표 간단 설명	3급 지표	지표 간단 설명
B1 믿음성	C1 관리성	영화, 이미지, 사진, 전시품, 기념품, 판매상품등에 대해 정규적인 관리가 있음.	D1 합법성	영상, 이미지, 사진 저작권의 합법성
			D2 보관성	전시품 중에는 깨지기 쉽고 파손되기 쉬운 물품이 있어서는 안 됨.
	C2 홍보성	온·오프라인 서비스의 홍보, 홍보와 해설의 다 국어성.	D3 편의성	웹사이트는 좋은 시각, 읽기, 신뢰, 상호작용 체험을 제공함.
			D4 교류성	문화체험, 교류 등 온라인 활동 제공
			D5 시각성	웹사이트 인터페이스 디자인은 시각 디자인의 요구에 부합함.
			D6 복합성	온·오프라인 등 다채널을 통해 홍보함.
			D7 정확 가독성	관람객에 따라 문자, 그림, 동영상에 대한 이해도와 가독성
	C3 참여성	관람객들은 다양한 행사에 참여할 수 있고, 지능화 장비와 인터랙티브 시설을 이용하여 해양과 대화할 수 있음.	D8 몰입성	과학기술 플랫폼과 인터랙티브 설비를 이용하여 관중들이 직접 바다를 체험할 수 있도록 함.
			D9 지능성	지능화 장비로 보는 해양박물관
B2 응답성	C4 소통성	직원들이 적극적으로 서비스를 제공하면, 온·오프라인에서 모두 서비스를 제공할 수 있음.	D10 적극성	직원들은 늘 적극적으로 관람객을 도움.
			D11 즉시성	직원들은 아무리 바빠도 관람객의 요구에 제때 응함.
			D12 예약성	관람객과 단체는 인터넷이나 전화로 박물관 관련 서비스를 미리 예약할 수 있음.
	C5 신뢰성	관람객들이 문의하는 문제를 제때에 처리하고 제때에 피드백을 할 수 있음.	D13 포용성	직원들은 다양한 그룹의 관람객들과 좋은 관계를 유지할 수 있음.
			D14 친화성	직원은 항상 친절하고 우호적으로 관람객들을 접대함.

1급 지표	2급 지표	지표 간단 설명	3급 지표	지표 간단 설명
B2 응답성	C5 신뢰성	관람객들이 문의 하는 문제를 제때에 처리하고 제때에 피드백을 할 수 있음.	D15 책임성	관람객들이 고소하면 즉시 처리할 수 있음.
			D16 고효율성	관람객들의 의견에 대해 제때에 피드백함.
B3 보증성	C6 전문성	직원은 직업 소양이 좋고 전문 지식이 풍부하며 해설자는 전문적인 해설 기술을 가지고 있음.	D17 통일성	직원의 복장이 단정하고, 서비스 언어가 규범적 임.
			D18 양질성	직원은 풍부한 전문 지식을 가지고 있음.
			D19 객관성	전시품 지식에 대한 해설자의 설명은 객관적이며 주관적인 감정이 없음.
	C7 장소성	박물관 공간의 청결, 조명, 냉난방은 관람객의 요구를 충족시킬 수 있음.	D20 청결성	전시공간, 옥외공간의 청결성
			D21 조명성	실내, 옥외 시설의 조명 기능
			D22 냉난성	전시공간, 로비의 냉난방 기능
	C8 규범성	관람 질서와 안전을 보장하고 회원 체험 서비스가 완벽함.	D23 질서성	서비스 인원이 관람객들을 조직하여 질서정연하 게 관람함.
			D24 안전성	관람객의 참관 안전을 보증함.
			D25 완벽성	관람객들은 회원 가입을 통해 더 많은 서비스를 체험할 수 있음.
			D26 제도성	서비스 약속을 완수하는 제도가 있으면, 서비스는 질과 양을 보증하여 완수할 수 있음.

1급 지표	2급 지표	지표 간단 설명	3급 지표	지표 간단 설명
B4 공감성	C9 교육성	관람객들은 관광 과정에서 해양 지식을 배우고 박물관은 지역 사회와 학교에 들어가 해양 지식을 홍보할 수 있음.	D27 지식성	관람객들은 편안한 관람 분위기 속에서 부지불 식간에 지식을 늘리고 시야를 넓혀 교육을 받게 됨.
			D28 역사성	전시를 통해 풍부한 해양 역사를 알 수 있음.
			D29 주동성	박물관이 주동적으로 학교와 구역에 들어가 해양교육을 보급함.
	C10 레저성	관람객들은 박물관 안에서 바다 분위기에 젖으면서 몸과 마음을 편안해질 수 있음.	D30 관광성	해양박물관은 관람객들에게 직접 체험할 수 있는 독특한 관광 경험을 제공함.
			D31 동반성	관람객들은 해양박물관의 친근하고 다양하며 포용적인 체험을 느꼈음.
			D32 쾌락성	다양한 연령대의 관람객들이 편안한 분위기에서 바다를 즐길 수 있음.
			D33 도피성	관람객들은 현실의 피로를 벗고 바다 분위기에 빠져들 수 있음.
	C11 公平性	관람객들은 맞춤형 서비스를 받을 수 있고, 적시에 수요를 얻을 수 있으며, 적시에 서비스 사항을 알릴 수 있음.	D34 목표성	서로 다른 그룹에 맞추어 개성화 서비스를 제공 함.
			D35 사전성	관람객들에게 서비스 시간의 길이와 주의사항을 사전에 알려주고, 각종 설비, 시설의 사용방법을 주동적으로 알려줌.
			D36 평등성	관람객들의 수요 조사에 대한 노력.
B5 유형성	C12 교통성	각종 도로는 관람객들에게 편리함을 느끼게 함.	D37 신속성	박물관에 가는 교통의 편리함
			D38 전문성	관람자들이 이용할 수 있도록 전용 주차장이 있음.
			D39 종합성	다양한 사람들은 쉽게 표지를 식별할 수 있음.

1급 지표	2급 지표	지표 간단 설명	3급 지표	지표 간단 설명
B5 유형성	C13 해양성	건물 내외부 공간의 해양적 특성을 느낄 수 있도록 함.	D40 식별성	건축을 통해 해양박물관을 빠르게 식별할 수 있음.
			D41 미관성	전시품이나 전시 공간은 바다의 아름다움을 표현함.
			D42 해양문화성	박물관 공간은 해양문화 분위기가 있음.
			D43 해양환경성	전시 디자인,장식 배치,전시 재질 등이 해양 환경과 관련됨. 해양 생물 모델 전시,친환경 소재 사용 등.
	C14 전시성	전시품은 다양한 전시 방법을 통해 다양화,세부 사항,흥미 등을 구현함.	D44 다원성	전시 방식이 다양함.
			D45 풍부성	풍부한 세계 해양 유산을 전시함.
			D46 완정성	전시품을 전시하는 동안 세부 사항을 볼 수 있음.
			D47 흥미성	전시 정보 전달의 재미.
			D48 시효성	전시품은 제때에 갱신하고 보충해야 함.
	C15 시설성	각종 서비스 시설이 완비 되어 적용 가능함.	D49 완비성	서비스 • 레저 시설의 완비.
			D50 적용성	노약자(노인,장애인,임산부,어린이 등)시설의 적합성.
			D51 필요성	관람객은 박물관내에서 필요한 음식 서비스를 받을 수 있으며,또한 특화된 필요한 요구 사항,응급구조시설 설비등을 포함해야 함.

续 表

1급 지표	2급 지표	지표 간단 설명	3급 지표	지표 간단 설명
B5 유형성	C15 시설성	각종 서비스 시설이 완비되어 적용 가능함.	D52 응급처리성	비상 상황에서 관람객과 직원의 안전을 효과적 으로 보호할 수 있도록 돌발적인 사건이나 위기 에 대처할 수 있는 능력이 있음.

바쁘신 와중에도 설문지를 작성해 주셔서 다시 감사드립니다!
좋은 하루가 되시길 바랍니다!

附录5

2024 韩国国立釜庆大学 一般大学院
专家组问卷调查(中文)

海洋博物馆服务设计评价指标权重专家组问卷调查

您好!

感谢您在百忙之中抽出宝贵的时间。

本调查采用 AHP 分层分析法进行分析,以掌握海洋博物馆海洋服务设计评价指标的权重。

为保证提出的评价指标模型的客观性和科学性,拟通过您评价比较各评价指标的权重。

本问卷调查用于学术研究资料,承诺不用于研究资料以外的其他目的。请在百忙之中诚实地回答您对问卷的各项感受,不胜感激。

指导教授：韩国国立釜庆大学海洋融合设计工学系主任教授　曹祯烔

研 究 者：韩国国立釜庆大学海洋融合设计工学系博士生　　郑宪恒

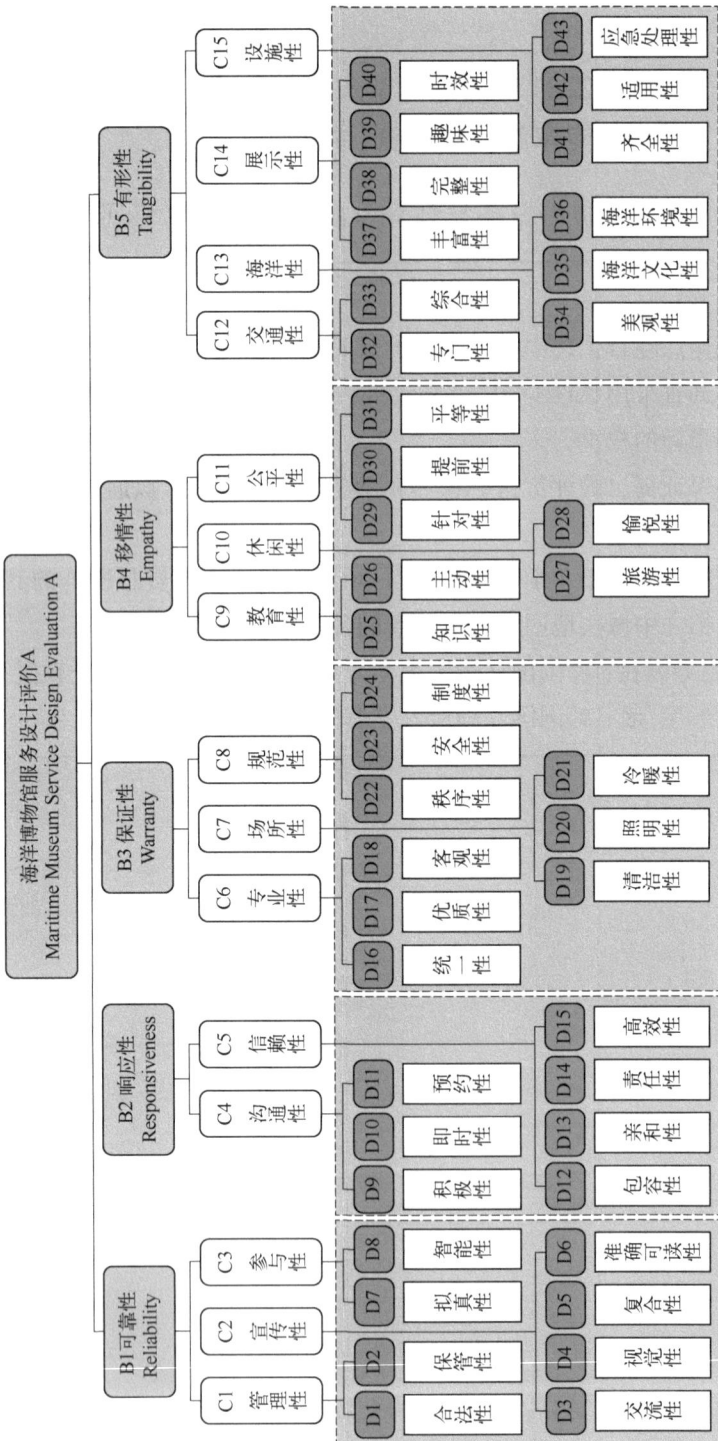

最终构建的评价指标模型

▶ 以下是关于您的人口统计属性的问题。请在该项目的□里填写 √。

1. 您的性别？

① □ 男士　　　　② □ 女士

2. 您的年龄？

① □ 30—39 岁　② □ 40—49 岁　③ □ 50—59 岁　④ □ 60 岁以上

3. 您的职业是？

① □ 管理者　　② □ 研究员　　③ □ 大学教授　④ □ 设计师

4. 您的专业领域是？

① □ 展馆设计　　　② □ 设计理论　　　③ □ 环境设计

④ □ 视觉设计　　　⑤ □ 公共设计　　　⑥ □ 海洋设计

⑦ □ 交互式设计　　⑧ □ 体验设计　　　⑨ □ 其他(　　　　　)

5. 您的工作经历？

① □ 5—10 年　② □ 10—15 年　③ □ 15—20 年　④ □ 20 年以上

▶ 填写说明

本问卷将各指标两两比较,判断各层指标的相对重要性的数值,从而构建数学判断矩阵。

请先阅读评价尺度的内容和含义,然后将序号所代表的指标之间的重要度关系标度数字填入对应表中。

尺　度	含　　义
1	两个指标,行指标相对于列指标同等重要
3	两个指标,行指标相对于列指标的中等重要性
5	两个指标,行指标相对于列指标基本或非常重要
7	两个指标,行指标相对于列指标非常重要
9	两个指标,一个指标相对于列指标极其重要
2,4,6,8	上述相邻两个判断之间的中间值
倒数	如果指标 i 与指标 j 的重要度比率是 aij,那么指标 j 与指标 i 的重要度比率就是 $1/aij$

填写示例:若您认为指标 1 的重要度是指标 2 的 3 倍,请在 1 行 2 列的空格内填 3,若您认为指标 1 的重要度是指标 2 的 1/3,请在 1 行 2 列的空格内填 1/3。

1. 一级评价指标相对关系的确定

为了获取海洋博物馆服务设计一级评价指标相对关系,请您选择认为合适的指标之间的重要度。

序号	一级指标	1	2	3	4	5
1	B1 可靠性	——				
2	B2 响应性		——			
3	B3 保证性			——		
4	B4 移情性				——	
5	B5 有形性					——

2. 二级评价指标相对关系的确定

为了获取海洋博物馆服务设计二级评价指标相对关系,请您选择认为合适的指标之间的重要度。

序号	B1 可靠性所属二级指标	1	2	3
1	C1 管理性	——		
2	C2 宣传性		——	
3	C3 参与性			——

序号	B2 响应性所属二级指标	1	2
1	C4 沟通性	——	
2	C5 信赖性		——

序号	B3 保证性所属二级指标	1	2	3
1	C6 专业性	——		
2	C7 场所性		——	
3	C8 规范性			——

序号	B4 移情性所属二级指标	1	2	3
1	C9 教育性	——		
2	C10 休闲性		——	
3	C11 公平性			——

序号	B5 有形性所属二级指标	1	2	3	4
1	C12 交通性	——			
2	C13 海洋性		——		
3	C14 展示性			——	
4	C15 设施性				——

3. 三级评价指标相对关系的确定

为了获取海洋博物馆服务设计三级评价指标相对关系,请您选择认为合适的指标之间的重要度。

序号	C1 所属三级指标	1	2
1	D1 合法性	——	
2	D2 保管性		——

序号	C2 所属三级指标	1	2	3	4
1	D3 交流性	——			
2	D4 视觉性		——		
3	D5 复合性			——	
4	D6 准确可读性				——

序号	C3 所属三级指标	1	2
1	D7 拟真性	——	
2	D8 智能性		——

序号	C4 所属三级指标	1	2	3
1	D9 积极性	——		
2	D10 即时性		——	
3	D11 预约性			——

序号	C5 所属三级指标	1	2	3	4
1	D12 包容性	——			
2	D13 亲和性		——		
3	D14 责任性			——	
4	D15 高效性				——

序号	C6 所属三级指标	1	2	3
1	D16 统一性	——		
2	D17 优质性		——	
3	D18 客观性			——

序号	C7 所属三级指标	1	2	3
1	D19 清洁性	——		
2	D20 照明性		——	
3	D21 冷暖性			——

序号	C8 所属三级指标	1	2	3
1	D22 秩序性	——		
2	D23 安全性		——	
3	D24 制度性			——

序号	C9 所属三级指标	1	2
1	D25 知识性	——	
2	D26 主动性		——

序号	C10 所属三级指标	1	2
1	D27 旅游性	——	
2	D28 愉悦性		——

序号	C11 所属三级指标	1	2	3
1	D29 针对性	——		
2	D30 提前性		——	
3	D31 平等性			——

序号	C12 所属三级指标	1	2
1	D32 专门性	——	
2	D33 综合性		——

序号	C13 所属三级指标	1	2	3
1	D34 美观性	——		
2	D35 海洋文化性		——	
3	D36 海洋环境性			——

序号	C14 所属三级指标	1	2	3	4
1	D37 丰富性	——			
2	D38 完整性		——		
3	D39 趣味性			——	
4	D40 时效性				——

序号	C15 所属三级指标	1	2	3
1	D41 齐全性	——		
2	D42 适用性		——	
3	D43 应急处理性			——

再次感谢您在百忙之中填写问卷！

祝您度过美好的一天！

附录 6
2024 국립부경대학교 일반대학원 전문가집단 설문조사 (한국어)

해양박물관의 서비스디자인 평가지표의 가중치를
위한 전문가집단 설문조사

안녕하십니까?

바쁘신 가운데 소중한 시간을 내어주셔서 감사합니다.

본 설문조사는 해양박물관의 서비스디자인 평가지표의 가중치를 파악하기 위해 AHP(Analytic Hierarchy Process)방법을 활용하여 분석 하였습니다. 평가 모형은 다음과 같습니다.

제시한 평가지표 모형의 객관성 및 과학성을 보장하기 위해 귀하의 평가를 통해 각 평가지표의 가중치를 비교하고자 합니다.

본 설문조사는 학술 연구를 위한 자료로 활용되며, 연구 자료 이외의 목적으로 사용되지 않을 것임을 약속드립니다. 바쁘신 중이라도 설문지의 각 항목에 대해서 귀하가 느끼는 바를 성실하고 솔직하게 답변해 주시면 감사하겠습니다.

지도교수: 국립부경대학교 마린융합디자인공학과 주임교수　조정형
연 구 자: 국립부경대학교 마린융합디자인공학과 박사과정　정호남

중한 구축된 평가지표 모형

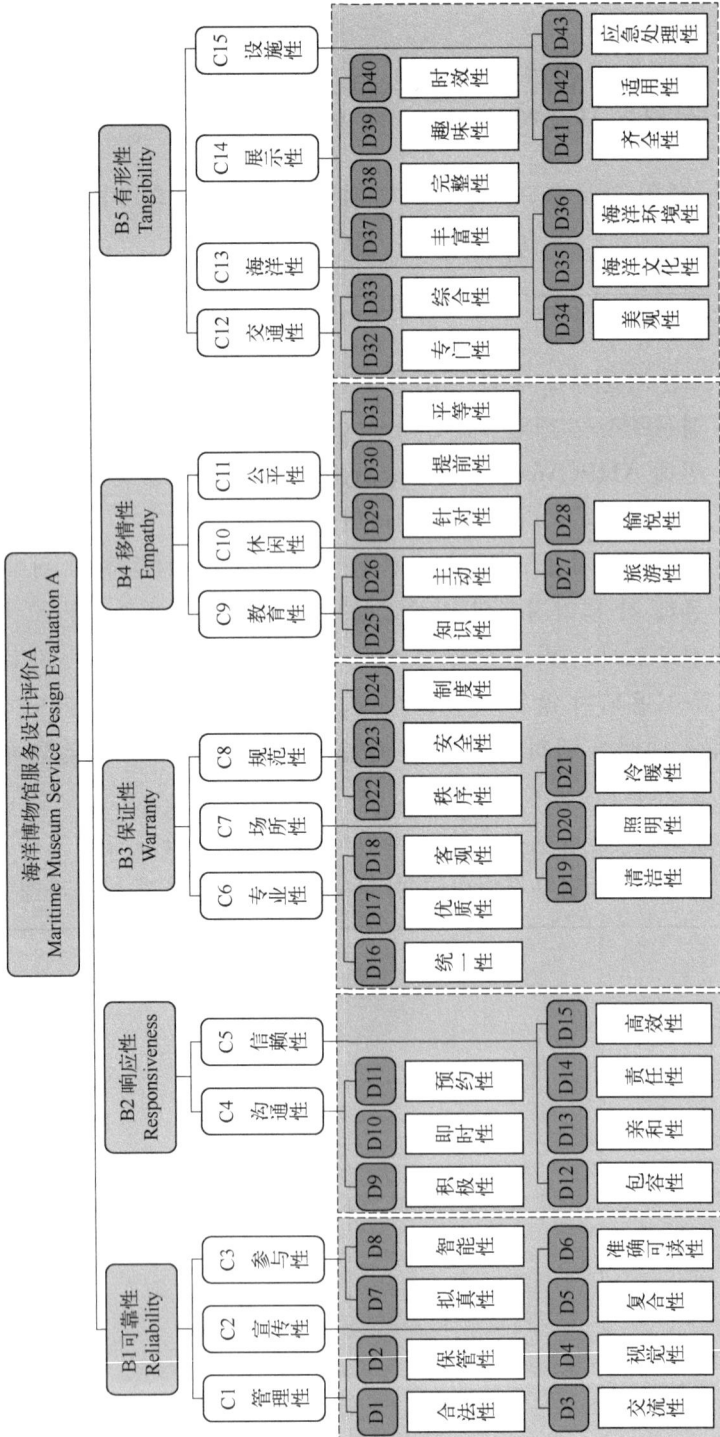

海洋博物馆服务设计评价A
Maritime Museum Service Design Evaluation A

B1 可靠性 Reliability
- C1 管理性
  - D1 合法性
  - D2 保管性
- C2 宣传性
  - D3 交流性
  - D4 视觉性
  - D5 复合性
  - D6 准确可读性
- C3 参与性
  - D7 拟真性
  - D8 智能性

B2 响应性 Responsiveness
- C4 沟通性
  - D9 积极性
  - D10 即时性
  - D11 预约性
  - D12 包容性
  - D13 亲和性
- C5 信赖性
  - D14 责任性
  - D15 高效性

B3 保证性 Warranty
- C6 专业性
  - D16 统一性
  - D17 优质性
  - D18 客观性
  - D19 清洁性
  - D20 照明性
  - D21 冷暖性
- C7 场所性
  - D22 秩序性
  - D23 安全性
- C8 规范性
  - D24 制度性

B4 移情性 Empathy
- C9 教育性
  - D25 知识性
  - D26 主动性
  - D27 旅游性
  - D28 愉悦性
- C10 休闲性
  - D29 针对性
- C11 公平性
  - D30 提前性
  - D31 平等性

B5 有形性 Tangibility
- C12 交通性
  - D32 专门性
  - D33 综合性
  - D34 美观性
  - D35 海洋文化性
  - D36 海洋环境性
- C13 海洋性
  - D37 丰富性
  - D38 完整性
- C14 展示性
  - D39 趣味性
  - D40 时效性
  - D41 齐全性
  - D42 适用性
  - D43 应急处理性
- C15 设施性

▶ 다음은 귀하의 인구통계학적 속성에 관한 질문입니다. 해당 항목의 □ 안에 √표를 해주시기 바랍니다.

1. 귀하의 성별은?

① □ 남성　　② □ 여성

2. 귀하의 연령은?

① □ 30 대　　② □ 40 대　　　③ □ 50 대　　　　④ □ 60 대 이상

3. 귀하의 직업은?

① □ 관리자　② □ 연구원　　③ □ 대학교수　　　④ □ 디자이너

4. 귀하의 전공 분야는?

① □ 전시디자인　　　② □ 디자인 이론　③ □ 환경디자인

④ □ 시각디자인　　　⑤ □ 공공디자인　⑥ □ 해양디자인

⑦ □ 인터 랙티브 디자인 ⑧ □ 체험디자인　⑨ □ 기타(　　　)

5. 귀하의 근무경력은?

① □ 5—10 년 ② □ 10—15 년 ③ □ 15—20 년　　④ □ 20 년 이상

▶ 작성 방법에 대한 설명

본 설문지는 각 지표를 쌍으로 비교하여 각 계층의 지표의 상대적 중요 도 값을 판단하여 수학적 판단행렬을 구성합니다.

먼저 평가 척도의 내용과 의미를 읽고 해당 표에 일련번호로 표시되는 지표 간의 중요도 관계 척도 숫자를 기입하십시오.

척도	의　　　미
1	두 지표를 비교하면, 행 지표와 열 지표는 동일하게 중요함
3	두 지표를 비교하면, 행 지표가 열 지표보다 약간 더 중요함
5	두 지표를 비교하면, 행 지표가 열 지표보다 비교적 더 중요함
7	두 지표를 비교하면, 행 지표가 열 지표보다 매우 더 중요함
9	두 지표를 비교하면, 행 지표가 열 지표보다 절대적으로 더 중요함
2, 4, 6, 8	인접 판단의 중간값
역수	지표 i 와 지표 j 의 중요도 비율이 aij 이면, 지표 j 와 지표 i 의 중요도 비율은 $1/aij$ 이다.

작성 예시：지표 1 의 중요도가 지표 2 의 3 배라고 생각되면 1 행 2 열의 빈칸에 3 을 기입하고 지표 1 의 중요도가 지표 2 의 1/3 이라고 생각되면 1 행 2 열의 빈칸에 1/3 을 기입하십시오.

1. 1 급 평가지표 중 각 지표 간의 상대관계 확정

해양박물관의 서비스디자인 1 급 평가지표 중 각 지표 간의 상대관계를 파악하기 위해서는 적절하다고 판단되는 지표 간의 중요도를 선택하시기 바랍니다.

1 급 평가지표 중 각 지표 간의 상대관계 확정

번호	1 급지표	1	2	3	4	5
1	B1 믿음성	——				
2	B2 응답성		——			
3	B3 보증성			——		
4	B4 공감성				——	
5	B5 유형성					——

2. 2 급 평가지표 중 각 지표 간의 상대관계 확정

해양박물관의 서비스디자인 2 급 평가지표 중 각 지표 간의 상대관계를 파악하기 위해서는 적절하다고 판단되는 지표 간의 중요도를 선택하시기 바랍니다.

번호	B1 믿음성 소속 2 급지표	1	2	3
1	C1 관리성	——		
2	C2 홍보성		——	
3	C3 참여성			——

번호	B2 응답성 소속 2 급지표	1	2
1	C4 소통성	——	
2	C5 신뢰성		——

번호	B3 보증성 소속 2 급지표	1	2	3
1	C6 전문성	——		
2	C7 장소성		——	
3	C8 규범성			——

번호	B4 공감성 소속 2 급지표	1	2	3
1	C9 교육성	——		
2	C10 레저성		——	
3	C11 공평성			——

번호	B5 유형성 소속 2 급지표	1	2	3	4
1	C12 교통성	——			
2	C13 해양성		——		
3	C14 전시성			——	
4	C15 시설성				——

3. 3 급 평가지표 중 각 지표 간의 상대관계 확정

해양박물관의 서비스디자인 3 급 평가지표 중 각 지표 간의 상대관계를 파악하기 위해서는 적절하다고 판단되는 지표 간의 중요도를 선택하시기 바랍니다.

번호	C1 소속 3 급지표	1	2
1	D1 합법성	——	
2	D2 보관성		——

번호	C2 소속 3 급지표	1	2	3	4
1	D3 교류성	——			
2	D4 시각성		——		

续　表

번호	C2 소속 3 급지표	1	2	3	4
3	D5 복합성			—	
4	D6 정확 가독성				—

번호	C3 소속 3 급지표	1	2
1	D7 몰입성	—	
2	D8 지능성		—

번호	C4 소속 3 급지표	1	2	3
1	D9 적극성	—		
2	D10 즉시성	—		
3	D11 예약성			—

번호	C5 소속 3 급지표	1	2	3	4
1	D12 포용성	—			
2	D13 친화성		—		
3	D14 책임성			—	
4	D15 고효율성				—

번호	C6 소속 3 급지표	1	2	3
1	D16 통일성	—		
2	D17 양질성		—	
3	D18 객관성			—

번호	C7 소속 3 급지표	1	2	3
1	D19 청결성	——		
2	D20 조명성		——	
3	D21 냉난성			——

번호	C8 소속 3 급지표	1	2	3
1	D22 질서성	——		
2	D23 안전성		——	
3	D24 제도성			——

번호	C9 소속 3 급지표	1	2
1	D25 지식성	——	
2	D26 주동성		——

번호	C10 소속 3 급지표	1	2
1	D27 관광성	——	
2	D28 쾌락성		——

번호	C11 소속 3 급지표	1	2	3
1	D29 목표성	——		
2	D30 사전성		——	
3	D31 평등성			——

번호	C12 소속 3 급지표	1	2
1	D32 전문성	——	
2	D33 종합성		——

번호	C13 소속 3 급지표	1	2	3
1	D34 미관성	——		
2	D35 해양문화성		——	
3	D36 해양환경성			——

번호	C14 소속 3 급지표	1	2	3	4
1	D37 풍부성	——			
2	D38 완정성		——		
3	D39 흥미성			——	
4	D40 시효성				——

번호	C15 소속 3 급지표	1	2	3
1	D41 완비성	——		
2	D42 적용성		——	
3	D43 응급처리성			——

바쁘신 와중에도 설문지를 작성해 주셔서 다시 감사드립니다 !
좋은 하루가 되시길 바랍니다 !

附录 7

2024 韩国国立釜庆大学 一般大学院关于海洋博物馆服务设计评价的参观者问卷调查(中文)

为了了解海洋博物馆服务设计的问卷调查

您好!

感谢您在百忙之中抽出宝贵的时间。

为了获得本研究所需的数据,设计了以下问卷。

为了解海洋博物馆服务设计现状,在 AHP 分析法的基础上,验证海洋博物馆服务设计评价指标模型的有效性和适用性,本调查以海洋博物馆参观者为调查对象。通过本问卷调查,以三所海洋博物馆服务设计的实际情况为评价对象进行评价。恳请根据您的实际感受填写问卷。

关于您的信息,我们承诺不会用于研究资料以外的其他目的。非常感谢您接受本次调查。

指导教授:韩国国立釜庆大学海洋融合设计工学系主任教授　曹祯焑

研 究 者:韩国国立釜庆大学海洋融合设计工学系博士生　郑宪恒

▶ 以下是关于您的人口统计属性的问题。请在该项目的□内填写√。

1. 您的性别?

① □ 男士　　　　② □ 女士

2. 您的年龄?

① □ 20—29 岁　　② □ 30—39 岁　　③ □ 40—49 岁

④ □ 50—59 岁　　⑤ □ 60 岁以上

3. 您的职业是?

① □ 学生　　　　② □ 上班族　　　③ □ 公职人员

④ □ 自营业者　　⑤ □ 退休者　　　⑥ 其他(　　　)

4. 您的学历是?

① □ 高中及以下　② □ 大学(含大专)　③ □ 硕士及以上

5. 您的国籍是?

① □ 本国人　　　② □ 外国人(国籍:　　　)

▶ 下面是海洋博物馆服务设计相关问卷。

本调查问卷采用 1—7 量表法,有"非常不好""不好""有点不好""普通""有点好""好""非常好"7 个水平评价,分别赋分从 1 分、2 分、3 分、4 分、5 分、6 分、7 分。请在与您的想法最密切的地方打勾 √ 。

评价指标			评价内容	非常不好	不好	有点不好	普通	有点好	好	非常好
一级指标	二级指标	三级指标		1 分	2 分	3 分	4 分	5 分	6 分	7 分
B1 可靠性	C1 管理性	D1 合法性	影音、图像、照片的著作权的合法性	①	②	③	④	⑤	⑥	⑦
		D2 保管性	展品中不应有易碎、易损物品	①	②	③	④	⑤	⑥	⑦
	C2 宣传性	D3 交流性	提供文化体验、交流等在线活动	①	②	③	④	⑤	⑥	⑦
		D4 视觉性	网站界面设计符合视觉设计要求	①	②	③	④	⑤	⑥	⑦
		D5 复合性	通过线上、线下等多途径宣传	①	②	③	④	⑤	⑥	⑦
		D6 准确可读性	不同参观者对文字、图片、视频的理解度和可读性	①	②	③	④	⑤	⑥	⑦
	C3 参与性	D7 拟真性	使用科技平台与互动设施,让参观者身临其境体验海洋	①	②	③	④	⑤	⑥	⑦
		D8 智能性	通过智能化设备了解海洋博物馆	①	②	③	④	⑤	⑥	⑦
B2 响应性	C4 沟通性	D9 积极性	工作人员总是乐意帮助参观者	①	②	③	④	⑤	⑥	⑦
		D10 即时性	工作人员无论多忙都会及时回应参观者的要求	①	②	③	④	⑤	⑥	⑦
		D11 预约性	参观者和团体可以通过网络或电话提前预约博物馆相关服务	①	②	③	④	⑤	⑥	⑦

评价指标			评价内容	非常不好	不好	有点不好	普通	有点好	好	非常好
一级指标	二级指标	三级指标		1分	2分	3分	4分	5分	6分	7分
B2 响应性	C5 信赖性	D12 包容性	工作人员与各种群体的参观者都能保持良好关系	①	②	③	④	⑤	⑥	⑦
		D13 亲和性	工作人员总是热情、友好地接待参观者	①	②	③	④	⑤	⑥	⑦
		D14 责任性	对参观者投诉可及时处理	①	②	③	④	⑤	⑥	⑦
		D15 高效性	对参观者的意见及时进行反馈	①	②	③	④	⑤	⑥	⑦
B3 保证性	C6 专业性	D16 统一性	工作人员有整洁的服装,服务语言规范	①	②	③	④	⑤	⑥	⑦
		D17 优质性	工作人员拥有丰富的专业知识	①	②	③	④	⑤	⑥	⑦
		D18 客观性	讲解员对展品知识的讲解客观,不带主观感情	①	②	③	④	⑤	⑥	⑦
	C7 场所性	D19 清洁性	展示空间、户外空间的清洁性	①	②	③	④	⑤	⑥	⑦
		D20 照明性	室内、户外设施的照明性	①	②	③	④	⑤	⑥	⑦
		D21 冷暖性	展示空间、大厅的冷暖性	①	②	③	④	⑤	⑥	⑦
	C8 规范性	D22 秩序性	服务人员组织参观者观看秩序井然	①	②	③	④	⑤	⑥	⑦
		D23 安全性	保证参观者参观的安全	①	②	③	④	⑤	⑥	⑦
		D24 制度性	有完成服务承诺的制度,服务能够保质保量完成	①	②	③	④	⑤	⑥	⑦

评价指标			评价内容	非常不好	不好	有点不好	普通	有点好	好	非常好
一级指标	二级指标	三级指标		1分	2分	3分	4分	5分	6分	7分
B4 移情性	C9 教育性	D25 知识性	参观者在轻松的观览氛围中,在不知不觉中增长了知识,扩大了视野,继而受到教育	①	②	③	④	⑤	⑥	⑦
		D26 主动性	博物馆主动走入学校、小区推广海洋教育	①	②	③	④	⑤	⑥	⑦
	C10 休闲性	D27 旅游性	海洋博物馆为参观者提供了独特的身临其境的旅游体验	①	②	③	④	⑤	⑥	⑦
		D28 愉悦性	不同年龄的参观者可以在轻松的氛围中享受海洋的乐趣	①	②	③	④	⑤	⑥	⑦
	C11 公平性	D29 针对性	针对不同群体提供个性化服务	①	②	③	④	⑤	⑥	⑦
		D30 提前性	事先告知参观者服务时间的长短与应注意事项,主动告知参观者各种设备、设施的使用方法	①	②	③	④	⑤	⑥	⑦
		D31 平等性	对参观者需求调查的努力程度	①	②	③	④	⑤	⑥	⑦
B5 有形性	C12 交通性	D32 专门性	有专门的汽车停车场供参观者使用	①	②	③	④	⑤	⑥	⑦
		D33 综合性	不同人群能够轻松识别导行(标志)	①	②	③	④	⑤	⑥	⑦
	C13 海洋性	D34 美观性	展品或者展示空间的海洋美	①	②	③	④	⑤	⑥	⑦
		D35 海洋文化性	博物馆空间有海洋文化氛围	①	②	③	④	⑤	⑥	⑦

评价指标			评价内容	非常不好	不好	有点不好	普通	有点好	好	非常好
一级指标	二级指标	三级指标		1分	2分	3分	4分	5分	6分	7分
B5 有形性	C13 海洋性	D36 海洋环境性	展示设计、装饰布置、展品材质等方面与海洋环境相关联,如展示海洋生物模型、采用环保材料等	①	②	③	④	⑤	⑥	⑦
	C14 展示性	D37 丰富性	通过多元化的展示方式展示丰富的全球海洋遗产,呼吁海洋环保的必要性	①	②	③	④	⑤	⑥	⑦
		D38 完整性	展品展示过程中能看到细节	①	②	③	④	⑤	⑥	⑦
		D39 趣味性	展览信息传达的趣味性	①	②	③	④	⑤	⑥	⑦
		D40 时效性	展品应及时更新和补充	①	②	③	④	⑤	⑥	⑦
	C15 设施性	D41 齐全性	服务、休闲设施的齐全	①	②	③	④	⑤	⑥	⑦
		D42 适用性	老弱者(老人、残疾人、孕妇、儿童等)设施的适用性	①	②	③	④	⑤	⑥	⑦
		D43 应急处理性	有能力应对突发事件或危机,以确保在紧急情况下能够有效地保护游客、员工的安全	①	②	③	④	⑤	⑥	⑦

再次感谢您在百忙之中填写问卷!

祝您度过美好的一天!

附录 8
국립부경대학교 일반대학원 해양박물관의 서비스디자인 평가에 관한 관람객 설문조사 (한국어)

해양박물관 서비스디자인을 알아보기 위한 설문조사

안녕하십니까?

바쁘신 가운데 소중한 시간을 내어주셔서 감사합니다.

본 연구에 필요한 데이터를 얻기 위하여 다음과 같은 설문지를 설계 하였습니다.

해양박물관의 서비스디자인 현황을 파악하기 위해 AHP(Analytic Hierarchy Process)방법을 기반으로 해양박물관의 서비스디자인 평가지표 모형의 유효성과 적용성을 검증하여 해양박물관 관람객을 대상으로 설문조사를 실시하겠습니다. 본 설문조사를 통해 3 개 해양박물관의 서비스디자인 실태를 평가하고자 합니다.

귀하의 실제 느낌에 따라 설문지를 작성해 주시기 바랍니다.

귀하의 정보를 연구 자료 이외의 목적으로 사용하지 않을 것을 약속 드립니다.

본 설문조사에 응해 주셔서 대단히 감사합니다.

지도교수: 국립부경대학교 마린융합디자인공학과 주임교수 조정형
연 구 자: 국립부경대학교 마린융합디자인공학과 박사과정 정호남

▶ 다음은 귀하의 인구통계학적 속성에 관한 질문입니다. 해당 항목의 □ 안에 √ 표를 해주시기 바랍니다.

1. 귀하의 성별은?

① □ 남성　　　　② □ 여성

2. 귀하의 연령은?

① □ 20 대　　　　② □ 30 대　　　　③ □ 40 대

④ □ 50 대 이상　　⑤ □ 60 대 이상

3. 귀하의 직업은?

① □ 학생　　　　　② □ 직장인　　　　　③ □ 공직자

④ □ 자영업자　　　⑤ □ 퇴직자　　　　　⑥ □ 기타(　　　　)

4. 귀하의 학력은?

① □ 고등학교 및 그 이하　　　② □ 대학교(전문대 포함)

③ □ 석사 및 그 이상

5. 귀하의 국적은?

① □ 내국인　　　　　　　　② □ 외국인(국적:　　　　)

▶ 다음은 해양박물관 서비스디자인에 관한 질문입니다.

본 설문지는 리커트(Likert) 7 점 척도법을 사용하여 "매우 좋지 않다", "좋지 않다", "약간 좋지 않다", "보통이다", "약간 좋다", "좋다", "매우 좋다" 의 7 가지 수준으로 평가하였으며, 각각 1 점, 2 점, 3 점, 4 점, 5 점, 6 점, 7 점을 부여하였다.

귀하의 생각과 가장 밀접한 곳에 체크(√)하여 주시기 바랍니다.

평가지표			평가 내용	매우 좋지 않다	좋지 않다	약간 좋지 않다	보통이다	약간 좋다	좋다	매우 좋다
1급 지표	2급 지표	3급 지표		1 점	2 점	3 점	4 점	5 점	6 점	7 점
B1 믿음성	C1 관리성	D1 합법성	영상, 이미지, 사진 저작권의 합법성.	①	②	③	④	⑤	⑥	⑦
		D2 보관성	전시품 중에는 깨지기 쉽고 파손되기 쉬운 물품이 있어서는 안 됨.	①	②	③	④	⑤	⑥	⑦
	C2 홍보성	D3 교류성	문화 체험, 교류 등 온라인활동 제공.	①	②	③	④	⑤	⑥	⑦
		D4 시각성	웹사이트 인터페이스 디자인은 시각 디자인의 요구에 부합함.	①	②	③	④	⑤	⑥	⑦

평가지표			평가 내용	매우 좋지 않다	좋지 않다	약간 좋지 않다	보통 이다	약간 좋다	좋다	매우 좋다
1급 지표	2급 지표	3급 지표		1 점	2 점	3 점	4 점	5 점	6 점	7 점
B1 믿음 성	C2 홍보 성	D5 복합성	온·오프라인 등 다 채널을 통해 홍보함.	①	②	③	④	⑤	⑥	⑦
		D6 정확 가독성	관람객에 따라 문 자, 그림, 동영상에 대한 이해도와 가 독성	①	②	③	④	⑤	⑥	⑦
	C3 참여 성	D7 몰입성	과학기술 플랫폼과 인터랙티브 설비를 이용하여 관중들이 직접 바다를 체험할 수 있도록 함.	①	②	③	④	⑤	⑥	⑦
		D8 지능성	지능화 장비로 보는 해양박물관	①	②	③	④	⑤	⑥	⑦
B2 응답 성	C4 소통 성	D9 적극성	직원들은 늘 적극적 으로 관람객을 도움.	①	②	③	④	⑤	⑥	⑦
		D10 즉시성	직원들은 아무리 바 빠도 관람객의 요구 에 제때 응함.	①	②	③	④	⑤	⑥	⑦
		D11 예약성	관람객과 단체는 인 터넷이나 전화로 박 물관 관련 서비스를 미리 예약할 수 있음.	①	②	③	④	⑤	⑥	⑦
	C5 신뢰 성	D12 포용성	직원들은 다양한 그 룹의 관람객들과 좋 은 관계를 유지할 수 있음.	①	②	③	④	⑤	⑥	⑦
		D13 친화성	직원은 항상 친절하 고 우호적으로 관람 객들을 접대함.	①	②	③	④	⑤	⑥	⑦

평가지표			평가 내용	매우 좋지 않다	좋지 않다	약간 좋지 않다	보통 이다	약간 좋다	좋다	매우 좋다
1급 지표	2급 지표	3급 지표		1 점	2 점	3 점	4 점	5 점	6 점	7 점
B2 응답 성	C5 신뢰 성	D14 책임성	관람객들이 고소하면 즉시 처리할 수 있음.	①	②	③	④	⑤	⑥	⑦
		D15 고효 율성	관람객들의 의견에 대해 제때에 피드백함.	①	②	③	④	⑤	⑥	⑦
B3 보증 성	C6 전문 성	D16 통일성	직원의 복장이 단정하고, 서비스 언어가 규범적임.	①	②	③	④	⑤	⑥	⑦
		D17 양질성	직원은 풍부한 전문지식을 가지고 있음.	①	②	③	④	⑤	⑥	⑦
		D18 객관성	전시품 지식에 대한 해설자의 설명은 객관적이며 주관적인 감정이 없음.	①	②	③	④	⑤	⑥	⑦
	C7 장소 성	D19 청결성	전시공간, 옥외공간의 청결성	①	②	③	④	⑤	⑥	⑦
		D20 조명성	실내, 옥외 시설의 조명 기능	①	②	③	④	⑤	⑥	⑦
		D21 냉난성	전시공간, 로비의 냉난방 기능	①	②	③	④	⑤	⑥	⑦
	C8 규범 성	D22 질서성	서비스 인원이 관람객들을 조직하여 질서정연하게 관람함.	①	②	③	④	⑤	⑥	⑦
		D23 안전성	관람객의 참관 안전을 보증함.	①	②	③	④	⑤	⑥	⑦
		D24 제도성	서비스 약속을 완수하는 제도가 있으면, 서비스는 질과 양을 보증하여 완수할 수 있음.	①	②	③	④	⑤	⑥	⑦

평가지표			평가 내용	매우 좋지 않다	좋지 않다	약간 좋지 않다	보통 이다	약간 좋다	좋다	매우 좋다
1급 지표	2급 지표	3급 지표		1 점	2 점	3 점	4 점	5 점	6 점	7 점
B4 공감 성	C9 교육 성	D25 지식성	관람객들은 편안한 관람 분위기 속에서 부지불식간에 지식을 늘리고 시야를 넓혀 교육을 받게 됨.	①	②	③	④	⑤	⑥	⑦
		D26 주동성	박물관이 주동적으로 학교와 구역에 들어가 해양교육을 보급함.	①	②	③	④	⑤	⑥	⑦
	C10 레저 성	D27 관광성	해양 박물관은 관람객들에게 직접 체험할 수 있는 독특한 관광 경험을 제공함.	①	②	③	④	⑤	⑥	⑦
		D28 쾌락성	다양한 연령대의 관람객들이 편안한 분위기에서 바다를 즐길 수 있 음.	①	②	③	④	⑤	⑥	⑦
	C11 공평 성	D29 목표성	서로 다른 그룹에 맞추어 개성화 서비스를 제공함.	①	②	③	④	⑤	⑥	⑦
		D30 사전성	관람객들에게 서비스 시간의 길이와 주의사항을 사전에 알려주고, 각종 설비, 시설의 사용방법을 주동적으로 알려줌.	①	②	③	④	⑤	⑥	⑦
		D31 평등성	관람객들의 수요 조사에 대한 노력.	①	②	③	④	⑤	⑥	⑦

평가지표			평가 내용	매우 좋지 않다	좋지 않다	약간 좋지 않다	보통 이다	약간 좋다	좋다	매우 좋다
1급 지표	2급 지표	3급 지표		1 점	2 점	3 점	4 점	5 점	6 점	7 점
B5 유형성	C12 교통성	D32 전문성	관람자들이 이용할 수 있도록 전용 주차장이 있음.	①	②	③	④	⑤	⑥	⑦
		D33 종합성	다양한 사람들은 쉽게 표지를 식별할 수 있음.	①	②	③	④	⑤	⑥	⑦
	C13 해양성	D34 미관성	전시품이나 전시 공간은 바다의 아름다움을 표현함.	①	②	③	④	⑤	⑥	⑦
		D35 해양문화성	박물관 공간은 해양 문화 분위기가 있음.	①	②	③	④	⑤	⑥	⑦
		D36 해양환경성	전시 디자인, 장식 배치, 전시 재질 등이 해양 환경과 관련됨. 해양 생물 모델 전시, 친환경 소재 사용 등.	①	②	③	④	⑤	⑥	⑦
	C14 전시성	D37 풍부성	다양한 전시방식을 통해 풍부한 세계의 해양유산을 전시함으로써 해양환경보호의 필요성을 호소하고 있음.	①	②	③	④	⑤	⑥	⑦
		D38 완정성	전시품을 전시하는 동안 세부 사항을 볼 수 있음.	①	②	③	④	⑤	⑥	⑦
		D39 흥미성	전시 정보 전달의 재미.	①	②	③	④	⑤	⑥	⑦
		D40 시효성	전시품은 제때에 갱신하고 보충해야 함.	①	②	③	④	⑤	⑥	⑦

평가지표			평가 내용	매우 좋지 않다	좋지 않다	약간 좋지 않다	보통 이다	약간 좋다	좋다	매우 좋다
1급 지표	2급 지표	3급 지표		1 점	2 점	3 점	4 점	5 점	6 점	7 점
B5 유형 성	C15 시설 성	D41 완비성	서비스·레저 시설 의 완비.	①	②	③	④	⑤	⑥	⑦
		D42 적용성	노약자(노인, 장애 인, 임산부, 어린이 등)시설의 적합성	①	②	③	④	⑤	⑥	⑦
		D43 응급처 리성	비상 상황에서 관람 객과 직원의 안전을 효과적으로 보호할 수 있도록 돌발적인 사건이나 위기에 대 처할 수 있는 능력이 있음.	①	②	③	④	⑤	⑥	⑦

바쁘신 와중에도 설문지를 작성해 주셔서 다시 감사드립니다!
좋은 하루가 되시길 바랍니다!

参考文献

［1］陈嘉嘉.服务设计——界定·语言·工具[M].南京：江苏凤凰美术出版社,2016.

［2］R·爱德华·弗里曼.战略管理：利益相关者方法[M].王彦华,梁豪,译.上海：上海译文
出版社,2006.

［3］孙建军,成颖.定量分析方法[M].南京：南京大学出版社,2005.

［4］孙宏才,田平,王莲芬.网络层次分析法与决策科学[M].北京：国防工业出版社,2011.

［5］胡飞.服务设计：范式与实践[M].南京：东南大学出版社,2019.

［6］雅各布·施耐德、马克·斯迪克多恩.服务设计思维：基本知识-方法与工具-案例[M].
郑军荣,译.南昌：江西美术出版社,2015.

［7］刘珊,丁熊.服务设计流程与方法[M].北京：中国建筑工业出版社,2023.

［8］张军.服务设计与可持续创新[M].北京：中国建筑工业出版社,2023.

［9］陈嘉嘉.服务设计研究与实操[M].北京：中国建筑工业出版社,2023.

［10］简·欧文·约翰逊.服务经济学[M].史先诚,译.北京：中国人民大学出版社,2013.

［11］佩恩.服务营销[M].郑薇译.北京：中信出版社,1998.

［12］王国胜.服务设计与创新[M].北京：中国建筑工业出版社,2015.

［13］安迪·宝莱恩,拉夫伦斯·乐维亚,本·里森.服务设计与创新实践[M].王国胜,张盈
盈,付美平,等译.北京：清华大学出版社,2015.

［14］한국디자인진흥원. 알기쉬운 공공서비스디자인：국민디자인단 가이드[M].서울：행
정안전부,2019.

［15］조정형.해양디자인의시작[M].서울：문화디자인,2022.

［16］나건.디자인마인드갖기! 디자인발전소[M].서울：비쥬얼스토공장출판부,2009.

［17］유상욱,조정형,박창훈,박효정(2016).Marine Design Methodlogy[M]. 부산：갭스앤
디컴퍼니,2016.

［18］IDEO.인간중심 디자인 툴킷(Human Centered Design Toolkit 한글판)[M]. IDEO,
2014.

［19］부산해양자연사박물관.자원봉사해설사교육교재[M]. 부산：부산해양자연사관,
2004.

［20］박도은. 서비스·경험디자인 기사수험서[M].파주：안그라픽스,2023.

［21］Marc Stickdorn, Adam Lawrence, Markus Hormess, Jakob Schneider.이것이 서비스
디자인 행동이다：서비스 디자인과 디자인 사고 적용 실무자용 핸드북[M].서울：청

람,2022.

[22] 존야블론스키. UX/UI 의 10 가지심리학법칙：사용자의 마음을 읽는 인간중심 제품 과 서비스디자인[M].의왕：책만,2020.

[23] 김용세.비즈니스 이노베이션 서비스 디자인[M].서울：박영사,2018.

[24] 김진우.서비스 경험 디자인：나,스티브 잡스를 만나다[M].파주：안그라픽스,2017.

[25] 배성환.처음부터 다시배우는 서비스 디자인 씽킹[M].서울：한빛미디어,2017.

[26] 스틱도른•마르크,슈나이더•야코프. 서비스 디자인 교과서[M].번역자：이봉원,정 민주,파주：안그라픽스,2012.

[27] 서비스디자인코리아.서비스디자인[M].서울：청어,2011.

[28] Birgit Mager, Martin Sistig, Yushi Chen, Kalia Ruiz, Carolina Corona. The future of service design[M]. 2020.

[29] John Heskett. Toothpicks & Logos：Design in Everyday Life[M]. NewYork：Oxford University Press，2002.

[30] Marc Stickdorn, Jakob Schneider. This is service design thinking：Basics-Tools-Cases [M]. New York：Wiley, 2012.

[31] Mac Donald, Gordon Fyfe. Theorizing Museums：Representing Identity And Diversity in a Changing World[M]. Oxford：Basil Blackwell, 1996.

[32] 肖金花.基于满意度提升的集体自助养老服务设计研究[D].西安：西北工业大学,2016.

[33] 袁婷.基于价值共创视角的综合交通枢纽服务设计研究[D].天津：天津大学,2014.

[34] 高颖.基于体验价值维度的服务设计创新研究[D].杭州：中国美术学院,2017.

[35] 张重阳.服务方案设计中的服务要素优化配置方法研究[D].沈阳：东北大学,2016.

[36] 梁锐.西北生态民居评价研究[D].西安：西安建筑科技大学,2011.

[37] 夏亮,多类出行需求特性影响下的公共交通服务设计研究[D].成都：西南交通大学, 2022.

[38] 张婉玉,基于认知模型的服务设计团队管理方法研究[D].西安：西北工业大学,2020.

[39] 曹师齐.基于游客体验的成都博物馆营销策略优化研究[D].成都：西南财经大学,2023.

[40] 孙鸣.基于服务设计理念的社区老人健康管理平台设计研究[D].沈阳：东北大学,2021.

[41] 闫烨.基于服务设计理念的可循环使用快递包装回收系统设计研究[D].青岛：青岛大 学,2023.

[42] 崔师杰.基于服务设计的田园综合体空间设计研究[D].南京：南京理工大学,2021.

[43] 曹耕毓.面向自理老人的互助式养老平台服务设计研究[D].天津：河北工业大学,2018.

[44] 刘娜.锦州海洋博物馆的设计与研究[D].沈阳：沈阳理工大学,2011.

[45] 应宇.基于服务设计理念的社区互助养老产品设计研究[D].常州：常州大学,2023.

[46] 陈楠.服务设计视角下的儿童雾化医疗体验设计研究[D].无锡：江南大学,2023.

[47] 张朕.基于服务设计理念的私家车位共享设计研发[D].长春：吉林艺术学院,2023.

[48] 程洁菲.服务设计视角下的博物馆展陈接触点构建研究[D].武汉：华中师范大学,2017.

[49] 刘莉.我国首座国家级综合性海洋博物馆综合实力建设研究[D].天津：天津大学,2016.

［50］ 苏瑞琪.基于 AHP 法的东北传统民居宜居性评价体系研究［D］.哈尔滨：哈尔滨工业大学,2016.

［51］ 张媛媛.天津国家海洋博物馆旅游体验与行为意向的关系研究［D］.贵阳：贵州师范大学,2023.

［52］ 王艺生.基于 Kano 模型的邻里共防社区数字化服务系统设计研究［D］.泉州：华侨大学,2023.

［53］ 洪艳.基于期望差异模型的解说服务设施满意度研究——以西汉南越王博物馆为例［D］.广州：中山大学,2005.

［54］ 杨紫欣.基于 QFD 的旅游观光列车服务设计研究［D］.长沙：中南大学,2023.

［55］ 徐慧萍.基于服务设计的社区照护机构室内陈设适老性研究［D］.南京：南京理工大学,2019.

［56］ 乔雪华.博物馆服务质量评价研究——青岛市博物馆的实证研究［D］.青岛：中国海洋大学,2014.

［57］ 张丰麒.基于体验式科普的服务设计研究［D］.北京：北京邮电大学,2016

［58］ 刘靖雯.基于生态美学的四川藏区旅游服务设计研究［D］.成都：西华大学,2023.

［59］ 左翌.面向大规模个性化家具定制服务流程设计研究［D］.天津：河北工业大学,2019.

［60］ 欧心悦.基于 A-Kano 模型的青神竹编研学旅行服务设计研究［D］.成都：西华大学,2023.

［61］ 孙霞.基于服务设计的地铁信息服务研究与应用［D］.哈尔滨：哈尔滨理工大学,2017.

［62］ 樊静若.积极老龄化视域下老年餐饮的服务设计研究［D］.泉州：华侨大学,2023.

［63］ 何双豪.基于 Kano 模型的居家养老智慧医疗产品服务系统设计研究［D］.湘潭：湖南科技大学,2023.

［64］ 吴言.居家养老背景下早期失智老人照护服务系统设计研究［D］.成都：西南交通大学,2023.

［65］ 刘欣怡.面向城市老人的乐龄居家饮食服务设计研究［D］.成都：西南交通大学,2023.

［66］ 林伟.海洋馆服务质量提升体系设计研究［D］.大连：大连理工大学,2013.

［67］ 박상길.스마트폰을 활용한 재난 취약성 관리 서비스디자인 연구［D］.서울：성균관대학교,2020.

［68］ 송기연.공공서비스디자인 이해관계자의 업무역량우선순위에관한연구［D］.부산：부경대학교,2022.

［69］ 리우쩐위.도시근교 전통마을의 지속적인 관광객 유치를 위한 서비스디자인 연구［D］.경산：영남대학교,2024.

［70］ 신유정.부산지역관광안내 서비스디자인 개선에관한연구：중국 FIT 관광객을중심으로［D］.부산：부경대학교,2017.

［71］ 최소윤.공공서비스디자인기반퍼소나구성요소의프레임워크에관한연구［D］.부산：부경대학교,2024.

［72］ 구아민.문화도시재생을 위한 공예문화산업 서비스디자인 연구［D］.서울：중앙대학

教,2021.

[73] 이서.실버세대를 위한 그림동화책에 적용된 서비스디자인[D].대전：충남대학교,2017.

[74] 김동호.서비스디자인 방법론에 기초한 해양 공공디자인의 실행모델에 관한 연구[D].부산：부경대학교,2022.

[75] 최서희.뉴실버 세대를 위한 온디맨드 의료 서비스디자인 모델 연구[D].서울：이화여자대학교,2016.

[76] 신영주.공동주택 층간소음 문제해결을 위한 서비스디자인 방안 연구——이웃사이센터의 중재 방안을 중심으로[D].서울：이화여자대학교,2015.

[77] 박은경.고객경험분석을 통한 건강검진 서비스디자인[D].서울：성균관대학교,2015.

[78] 박영준.린스타트업 기반 창업기회 발굴을 위한 서비스디자인 프로세스에 관한 연구[D].서울：국민대학교,2017.

[79] 백서영.SPA 매장 특성에 따른 서비스디자인 프로세스 적용에 관한 연구[D].서울：숙명여자대학교,2014.

[80] 백승혁.M 세대 라이프스타일을 적용한 향제품 구독 서비스디자인 모델 연구[D].서울：홍익대학교,2023.

[81] 정양무명,서비스스케이프 기반의 중국 노인 여가 시설 구축에 관한 서비스디자인 사례연구[D].부산：동서대학교,2022.

[82] 유선.배터리 교환식 전기 이륜차의 On Demand 형 서비스디자인[D].서울：성균관대학교,2020.

[83] 김성중.노인의 소통회복을 위한 서비스디자인：가베놀이를 중심으로[D].서울：한독미디어대학원대학교,2013.

[84] 배성미.서비스디자인 중요도 인식과 수혜기업 만족 및 성과창출에 관한 실증연구：전시마케팅 지원사업을 사례로[D].공주：공주대학교, 2019.

[85] 정희.영유아 가족을 위한 유아휴게실 서비스디자인[D].대전：한밭대학교,2018.

[86] 성장미.픽토그램 개발을 통한 한방 의료 서비스디자인 연구[D].부산：인제대학교,2016.

[87] 杰西卡·雷曼.海洋文化遗产：是边疆还是中心[J].国际社会科学杂志中文版,2020(1)：97-108.

[88] 辛向阳,王晰.服务设计中的共同创造和服务体验的不确定性[J].装饰,2018(4)：74-76.

[89] 李冬,明新国,孔凡斌,王星漢,王鹏鹏.服务设计研究初探[J].机械设计与研究,2008,24(6)：6-10.

[90] 邓成连.触动服务接触点[J].装饰,2010(6)：13-17.

[91] 殷科.基于用户的服务设计创新及其实现[J].包装工程,2015,36(2)：9-12.

[92] 姜颖,张凌浩.服务设计系统图的演变与设计原则探究[J].装饰,2017(6)：79-81.

[93] 张曦,胡飞.服务设计的一般性策略流程研究[J].包装工程,2018,39(2)：42-47.

［94］陈东阳,黄灿.基于新媒体的智慧博物馆导视系统设计研究［J］.新媒体研究,2020,6(2)：34 - 35.

［95］白仲航,胡欣,李雄飞,张旭.基于包容性的适老化服务设计研究［J］.包装工程,2023,44(2)：113 - 121.

［96］徐延章.人工智能时代公共文化智慧服务设计研究［J］.文化产业研究,2020(3)：45 - 58.

［97］刘凡.民族博物馆的服务设计与观众体验［J］.中南民族大学学报人文社会科学版,2020,40(2)：126 - 130.

［98］钟键.智慧导览系统设计研究［J］.福建电脑,2018,34(5)：143,153.

［99］思佳.海洋上的故宫——国家海洋博物馆［J］.科学之友,2023：51.

［100］王庆生,李欣.博物馆旅游者幸福感维度研究：以国家海洋博物馆为例［J］.中州大学学报,2022,39(5)：21 - 28.

［101］李阳.关于推进科研向科普转化工作的策略探讨——以天津国家海洋博物馆为例［J］.文物鉴定与鉴赏,2022,231(12)：142 - 145.

［102］中国航海博物馆宣传部.让航海文化贴近社会大众：中国航海博物馆增加免费开放天数［J］.航海,2019(3)：13.

［103］陈佳利.小区互动与文化参与新取径：探莱思特郡开放博物馆的理念与实务［J］.博物馆学季刊,2009,23(2)：21 - 39.

［104］铁铮,蒋超,燕耀,雷桐.基于用户满意度的数字博物馆服务设计评价方法研究［J］.文博,2022(4)：105 - 112.

［105］郑经文,张鸣珊.海洋生物博物馆：政府与企业携手合作的科普教育传播成功案例［J］.海峡科学,2012(3)：141 - 142.

［106］伍稷偲,曹星,周鑫海.服务设计视角下的博物馆智慧导览设计研究［J］.包装工程,2023,44(6)：345 - 347,351.

［107］胡飞,李顽强.定义"服务设计"［J］.包装工程,2019,40(10)：37 - 51.

［108］谢克生,王韫.服务设计中的接触点：定义、研究现状与趋势［J］.包装工程,2022,43(8)：137 - 148.

［109］魏建良,朱庆华.服务科学理论研究及其面临的挑战［J］.外国经济与管理,2008,30(6)：15 - 21.

［110］高颖,许晓峰.服务设计：当代设计的新理念［J］.文艺研究,2014,(6)：140 - 147.

［111］罗仕鉴,邹文茵.服务设计研究现状与进展［J］.包装工程,2018,39(24)：43 - 53.

［112］代福平,辛向阳.基于现象学方法的服务设计定义探究［J］.装饰,2016,(10)：66 - 68.

［113］林甦,任泽平.模糊德尔斐法及其应用［J］.中国科技论坛,2009(5)：102 - 104.

［114］박지민,김성민,임홍석.서비스디자인 방법론을 활용한 네블라이저 디자인 연구［J］.디자인지식저널,2015(33)：295 - 303.

［115］오정영,강진형,김학신.스포츠 행정 경영：레포츠시설 서비스 환경이 가격 수용과 지각된서비스품질에 미치는 영향［J］. The Korean Journal of Physical Education,1999,38(1)：648.

[116] 이정우,김용승,박용환.박물관건축의 공공·서비스공간 구성에 관한연구[J].한국 실내디자인학회학회지,1999(20)：98 - 104.

[117] 설진아.지상파 TV 3 사의 홈페이지 이용 실태와 서비스 평가에 관한연구[J].한국언 론정보학보,2006(32)：147 - 168.

[118] 정유미,김명자.서비스디자인을 이용한 간호대학생의 간호 관리학실습 여정 분석 [J].간호행정학회지,2022,28(3)：214 - 227.

[119] 왕홍,정호남,조정형.박물관 관광 체험이 장소 애착 및 관광만족도에 미치는 영향에 관한 연구-국립해양박물관을 중심으로[J].기초조형학연구,2023,24(4)：199 - 212.

[120] 이범석,권석재,김태균.해양 동물 보전을 위한 서식지외보전기관에 대한대중의 인 식 조사에 관한연구-국립해양박물관 사례를 중심으로[J].한국항해항만학회지, (2019),43(6)：475 - 482.

[121] 김예은,김민.글로벌 기업을 위한 IP 융합 디자인프로세스연구：Pahl and Beitz 의 디 자인프로세스를 중심으로[J].한국일러스아트학회,2016,19(2)：27 - 36.

[122] 안진호.서비스디자인 품질요인과 유용성이 사용자만족에 미치는 영향[J].서비스연 구,2015,5(2)：133 - 147.

[123] 최유미,정의태,연명흠.국립해양박물관 관람 동선 분석을 통한 가상 어플리케이션 메뉴 구성개발에 관한연구[J].한국디자인포럼,2013(38)：243 - 252.

[124] 이동운,김영수. Fuzzy-AHP 와 Fuzzy-Delphi 기법을 이용한 건설 프로젝트의 의사결 정모델에 관한연구[J].한국건설관리학회논문집,2003,4(1)：81 - 89.

[125] So Myung Kim；Jeyon Jung.국내 아동 참여형 서비스디자인 사례연구[J].서비스디자 인융합연구[J]. 2024,7(1)：5 - 15.

[126] 이승환,서비스 디자인 관점에서 본 치유농업 발전방안[J]. Design research,2024,9 (2)：430 - 439.

[127] 황유경,김선아. 구미시 시민참여 공공서비스디자인 워크숍 사례와의 연구[J].한국 디자인리서치,2024,9(3)：151 - 163.

[128] 풍리아,김흥렬.도시 직장인의 라이프스타일을 바탕으로 한 조식 서비스디자인 연 구-상하이 지역을 중심으로[J].기초조형학연구,2024,25(2)：453 - 473.

[129] 이미나.이주여성의 문화 적응을 위한 서비스디자인 방법[J].광신논단. 2023 (33)：239.

[130] 박규령,조성욱.서비스디자인 프로세스 와이 용자 행태 분석을 활용한 환승역 안내 표지 개선안 연구：수원역을 중심으로[J]. Archives of Design Research, 2022,35 (4)：231 - 249.

[131] 정은지,정지연. 서비스디자인 평가 요소도출에 관한연구——국내리빙랩기반 서비 스디자인 성공 사례를 중심으로[J].브랜드디자인학연구,2021,19(4)：187 - 196.

[132] 임정민,전우정. Z 세대의 뉴스 소비 행태 분석연구——서비스 디자인 방법론을 활 용하여[J].디지털콘텐츠학회논문지,2021,22(12)：2049 - 2061.

[133] 김지은,이두곤.해양환경교육적 관점에서 해양박물관의 가치와 발전 방향 연구[J].

환경교육,2022,35(4)：301－319.

[134] 최유정,이정교. 해양박물관에서 체험전시 연출기법에 관한 연구연구[J].한국공간
디자인학회 논문집,2014,9(3)：153－161.

[135] 김윤아.국립해양박물관 소장 통신사 자료[J]. 항도부산,2017(33)：383－404.

[136] G. Lynn Shostack, How to Design a Service[J]. European Journal of Marketing，1982，
16(1)：49－63.

[137] G. Lynn Shostack. Designing Services That Deliver[J]. Harvard Business Review，
1984，41(1)：133－139.

[138] StephenE. Weil. From Being about Something to Being for Somebody：The Ongoing
Transformation of the American Museum[J]. Daedalus，1999，128(3)：229－258.

[139] Malcolm Foley, Gayle Mc Pherson. Museums as Leisure[J]. International Journal of
Heritage Studies,(2000),6(2)：161－174.

[140] Mark Jones, Fran Samalionis, From Small Ideas to Radical Service Innovation[J].
Design Management Review,(2008),19(1)：20－26.

[141] Parasuraman A, Zeithaml A & Berry L. A Conceptual Model of Service Quality and Its
Implication for Future research[J]. Journal of Marketing，1985，49(8)：41－50.

[142] Parasuraman A, Zeithaml V A, Berry L. SERVQUAL：Amultiple-itemscale for
measuring consumer perceptions of service quality[J]. Journal of Retailing,(1988)，
16(1)：12－40.

[143] Parasuraman A, Zeithaml A, Berry L, Refinement and Reassessment of the
SERVQUAL Scale[J]. Journal of Retailing，1991，67(4)：420－450.

[144] Parasuraman, A., Zeithaml, A., & Berry, L. .More on Improving Service Quality
Measurement[J]. Journal of Retailing，1993，69(1)：140－147.

[145] Parasuraman A, Zeithaml A, Berry L. Alternative Scales for Measuring Service
Quality：a Comparative Assessment Based on Psychometric and Diagnostic Criteria[J].
Joumal of Retailing，1994，70(3)：201－230.

[146] Ching-Hsue Cheng, Yin Lin. Evaluating the best main battle tank using fuzzy decision
theory with linguistic criteria evaluation[J]. European Journal of Operational Research，
2002，142(1)：174－186.

[147] 国土交通部,国土地理情报院.서비스업 및 기타[EB/OL].[2023].[2023－12－07].
http://nationalatlas.ngii.go.kr/pages/page_1243.php.

[148] Statista. South Korea：Distribution of employment by economic sector from 2012 to
2022[EB/OL].[2023].[2023－12－08]. https://www.statista.com/statistics/604702/
employment-by-economic-sector-in-south-korea/.

[149] Downe L. 英国内阁如何用服务设计提升管理？[EB/OL].[2018].[2023－12－13].
http://www.sohu.com/a/234539192_365125.

[150] British Standards Institution. Design management systems. Guide to managing service

design[S/OL].[1994].[2023 - 12 - 14]. http://47.104.87.41/app/home/productDetail/1ed3e6aae7b3908d0446ce6dca c25490.

[151] TYÖ-JA ELINKEINOMINISTERIÖ. Design Finland Programme[EB/OL].[2013]. [2023 - 12 - 15]. http://www.tem.fi/files/39560/design_finland_programme.pdf.

[152] SDN. Service Design Glossary[EB/OL].[发布年不详].[2023 - 12 - 15]. https://www.service-design-network.org/service-design-glossary.

[153] 韩国设计振兴院设计创新室. 서비스디자인이란? [EB/OL].[2019].[2023 - 12 - 15]. https://servicedesign.tistory.com/144♯gsc.tab=0.

[154] Design Council. History of the Double Diamond[EB/OL].[发布年不详].[2024 - 01 - 23]. https://www.designcouncil.org.uk/our-resources/the-double-diamond/history-of-the-double-diamond/.

[155] 雪狮 upup. 服务设计"双钻模型",将设计过程可视化[EB/OL].[2021].[2024 - 01 - 25]. https://zhuanlan.zhihu.com/p/259729204.

[156] Sarah Gibbons. Design Thinking 101[EB/OL].[2016].[2024 - 01 - 26]. https://www.nngroup.com/articles/design-thinking/.

[157] NNgroup. Design Thinking 101[视频/OL].[2019].[2024 - 01 - 26]. https://www.youtube.com/watch?v=6lmvCqvmjfE.

[158] WIKIPEDIA. Delphi method [EB/OL].[发布年不详].[2024 - 02 - 18]. https://en.wikipedia.org/wiki/Delphi_method.

[159] 두산백과.국립해양박물관[EB/OL].[발포년不详].[2024 - 03 - 27]. https://terms.naver.com/entry.naver?docId=5143683&cid=40942&categoryId=35104.

[160] 법제처 국가법령정보센터.국립해양박물관법(법률 제 12818 호)[Z/OL].[2014]. [2024 - 03 - 28]. https://www.law.go.kr/lsSc.do?menuId=1&subMenuId=17&tabMenuId=93&query=%EA%B5%AD%EB%A6%BD%ED%95%B4%EC%96%91%EB%B0%95%EB%AC%BC%EA%B4%80%EB%B2%95♯undefined.

[161] 中国航海博物馆.概况介绍[EB/OL].[发布年不详].[2024 - 03 - 30]. https://www.shmmc.com.cn/Home/GkjsList.

[162] 宋同正.序—服务设计的本质内涵和流程工具[EB/OL].[2019]. https://max.book118.com/html/2019/0402/8016001034002015.shtm.

[163] 与贤服务设计实验室.复盘:双钻模型 20 周年研讨会[EB/OL],[2023].[2024 - 01 - 23].微信公众号:服务设计研究院.

[164] 丁一哲.韩国国立海洋博物馆 BTL 运营分析[C].中国博物馆协会博物馆学专业委员会 2017 年"经济变化与博物馆应对"学术研讨会论文集,2017:163 - 173.

[165] 엄미정,최지선,신태영,송위진,이정열. 2003 년도한국의기술혁신조사:서비스부문 [R/OL].[2004]. https://www.stepi.re.kr/site/stepiko/report/View.do?cateCont=A0201&reIdxx=325.

[166] Stephen E. Weil. From Being about Something to Being for Somebody: The Ongoing

Transformation of the American Museum［EB/OL］. Americas Museums，1999，128(3)：229 - 258.

[167] Jégou F.，Manzini E.，Meroni A. Desing Plan，a design tool box to facilitate solution oriented partnership［C］，Solution oriented partnership，How to design industrialized sustainable solutions，Cranfield：Cramfield University，2004：107 - 118.

[168] Buchenau Marion，Fulton J Suri. Experience Prototyping［C］. Symposiumon Designing Interactive Systems，2000：424 - 433.

[169] Katarina Wetter-Edman，Daniela Sangiorgi，Bo Edvardsson，Stefan Holmlid，Tuuli Mattelmäki. Design for Service comes to Service Logic［C］. The Naples Forumon Service，2013：1 - 31.

[170] Law E，Roto V，et al. User experience evaluation methods：current state and development needs[C]. Proceedings of Nordic Conference on Human-Computer Interaction，Reykjavik，Iceland，2010：521 - 530.

[171] Kaasila J，Ferreira D，etal. Testdroid：automated remote UI testing on Android[C]. Proceedings of International Conference on Mobile and Ubiquitous Multimedia，Ulm，Germany，2012：1 - 4.

[172] Andreasen M，Nielsen H，et al. What happened to remote usability testing? An empirical study of three methods［C］. Proceedings of the SIGCHI Conference on Human Factors in Computing Systems，San Jose，USA，2007：1405 - 1414.

[173] N. S. Podzharaya and A. S. Sochenkova. The virtual museum development with the use of intelligent and 3d technologies on the basis of the Maritime museum in Kotor[C]. 2018 23rd International Scientific-Professional Conference on Information Technology (IT)，Zabljak，Montenegro，2018：1 - 4.

[174] Sangiorgi，Daniela，Alison Prendiville，Amy Ricketts. Mapping and Developing Service Design Research in the UK［R］. London：Ahrc，2014.

[175] Buttle F. What's Wrong with SERVQUAL? ［C］. Manchester Business School Working Paper，1994：277.

[176] Birgit Mager，Martin Sistig，Yushi Chen，Kalia Ruiz，Carolina Corona. The future of service design［M］. Köln：TH Köln，2020：20.

[177] 陈嘉嘉.服务设计——界定·语言·工具［M］.南京：江苏凤凰美术出版社,2016：83 - 84.

[178] Sangiorgi Daniela，Prendiville Alison，Ricketts Amy. Mapping and Developing Service Design Research in the UK. Ahrc，2014.

[179] http://www.tem.fi/files/39560/design_finland_programme.pdf.

[180] 陈嘉嘉.服务设计——界定·语言·工具［M］.南京：江苏凤凰美术出版社,2016：86.

[181] 陈嘉嘉.服务设计——界定·语言·工具［M］.南京：江苏凤凰美术出版社,2016：88.

[182] 周芬,孟庆良.大规模定制服务设计的研究述评与展望［J］.科技管理研究,2013,33

(19)：97-101.

[183] 周爱林,王亚民,魏征,等.基于用户满意度的移动服务优化设计研究[J].科技管理研究,2014(24)：188-194.

[184] 徐越人.美国北卡罗来纳州立大学图书馆空间和服务设计应用研究[J].图书馆论坛,2014(5)：114-120.

[185] 高颖,许晓峰.服务设计：当代设计的新理念[J].文艺研究,2014(6)：140-147.

[186] 金青,张忠.智能产品的工业服务设计研究[J].工业技术经济,2016,35(11)：93-101.

[187] 何思倩.服务设计思维在设计概论教学中的应用[J].南京艺术学院学报(美术与设计版),2016(3)：107-109.

[188] 甘为,胡飞.城市现有公共交通适老化服务设计研究[J].南京艺术学院学报(美术与设计版),2017(1)：199-201.

[189] 江山贝.活动障碍老年人相关设施的问题研究——基于服务设计理念的社区养老康复模式研究[J].南京艺术学院学报(美术与设计版),2017(2)：170-173.

[190] 辛向阳,王晰.服务设计中的共同创造和服务体验的不确定性[J].装饰,2018(4)：74-76.

[191] 张超,甘为.社会化阅读背景下移动数字图书馆社交互动服务设计研究[J].图书馆,2019(9)：80-84.

[192] 李亚军,吴天宇,赵祎乾,等.基于互联网+的社区居家养老健康管理服务设计研究[J].南京艺术学院学报(美术与设计版),2020(3)：153-156.

[193] 李美霞,徐延章.范式突围：服务设计视域下移动阅读APP体验设计[J].编辑之友,2020(11)：90-96.

[194] 徐延章.智媒体时代公共文化服务蓝图设计[J].图书馆,2021(3)：37-44.

[195] 徐延章.乡村振兴背景下用户参与式公共文化服务设计研究[J].图书馆,2021(10)：1-8.

[196] 王也,辛怡佳.服务设计探究：系统的自发与象征性问题[J].南京艺术学院学报(美术与设计版),2023(1)：187-192.

[197] 杨焕.社会结构视角下的城市社区便民服务设计研究[J].装饰,2023(9)：111-116.

[198] https://eiec.kdi.re.kr/policy/materialView.do?num=104071.

[199] 서비스디자인 이란? 2019.2.18. 한국디자인진흥원 디자인혁신실 https://servicedesign.tistory.com/144#gsc.tab=0.

[200] 문재호,박경옥.서비스디자인을 적용한 에너지절감시스템 디자인연구[J].한국과학예술융합학회,2014(18)：259-272.

[201] 천하봉.서비스산업의 융합에 따른 융합서비스디자인의단계별 가치 모형 제안[J].한국디자인트렌드학회한국디자인포럼,2015(46)：47-60.

[202] 윤재진,이길형.서비스디자인 환경에 나타나는 바이오필리아 효과 연구[J].커뮤니케이션디자인학연구,2016(55)：123-138.

[203] 송인호,임지현,문은배.디자인경영과 서비스디자인 도입을 통한 전통시장의 활성

화 방안 연구[J].조형미디어학,2016,19(4): 113‒122.

[204] 안혜신. 인터랙티브 서비스 디자인 평가 프레임워크에 관한 연구——인포메이션 키 오스크를 중심으로[J].조형디자인연구 2017,20(2): 159‒174.

[205] 안진호이정선김인준. 디자인서비스의 대가기준 사례조사 연구[J]. 서비스 연구, 2019,9(3): 61‒72.

[206] 정유미,김명자.서비스 디자인을 이용한 간호대학생의 간호관리학실습 여정 분석 [J]. 간호행정학회지 2022, 28(3): 214‒227.

[207] 송하경,김나현,허송이,정재희 2030 세대 1 인 가구의 알코올 사용 장애 개선을 위한 공공 서비스디자인 제안[J]. 한국디자인문화학회지,2022,28(3): 205‒218.

[208] 박지상,홍창기. 주민참여를 통한 도시재생 서비스디자인 모형개발-대구 달성군을 중심으로[J]. 커뮤니케이션디자인학연구,2022,(81): 421‒433.

[209] 박향미,최유정,정재희. 1 인 가구 청년 고독사 극복을 위한 사회 정서 능력 발달 기 반 서비스디자인[J]. 한국디자인문화학회지,2022,28(4): 137‒148.

[210] 정지연. 서비스 디자인을 통한 혁신 사례 연구——영국의 디지털 서비스 분야를 중 심으로[J]. 커뮤니케이션디자인학연구,2023(85): 21‒32.

[211] 문주영,최서령,현은령.서비스디자인 도구를 활용한 어린이 탄소중립 교육용 보드 게임 개발과 활용 사례 연구[J]. 한국디자인문화학회지 2023,29(3): 129‒139.

[212] 강송이,나건. 서비스디자인 프로세스를 적용한 재가노인을 위한 통합형 방문재가 서비스디자인 전략 연구[J].한국디자인리서치,2023,8(3): 223‒235.

专业术语定义

● 服务设计（Service Design）

　　服务设计是一种以人为中心的方法，通过系统性地设计人与人、物品、环境和社会之间的互动，来提升服务质量和用户体验。它旨在为服务提供者创建可持续的解决方案，优化服务流程，为用户创造最佳的服务体验，满足用户需求，实现业务目标。

● 海洋博物馆服务设计（Maritime Museum Service Design）

　　海洋博物馆服务设计是指为了发挥海洋博物馆的功能，设计和改进海洋博物馆的收藏展示、宣传、观光、教育、休闲等各种服务，以增强参观者对服务项目的体验度和参与度的系统性过程。海洋博物馆服务设计的目标是通过海洋博物馆服务，将海洋文化与现代科技深度融合，促进参观者对海洋生态、经济、文化、历史、科技等主题的学习和理解，使参观者在探索海洋知识的过程中获得愉悦与成就感，从而激发海洋保护意识，全面提升参观体验。

● 海洋博物馆服务设计评价（Evaluation of Marine Museum Service Design）

　　海洋博物馆服务设计评价是一套系统且综合性的评估体系，它基于严谨的理论框架和科学方法，旨在科学全面地衡量服务设计质量与成效，通过多维度、多角度剖析，既考量对参观者当下服务体验的影响，又关注与长远运营发展的契合度，精准定位优劣势以推动服务持续优化，推动海洋博物馆在文化传播与公众服务领域发挥更大价值。

● 痛点（Pain Point）

　　在服务设计领域，痛点是用户在接受服务过程中，因期望与实际体验存在差距而产生的阻碍性状况。它涉及服务的功能、交互及整体协调等方面，并非负面定性，而是服务优化的关键指引，能促使设计者针对性改进，以实现服务契合用户需求并高效运作。

● 服务价值(Value of Service)

　　服务价值是指在服务交互过程中,通过满足客户需求、解决客户问题所创造的综合效益。服务价值的确定是评估服务价值和意义的一个重要方面。服务价值的确定主要涵盖了对多个关键因素的评估,如用户满意度、服务质量及其对整体服务目标的影响。用户满意度,它反映了用户对服务的主观感受与认可程度;服务质量则涉及服务的专业性、可靠性等多维度上的综合表现;服务价值对整体服务目标的影响深远,它直接考量着服务是否符合既定方向,是否能有效达成预期成果。

● 接触点(Touch Point)

　　接触点是指用户在体验服务的过程中,与服务系统(包括人员、设施、数字界面等)进行交互的各个时刻和场景。通过接触点,利益相关者之间、用户与设施之间、设施和环境之间等会产生各种交互。

● 服务设计系统图(服务系统图:Service System Map)

　　服务设计系统图作为一种情境分析工具,通过可视化形式,能够清晰展现系统中利益相关者服务、信息、资金等各部分交流和转换关系,辅助设计师在从概念构想到服务构建过程中形成具体的设计定位。服务设计系统图是由一系列相互关联的服务要素组成的整体,以提供有效的用户体验。这些要素包括:服务接触点;服务流程;利益相关者;管理系统等。

● 服务设计目标(Goals of Service Design)

　　服务设计目标有助于指导设计团队做出决策,创建满足用户需求和期望的服务。服务设计的目标是设计出具有有用性,可用性,满意性,高效性和有效性的服务。一些常见的服务设计目标包括提高用户体验、提高服务效率、降低服务成本等,这些目标并非孤立存在,而是相互关联和协同。

● 服务原型(Service Prototype)

　　服务原型是服务设计过程中的一种工具,是对未来服务体验的一种初步、可视化的呈现,是在最终设计的服务在正式发布之前的模拟和测试,包括用户与服务系统之间的交互环节、接触点、信息传递等诸多方面。

- 服务蓝图(Service Blueprint)

　　服务蓝图可看作描绘用户经历的服务流程图,它是一种用于直观呈现服务全过程的工具。它主要聚焦于顾客行为和支持过程,通过清晰地描绘这两个部分的各个环节以及它们之间的相互关系,来展示服务是如何展开的。

- 利益相关者(Stakeholders)

　　在服务设计中,利益相关者是影响服务体验的设计团队、用户、企业,以及其他可以影响整个服务过程的个人和组织。设计团队若想打造优质的服务设计,需要与利益相关者进行深入且充分的交流沟通,收集详尽且必要的调研信息和数据,此建立良好的合作关系,获得他们切实的支持,进而保障服务设计能契合多方需求,在各环节顺利推进并达成预期目标。

- 设计流程(Design Process)

　　设计流程是指为了理解和解决问题,通过综合视角,对现实可行的多种结合技术进行研究的过程。也可以这么理解,设计流程是指为了推进设计项目的实施,在实现设计项目目标的过程中,在各个阶段设置的具体任务和工作内容所构成的整体性过程。开发设计流程时,为了考虑不同的观点,让各种利益相关者参与,以使该流程能够满足各类群体用户的需求和期望。

- 英国设计委员会双钻模型(UK Design Council Double Diamond Model)

　　双钻石模型是英国设计委员会 2005 年通过内部研究开发的设计过程模型,它改编自匈牙利裔美国语言学家贝拉 H · 巴纳蒂(BélaH. Bánáthy)在 1996 年提出的"发散—收敛"模型。双钻石模型受到广大服务设计师们所关注、欢迎和参考。

- 丹·奈思勒的改进型双钻石模型(Dan Nessler's Double Diamond Model)

　　以英国设计委员会双钻石模型为基础,很多学者开发了多样的双钻设计流程。2018 年,斯坦福大学教授丹·奈思勒对该模型做了改进,使得双钻模型更加精确和细致。他认为几乎所有设计创意项目的本质都是一个从"未知"到"已知",从"可能是"到"应该是"的过程。

• 尼尔森诺曼集团的以用户为中心的设计思维流程(Le Nielsen Norman Group's User-Centered Design Thinking Process)

2016 年尼尔森诺曼集团的首席设计师莎拉·吉本斯(Sarah Gibbons)指出:设计思维的意识形态断言,亲自动手、以用户为中心解决问题的方法可以带来创新,而创新可以带来差异化和竞争优势。这种以用户为中心的设计思维流程,包括以下六个不同的阶段:移情(EMPATHIZE)、定义(DEFINE)、构思(IDEATE)、原型(PROTOTYPE)、测试(TEST)和实施(IMPLEMENT)。这六个阶段紧密相连,整体遵循理解(UNDERSTAND)、探索(EXPLORE)和实现(MATERIALIZE)的流程,彼此协同推动达成最终目标,各环节缺一不可。

• IDEO 公司琼斯和萨马利奥尼斯制定的服务设计流程(Service Design Process Developed by IDEO Jones and SamaLionis)

2008 年,IDEO 公司的马克·琼斯(Mark Jones)和弗兰·萨马利奥尼斯(Fran Samalionis)为了更好地与其他企业合作,高效且优质地完成各类服务设计项目,精心制定出了一套逻辑严谨、条理清晰且切实可行的服务设计流程。这一流程是一个从发现需求、概念规划、模式开发、服务交付、修正服务的过程。这一服务设计流程主要包括 5 个阶段:洞察市场的发展情况—创造突破性的价值主张—发掘创造性的服务模式—交付的适当选择—重复探索与修正新服务。

• IDEO 公司的以人为本的设计流程(IDEO's Human-Centered Design Process)

2011 年,IDEO 公司开发了以人为本的设计流程,希望通过设计方法帮助以用户为中心的革新、设计发挥社会作用。从特定的设计问题出发,经过倾听(HEAR)、创作(CREATE)、传达(DELIVER)三个主要阶段。团队通过这三个阶段观察对象的真实生动面貌,洞察力解释观察,发现设计主题的抽象思维,重新回到提出具体解决方案的现实领域。

• 韩国设计振兴院公共服务设计流程(The public service design process of the Korea Design Promotion Institute)

韩国设计振兴院公共服务设计流程是以英国设计委员会双钻石模型为基础进行制定的。用两颗钻石表现了问题解决过程中思考扩散和收敛的样子。通过这种方式,可以发现现有方法中找不到的新的问题和想法,深入思考问题的根本原因。

● 海洋博物馆服务设计流程(The Service Design Process of The Marine Museum)

海洋博物馆服务设计流程是指创建和改进海洋博物馆的收藏、研究、观光、宣传、展示、教育、娱乐等相关服务的系统性过程,旨在增强参观者体验并促进对海博物馆的更深入了解。这个过程是综合运用多种方法与策略,与利益相关者接触,确定服务设计需求,融入设计思维和用户体验的原则,开发与测试服务原型,对用户体验进行评估、优化和改进,最终确定服务设计方案的一系列流程的综合。

● 海洋博物馆服务设计评价指标模型构建目标(The Construction Goals of the Evaluation Index Model for the Service Design of the Marine Museum)

海洋博物馆服务设计评价指标模型构建具有多项目标。首要任务在于深入了解和分析参观者对服务设计的满意度,这能直接反映出服务成效与参观者体验感受。同时,要细致分析和全面评估服务设计的合理性,考量其是否契合博物馆运营需求与参观者期望。此外,还需评估和有效改进服务设计的反馈(Feedback)机制,以便及时收集意见、优化服务,持续提升海洋博物馆的整体服务品质与形象。

● SERVQUAL 模型(SERVQUAL Model)

A·帕拉休拉曼、泽丝曼尔、贝里(A. Parasuraman、Zeithaml、Berry)于 1985 年首次提出 SERVQUAL 模型,它是衡量服务质量的工具,SERVQUAL 是 Service Ouality 的缩写,SERVQUAL 模型被广泛认为是评估各种行业中所提供服务质量的综合框架。

● 模糊德尔斐法(Fuzzy Delphi Method)

模糊德尔斐法是模糊理论(Fuzzy Theory)在德尔斐法上的应用。模糊德尔斐法利用统计分析和模糊数学运算,把专家的主观意见转化为准客观数据。应用模糊德尔斐法来进行因素筛选综合考虑了专家主观思维的不确定性和模糊性,可以达到研究时所设立的目标。

● AHP(Analytic Hierarchy Process)法

AHP 法,又称层次分析法,是美国匹兹堡大学运筹学家萨蒂(A. L saaty)教授于 1973 年提出的一种层次权重决策分析方法。AHP 法的原理模拟人的决策思维过程、解决难以用定量描述的系统问题。它首先明确问题,确定了系统的总体目标,构建了层次分析结构,使指标之间进行两两比较,根据数学原理对评价结果进行科学的排序,以获得最终最佳方案的评价和选择。

- 韩国国立海洋博物馆(National Maritime Museum of Korea)

    韩国国立海洋博物馆是韩国唯一的综合海洋博物馆,上级主管部门为韩国海洋水产部,于 2012 年 7 月开馆。该海洋博物馆坐落于釜山市影岛区,占地面积 45 386 平方米,建筑总面积 25 870 平方米(地下 1 层,地上 4 层),收藏有 2.2 万件以上的海洋相关资料。

- 中国国家海洋博物馆(National Maritime Museum of China)

    中国国家海洋博物馆临海而建区域位置优越,临近天津港、渤海湾。2014 年 10 月,国家海洋博物馆开工建设。2019 年 5 月,对社会公众开放。该馆占地面积 15 公顷,建筑面积 8 万平方米,建筑结构结合了中西方文化,设计方案获得了新加坡"世界建筑节"最佳文化建筑奖、最佳竞赛建筑奖和最佳未来建筑奖。该馆主体建筑结构分为 3 层,局部 4 层,展厅面积共计 2.3 万平方米。截至 2022 年末,该馆藏品达 5 万件/套。2022 年 3 月,被中国科学技术协会评为中国首批海洋科教基地。

- 中国航海博物馆(CHINA MARITIME MUSEUM)

    中国航海博物馆由交通运输部和上海市政府共同筹建,坐落于上海市南汇临港新城。由著名的德国 GMP 国际建筑设计有限公司设计,建筑风格简洁、庄重,线条流畅利落,整体造型沉稳大气,彰显着独特的设计巧思与艺术魅力。该馆旨在弘扬中国灿烂的航海文明和优良传统,建构国际航海交流平台,培养广大青少年对航海事业的热爱,营造上海国际航运中心的文化气氛。

后 记

　　本书是在我 2024 年通过答辩的博士学位论文基础上修订而成的。在本书出版之际，我回忆起在韩国求学三年期间的点滴，仍历历在目。2021 年出国留学的勇敢与义无反顾，飞机落地釜山金海机场刹那内心的恐慌无助、隔离期间晚上窗外空荡街道的寂寥、入学第一天起毕业重压的如影随形、因疫情无法回国与家人团聚的无奈、每次课程作业发表前后与教授和同学们的热烈探讨与思维碰撞、查到 TOPIK 分数时的惊喜与如释重负、学习量化研究时的绞尽脑汁、学术大会上口头发表接受现场提问时的紧张与兴奋、研究室里 1 000 多个日夜的埋头苦读与钻研、现场调研时无数次公交与地铁的来来回回、问卷统计分析时的焦头烂额、博士学位论文一辩二辩时的焦虑与忐忑、毕业典礼上接受校长授予学位证书时的激动与百感交集，点点滴滴都清晰如昨，这着实是一段令我终生难忘、充满意义且无比珍贵的求学经历。

　　衷心感谢我的博士生导师조정형教授三年来的关心支持、尽心培养和精心指导，从学位论文的选题到论文完成，조教授给予了耐心的学术建议和指导。感谢我的审查教授们（김철수教授、배성용教授、김기수教授和이해구教授）在百忙之中抽出时间，认真审阅和评议我的学位论文，并实事求是地提供了宝贵的修改意见和改进建议。另外，向在博士期间指导论文和进行精彩课程讲授的전윤호教授、在论文文献方面提供指导的박성환教授表示诚挚的感谢。同时，也要诚挚地感谢那些接受问卷调查的专家和参观者们，是你们毫无保留地分享见解与经验，为我的研究提供了不可或缺的观点与数据支持，让论文的研究根基更加坚实。

　　我的博士论文题目是《中韩海洋博物馆服务设计评价指标模型研究》，而这一研究主题萌发与探索的起点，确切地说，是博士第一学期专业课《设计企划》中的"设计流程"部分。从那开始就对设计流程萌生出了浓厚的兴趣，进而思考如何将设计流程的理念与方法运用到海洋博物馆服务设计之中，如何通过严谨的设计评价来优化海洋博物馆服务设计的各个环节。后来，我逐步将学位论文方向集中到了海洋博物馆服务设计评价上，试着深入其中，去探索海洋博物馆服务设计评价如何能够让服务更完善、更契合参观者需求。在这一探索过程中，"设计流程"成为关键的指引。在设计流程中，服务设计实践是构建具体服务内容与形式的过程，而服务设计评价则是对服务系统的各个组成部分，包括服务提供者、服务使用者（用户）以及服务过程中的交互体验和整体环境进行衡量与判断。之所以最终聚焦海洋博物馆服务设计评价，而不是设计实践，原因有几点。首先，从流程角度看，当前众多海洋博物馆已有了相应服务设计实践，但缺乏系统全面的评价模型来准确梳理现有问题，评估其成效。其次，评价可基于过往实践案例，分析不同环节在实际运行中的表现，以此为后续改进实践提供科学依据，避免盲目开展新实践却陷入同样误区。再者，建立评价模型能为后续即将开展的服务设计实践搭建参照框架，确保实践方向更契合预期、质量更高。

很显然，韩国高校和国内高校在设计学学位论文撰写上的研究思路是有区别的，但在理论框架、概念框架、分析框架的构建上，中韩设计学研究有着共通的地方。本书为国内学者了解韩国的设计学研究提供了新的视角。希望本书能将我对海洋博物馆服务设计的思考与感悟传递出去，也愿每一个读到它的人，都能从中收获些许启发，找到属于自己的方向。

历经三年国外求学的洗礼，我切身经历了课业的繁重，深切体会了异国他乡为了毕业如履薄冰、战战兢兢的心境，实实在在体验了大龄脱产读博的困苦与艰辛不易。但我始终坚信爱出者爱返，福往者福来，一切都是最好的安排。只要不忘初心，长存善念，乐观包容，坚持前行，持续积累，就能克服眼前的各种困难，跨越前进路上的各种坎坷，冲破征途上的重重阻碍。所以，这本书承载着别样的意义。

最后，感谢我的家人，在韩国的三年期间，我无法承担家庭责任，这让我感到内疚，但你们并没有指责我，而是全力支持我的学业，你们是我留学路上最坚实的后盾。

在学术的浩瀚海洋中，我深知自身所学尚浅，书中内容难免有粗疏浅陋之处。敬请海内外方家慷慨给予批评指正，至盼至感，感恩不尽。我会在未来的学术发展的道路上不忘初心，继续前行。

郑宪恒

2024 年 12 月 5 日星期四于山阴观澜

索　引

1. 图索引

2. 表索引

3. 专业术语索引（按拼音排序）